医易同源识病法

崔国文　谭凤森　崔　峥　编著

中医古籍出版社
Publishing House of Ancient Chinese Medical Books

图书在版编目（CIP）数据

医易同源识病法 / 崔国文，谭风森，崔峥编著．--
北京：中医古籍出版社，2020.7（2021.3重印）
ISBN 978-7-5152-1943-1

Ⅰ．①医…　Ⅱ．①崔…②谭…③崔…　Ⅲ．①奇门遁
甲—关系—中国医药学—研究　Ⅳ．①B992.2②R2

中国版本图书馆CIP数据核字（2020）第129094号

医易同源识病法

崔国文　谭风森　崔　峥　编著

责任编辑　杜杰慧
封面设计　韩博玥
出版发行　中医古籍出版社
社　　址　北京市东城区东直门内南小街16号（100700）
电　　话　010-64089446（总编室）010-64002949（发行部）
网　　址　www.zhongyiguji.com.cn
印　　刷　廊坊市鸿煊印刷有限公司
开　　本　710mm × 1000mm　1/16
印　　张　22.75
字　　数　300千字
版　　次　2020年7月第1版　2021年3月第2次印刷
书　　号　ISBN 978-7-5152-1943-1
定　　价　98.00元

序

中华民族文化博大精深，源远流长，中医药文化更是华夏文明史上的一颗璀璨明珠。《周易》是华夏文明的总源头，是中华文化的聚焦点！医易学说是用易理阐发医理来研究人体生命科学奥秘的一门科学。奇门也是《易》学术数的重要组成部分，该模型包含了天时、地利、人和、质量与能量等诸多参数达64个，且每个参数均为时空质能四位一体，与近代的爱因斯坦广义相对论契合。易文化构成了中华文化最稳定、最本质的内核，决定了中华文化的面貌特征和总体走向，代表了中华民族的深层心理结构，促成了中华文化特有的生活方式、行为方式、价值取向、伦理道德、审美意识和风险习惯。不知易，不可以言医。为了推广普及医易学说，探讨奇门在疾病诊断中的辅助应用，清华大学教授崔国文先生、著名中医临床学家谭凤森主任医师，历时五年整理编著了《医易同源识病法》一书。我相信《医易同源识病法》的出版，必将为中国中医事业的振兴与发展树立学术的丰碑，对医务工作者与百姓会有所裨益，这是应当予以支持的，故乐为此序。

2020年6月于北京

作者自序

传说“奇门遁甲”始于五千年前的黄帝，这是当年黄帝战蚩尤所用的战争模型，也成《易》学术数（预测工具）的重要组成部分。该模型包含了天时、地利、人和、质量与能量等诸多参数达64个，且每个参数均为时空质能四位一体，这与近代的爱因斯坦广义相对论契合；这些参数依《周易》“文言传”所云“同声相应、同气相求”而发生相互的关联与感应，这与当代关于量子纠缠与互感的新发现非常相似。可以推理，“奇门遁甲”的模型本质上是一个集信息学、逻辑学和统计学为一体的模型，是人们对人与事进行预测和决策的一个辅助工具。数千年来，“奇门遁甲”在封建时代为帝王所用，而在近代与现代已由百姓应用于日常生活之中。本书旨在探讨“奇门遁甲”在疾病治疗中的辅助应用，期盼本书对医务工作与百姓有所裨益。

本书由三位作者通力合作而成，作者之一为崔国文教授，其作为一名清华大学的退休教授，曾长期从事“材料科学”“周易”及“奇门遁甲”的研究与应用，一直期盼着把中华文化宝库中的“奇门遁甲”之精华传承下去并发扬光大。作者之二为谭凤森主任医师，从事中医临床治疗40余年，承继了五代中医世家的学识，深知“易医同源”的道理。谭主任现任北京中医药专病研究所副所长、解放军某部首席保健医生、深圳华鹏大健康生命科学研究院执行院长。谭主任也一直期盼着把“奇门遁甲”应用于疾病诊断治疗之中。作者之三为崔峥博士，其作为美国计算机科学博士，长期从事计算机数据模型与数据分析处理的研究工作，他认为“奇门遁甲”模型经深入研究后可以转化为一种复杂的计算机大数据分析模型，只有掌握了“奇门遁甲”的基本知识，才有可能实现计算机科学在这一领域中的应用。三位作者联手发挥各自的特点而成就了本书，但这是一种尝试，故本书会有诸多不足之处，敬请各位专家、学者与读者批评指正。

作者在此诚挚地感谢中华中医药学会副会长李俊德先生为本书作序，凤凰卫视“百家讲堂”的主讲老师、晚清史研究大家贾英华教授为本书作跋；作者还要诚挚地感谢“奇门遁甲”爱好者丁伟女士为本书校对与初编；作者还要感谢中医古籍出版社副社长杜杰慧编审亲自担任责编为本书的出版所付出的辛勤劳动及所做出的努力，也衷心感谢深圳亚太经贸促进会会长李昊源先生以及国际健身气功联合会主席杨春波先生，墨溢书院院长胡亦女士对本书出版给予的大力支持！

崔国文　谭凤森　崔　峥

2019年12月于北京定稿

跋

贯英华[①]

有幸为《医易同源识病法》作跋，实乃缘分。前有中华中医药学会副会长李俊德先生作序，再作跋语似乎有点儿画蛇添足。鉴于作者诚挚相邀，无妨再叨絮几句，以表鼎持之意。

（一）

天意莫测，“奇门”摆渡。

《易经》乃我国传统文化宝库中精萃，被称之六经之首。然，其精髓有些至今未能参透，尚待现代科学进一步解密。若提及奇门遁甲，不免被视为迷信，其实大不然。源于《周易》的“奇门遁甲”，是古代神秘文化的独特门类，也是中国最古老的术数著述。迟至明清，才渐形成“奇门遁甲”这一名称。

自古以来，奇门遁甲往往用于占卜，预测事物走向及结果，广泛用于决策。鉴于其体现阴阳五行特性，揭示了太阳系八大行星和地球磁场对于人

① 贯英华，晚清研究学者、中央电视台《百家讲坛》主讲人。著有《末代皇帝系列》十几部书。曾为末代皇帝溥仪捉刀题写墓志，为末代太监孙耀庭撰题碑文。

类的作用，实属高层次《易经》预测运筹学。若究其本质，此乃超级天文物理学，故有人将奇门遁甲称为天干学，亦不无道理。天干最早出现于甲骨文中，据说最初用于记录太阳变化轨迹。太阳普照地球万物，直接影响世间生物运行。在古代缺乏天文仪器情形下，如何精准演算确定其规律，至今仍是一个未解之谜。

据考，《奇门遁甲》乃古人经反复验证，提炼而来的传统预测文化遗产。它虽传说源自黄帝的排兵布阵，实则古代人类探索事物规律的认知总结，亦摸索出从经验认知提升为系统的预测模型理论。奇门遁甲并非个人独创而成，乃凝聚历代智慧之大成，内含哲学、宇宙学、社会学、天文、历法、阴阳五行以及征战、谋略学等智慧，无疑也反映了人类对于天地人三者关系的不懈探索。如今，三位作者联袂撰写一部“奇书”，即以奇门遁甲与中医诊治结合的专著，可促进学科交叉研究，尤值称道。

（二）

人有病，天知否？

天人关系，乃自古迄今仍在探讨的高深学问。毫不讳言，作此有益探索的三位作者，前两位乃是我的朋友。首席作者崔国文教授乃清华大学原继教学院副院长，亦是美国伯克利大学终身教授。他长期潜心研究周易与奇门遁甲及应用，在“清华”的“奇门遁甲”讲座上，我曾受邀侃过开场“序言”。谭凤森教授乃五代中医世家，幼承祖训，志在歧黄，十六岁便悬壶济世，从事中医临床四十余年，遂成高层次保健医生。他深悉“易医同源”之奥妙，我曾多次与之请教交流中医之道。崔峥博士乃崔国文之子，长期在美国从事计算机数据模型及分析处理，潜心研究以计算机方式构建奇门遁甲与中医诊治模型。三人合璧，实乃善莫大焉。

尤难得的是，三人扬其所长的易理与中医联袂合作，势必有利于现代科学与中国传统医学研究。奇门遁甲，乃我祖国传统文化的重要传承之一，在古代通常为帝王所用，颇具神秘色彩。其实，奇门遁甲是集信息统计学、概率学以及哲学等为一体的综合学问，是人类预测和决策学的重要组成部分。冒昧预测，这亦是人类未来学的重要一翼，尤其在人类认识自然与自身，探求科学规律之中，颇具不可忽视的前瞻性，乃至将来有望成为一门重要的人类学科。

简言之，奇门遁甲将天下所有事物成败，统归纳为天时、地利、人际以及外力格局这五大因素排列组合，并破解其中规律。此书价值就在于，将奇门遁甲与人类诊病密切结合。伴随现代科学发展，人们愈发认识到，每个人都有着独特的遗传密码——基因（即DNA），这恰是奇门所注重的生辰八字。尽管世上有无数出生时间相同之人，但出生地点环境却各异，正如世界上没有一片完全相同的树叶。此书的出版，无疑为世人防疾治病提供了参照，并有益于启迪心智和思维。

（三）

天意从来高难问。

探索未知世界，无疑是科学研究的永恒使命。

奇门遁甲以九宫和易经八卦以及天干地支，作为基本预测依据，将涉及天地人等六十四个参数，构织成基本预测模型。奇妙的是，且每一个参数皆时空质能四维一体，彼此之间参数亦纠缠互动，这恰与现代科学中爱因斯坦的广义相对论及最新实验“纠缠量子”互感互动暗合。

若再以《黄帝内经》对照，更觉惊叹。其以宇宙天体运行之日月星辰等，对应人体五脏六腑等各部位——“人与天地相参”“与日月相应”，而提炼出阴阳五行、十二经脉等系统的中医理论，迄今仍熠熠生辉。有感于此，不由不妄加揣测，历史上或许确曾存在过一个科学高度发达的“史前社会”。

科学须探索，认识无止境。传统中医学不应排斥实验，更不能设置禁区。将《易经》“奇门”研究与疾病治疗结合，显然是一种有益探索，实应关注并襄持。还应提及，墨溢书院院长胡亦女士暨张潇潇，也为此书问世而穿针引线作出努力，特作跋语并点赞。

兹以跋荐之。

贾英华

二零一七年四月十二日于京城

CONTENTS

目　录

第一章

奇门遁甲的起源

《周易》“系辞”曰：《易》之为书也，广大悉备：有天道焉，有地道焉，有人道焉。此句言明，《周易》一书是关于天地人的学问，它所揭示的是人在天地环境下生存与行为的规律，是一门高度综合的学问。《周易》“系辞”又曰：是故君子居则观其象而玩其辞，动则观其变而玩其占。此句则言明，君子安居时宜观其卦象而成其辞成其理。行动时则观其变化而成其数术成其预测。上下两句表明，《周易》之学不仅重于义理而且还重于实践，即《周易》要求人们理论与实践的高度统一。

在中国历史上，具有崇高地位的《周易》被列为群经之首，大道之源，从而成为中华民族认识世界、认识自然、认识社会、认识人生的指导思想与应用工具。清代的《四库全书·四库总目提要》中言及：易道广大，无所不包，旁及天文、地理、乐律、兵法、韵学、算术，以逮方外之炉火皆可授易以入说。南宋理学家朱嘉在其《周易本义》一书中指出：至哉易乎，其道至大而无不包，其用至神而无不存。

我国古代有如此多的发明创造，是因为我国古代立有一个能反映宇宙客观规律的科学体系，而此体系与《周易》密切相关。我们的先祖利用类象分析的方法，极为细致地观察自然，然后加以分析、综合，得出规律，进而建立了相关的体系，即八卦与六十四卦体系。该体系应用了阴阳、五行、干支等象理数，对天地人诸物进行综合分析，从而上升为理论，以总结事物发展变化之规律。大数据统计与综合分析的结果，使我国古代在科技方面取得了惊世的成果。

爱因斯坦（Albert Einstein，1879—1955），这位科学巨匠在《爱因斯坦文集》第一卷中写道：西方科学的发展是以两个伟大成就为基础的，那就是希腊哲学家发明的形式逻辑体系（在欧几里得几何学中），以及通过系统的实验发现有可能找出因果关系（在文艺复兴时期）。在我看来，中国的贤者没有走上这两步，那是用不着惊奇的，令人惊奇的倒是这些发现在中国全做出来了。

毫无疑问，这是我国古人以《周易》学的哲学观与科学观做出的成果。

德国科学家莱布尼茨（G.W.von Leibniz，1646—1716），对中国的《周易》给予了高度的科学评价，他指出：伏羲氏所推演出的八卦，应用了二元算术，伏羲氏八卦是最古老的科学纪念物，伏羲氏是中华帝国、东洋科学的创造者。著名的德国哲学家黑格尔（G.W.F.Hegel，1770—1831）、科学家玻尔（N.Bohor，1885—1962），均对中国的《周易》给予了高度的评价。

欧洲英文版《周易》序言（1949 版本）中写道：当谈到人类唯一的智慧宝典，首推中国的《周易》。在科学方面我们所得到的定律常常是短命的，或被后来的事实所推翻，唯独中国的《周易》亘古长青，延续六千年之久依然具有价值，而能与最新的原子物理学有颇多相同的地方。

美国的卡普拉教授（Fritjof Capra，1939—），对《周易》颇有研究，这位物理学教授指出：《周易》反映了古人对自然与人之间关系认识的基本图式，是中国思想文化的核心，是人类最古老的一本智慧之书。中国传统的学术思想是着重于研究整体性和自发性，研究协调和协和：诸如可逆与不可逆、对称与不对称、确定与不确定、进化与退化、稳定与非稳定、有序与模糊等，在机械论的“科学观”中无法容纳，而在《周易》的科学观中恰恰可以容纳。卡普拉还把他的学术观点整理成书出版，它们是：《The Tao of

Physics》，1975；《The Systems View of Life》，2014；卡普拉阐述了科学与《周易》的相关性，他写道：

自然界是一个存在相互联系的动态宇宙，是由各部分组成整体后的关系网络。在原子轨道上运动的电子应该是出现在不同轨道上的概率波，而并非在单一固定轨道上的运动。

宇宙不是物体的简单集合，而是统一体中各部分相互关系的复杂网络。量子效应表明，物质永远不会静止，当一个粒子被限制在一个很小的空间时，它便来回运动，动是绝对的。动的行式即为能量，结果导致了原子、分子结构的形成，进而构成了物质并形成了客观上的刚性（在微观上为波粒二象性），任何物质的剖析终点将是类同的（注：六十四卦万物类象的终点是类同的阴阳二爻）。系统科学表明，自然界的各种现象是息息相关的，周期性广泛地存在于自然界的各种现象中，是事物运动变化的一个重要特性。

《周易》“文言传”曰：同声相应，同气相求。这种观点是与当代最新的量子纠缠与互感的理论与实验相一致的，这更证实了《周易》所具有的科学内涵。

以上的论述与现象表明，《周易》确实是关于天地人和科学之学问，而由《周易》义理所产生的各种预测工具，包括相对准确度最高的《奇门遁甲》必然有着重要的科学基础。数千年来，在《周易》义理及基础的指引下，一批实用的预测工具相继诞生；至今为止，任何一种《易》学类的预测工具，仍然都是经验性的工具而未成为理想的理论工具。欲使《易》学类的经验性预测工具成为理想的理论工具，尚需漫长的探索之路。

下面我们开始探讨“奇门遁甲”，首先需要回答“奇门遁甲”这四个字做何解释，以及这门预测学是怎样诞生的。“奇门遁甲”中的“甲”代表第一把手，如军队的统帅、某国的元首、某单位的首长等等；“遁”代表隐遁，“遁甲”即隐遁第一把手甲，以保护甲安全、安心地运筹于帷幄之中，

“奇门”代表领军的长官以其部队，他们遵循甲的指挥，决胜于千里之外。因此，“奇门遁甲”是一种智慧的、战略的模型，本质上是与当代的信息学、逻辑学、概率学相一致的涉及天地人的数理模型。“奇门遁甲”所构成的数理模型离不开《易》学的基础及易理，包括阴阳、五行、河图、洛书、八卦、干支、天时、地利、人和；其模型有多种表达方式，而其中流传最广泛、实用性最强的为时家奇门转盘法，这正是本书所要详尽介绍的。

奇门遁甲究竟诞生于何时？是怎样诞生的？历史上有不同的说法，学术界也有不同的观点，我们不打算就此展开争鸣，仅介绍比较共识的观点。

唐朝的李筌（见其《神机制敌太白阴经·遁甲卷》）、北宋的赵普（宋朝的宰相，见其《秘藏通玄变化六阴洞微遁甲真经》）及北宋通人（见其《烟波钓叟歌》）均有类似的关于奇门遁甲来源的描述，其描述大体如下：

昔日蚩尤作乱，轩辕黄帝战之，频战不克。黄帝叹曰：今蚩尤一庶人，生妖气，伐而无功，战而不克，吾之过矣。偶梦五色云从空而降，其中有六玉女持书，出二童曰：“奉九天玄女圣命，送《遁甲符经》三卷，告以伐之，愿传。之后，黄帝战蚩尤于涿鹿之野，尔胜之，从此便有遁甲奇门之说。正如《烟波钓叟歌》所云：

轩辕黄帝战蚩尤，涿鹿经年苦未休。
偶梦天神授符诀，登坛致祭谨虔修。
神龙负图出洛水，彩凤衔书碧云里。
因命风后演成文，遁甲奇门从此始。

无疑上面的描述具有神话之色彩，但其涉及战争；春秋战国时期，列国争斗，征战不已，奇门遁甲正是适应战争中的谋略及其具体的排兵布阵，才应运而发展起来的。据传，在中国历史上，春秋的姜太公、西汉的张良、三国的诸葛亮、明朝的刘伯温皆为奇门高手而擅于排兵布阵。在中国历史上，把奇门遁甲称为“先天之玄、后天之秘、处世之道、帝王绝学”“中国方术中的集大成者”；民间则有“学会奇门遁，来人不用问”之说。

托黄帝之名而创立的奇门遁甲模型基于每个时辰的天时、地利的思考而成。一年 365 天，每天 12 时辰，故一年当有：

365 天/年

12 时辰/天=4230 时辰/年=4320 局/年

黄帝的宰相风后发现在这 4320 局中，每 4 局是相同的，因此风后简化之，仅取 1/4，即

4320局/年

1/4=1080局/年

至周武王时，姜太公又简化了奇门遁甲的模型，其以一年 二十四个节气、每 5 天为一元为天时、地利之思考，故一年当有

24节气/年

3元/节气=72 元/年=72 局/年

至两汉时，张良又简化了姜太公的模型，其发现在这 72 局中，每 4 局是相同的，因此张良简化之，仅取 1/4，即

72局/年

1/4=18局/年

同时张良又把 18 局/年分成两部分，即从冬至一阳生阳气，上升至夏至前一刻为阳遁局，从夏至一阴生阴气上升至冬至前一刻为阴遁局，于是上述的一年 18 局便分为阳遁1～9局、阴遁1～9局。

上述奇门遁甲局的演化过程，《烟波钓叟歌》做了精彩的小结，即

一千八十当时制，太公删成七十二。

逮于汉代张子房，一十八局为精艺。

奇门遁甲把每一个时辰局的天时、地利、人事纳入模型中，构成了信息源，然后需要分析者的逻辑思维、形象思维及直觉思维，从而做出合理的预测及其历史回顾。奇门遁甲这一预测工具从最大程度上反映了《易》学的“一阴一阳之道”“天地人合一之道”“时空质能一体之道”“相应相求之道”，其博大精深可见一斑。每个奇门遁甲局均有 64 个参数构成，包括八卦九宫（17 个参数）、天干地支（22 个参数）、九星（9 个参数）、八门（8 个参数）、八神（8 个参数），它们充分反映了天时、地利、人事间的相互关系，故能弥纶天地人之道。

第二章
奇门遁甲中应用的参数

第一节　八卦九宫

奇门遁甲的参数均显示或隐含在八卦九宫图中，因此首先必须了解与熟悉八卦九宫图。在中国的历史上曾经诞生过两张八卦图，其一为先天八卦图（相传为六千年前华夏人文的始祖伏羲所画），也称为伏羲八卦图；其二为后天八卦图（相传为三千年前的周文王所画），也称为文王八卦图。

先天八卦图本质上是古人伏羲站在大地上观察外界大自然的现象与运动规律所画，当代人是不难理解的。先天八卦乃是四面八方所见到的大自然现象，如图2.1所示。

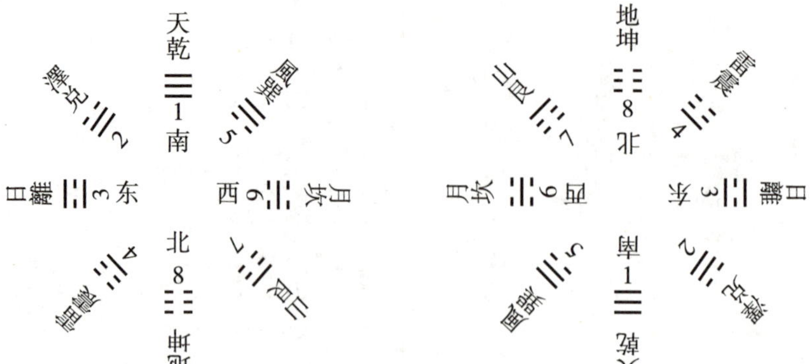

图2.1　伏羲八卦图

东边称为离卦（卦象☲离中虚），西边称为坎卦（卦象☵，坎中满），南边称为乾卦（卦象☰，乾三连），北边称为坤卦（卦象☷，坤六断），东南称为兑卦（卦象☱，兑上缺），西北称为艮卦（卦象☶，艮覆碗），西南称为巽卦（卦象☴，巽下断），东北称为震卦（卦象☳，震仰盂）；其反映的大自然特点，正如《周易》“说卦传”曰：天地定位（注：南北，乾坤），山泽通气（注：西北/东南，艮兑），雷风相薄（注：东北/西南，震巽），水火不相射（注：西/东，坎离）。……雷以动之，风以散之，雨以润之，日以烜之，艮以止之，兑以说之，乾以君之，坤以藏之。先天八卦是大自然的本体，非人之所为，乃可称为“体卦”；相对两卦数字之和恒为9（不进位）。

文王八卦图本质上是古人周文王探讨人在天地环境下的生存、生活、生产的特点所画。如图2.2所示。该图东边称为震卦（春天，木行，数3），东南边称为巽卦（春夏，木行，数4）。

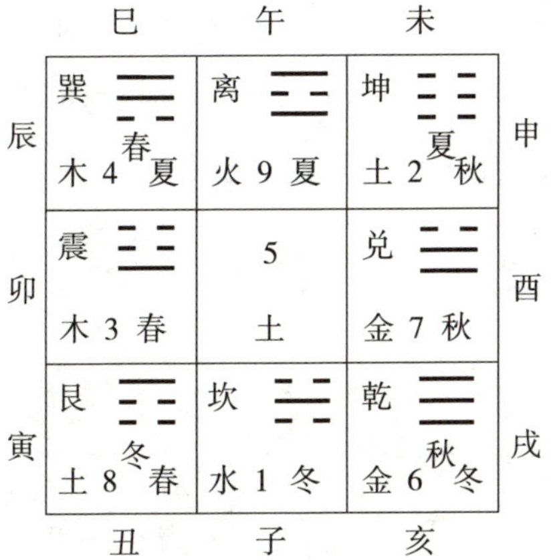

图2.2 文王八卦图

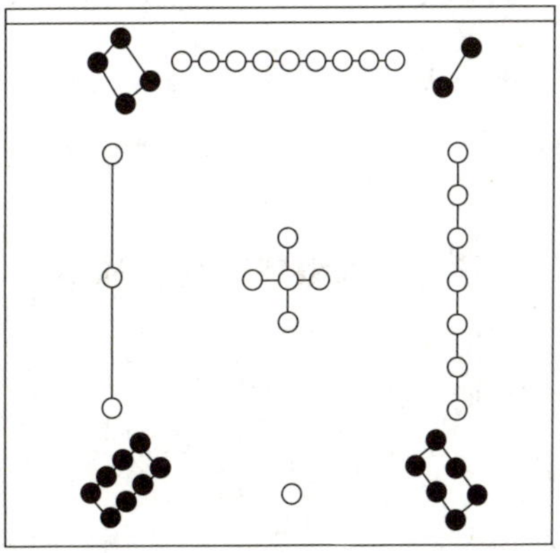

图2.3 洛书

南边称为离卦（夏天，火行，数 9），西南边称为坤卦（夏秋，土行，数 2），西边称为兑卦（秋天，金行，数 7），西北边称为乾卦（秋冬，金行，数 6），北边称为坎卦（冬天，水行，数 1），东北边称为艮卦（冬春，土行，数 8）。文王八卦数取自于洛书之数（见图2.3），该数字系列有诸多特点，如相对两卦数字之和为 10（逢 10 进位），再加上中宫数字 5，恒为 15。其数字行列式之解为 360，乃一周循环之数。

伏羲八卦数字连线为 S 形（波浪形），而文王八卦数字之连线为双螺旋形（乃生命密码的连线形状），令人惊叹。《周易》“说卦传”以优美的文字详解了文王八卦，其曰：

> 帝出乎震，齐乎巽，相见乎离，致役乎坤，说言乎兑，战乎乾，劳乎坎，成言乎艮。

万物“出乎震”，震东方也。“齐乎巽”，巽东南也。齐也者，言万物之絜齐也。离也者，明也，万物皆相见，南方之卦也，圣人南面而听天下，向明而治，盖取诸此也。坤也者，地也，万物皆致养焉，故曰：致役乎坤。兑，正秋也，万物之所说也，故曰：说言乎兑。战乎乾，乾西北之卦也，言阴阳相薄也。坎者水也，正北方之卦也，劳卦也，万物之所归也，故曰：劳乎坎。艮，东北之卦也。万物之所成终而成始也，故曰：成言乎艮。

八卦九宫的象理数含义如下：

乾卦：乾为天、为首、为阳刚，其先后天八卦数为 1、6；五行属金、五行数为 4、9；时为秋冬，戌亥年月日时；空为南（先天）、西北（后天）；位置为大都市、君之地；人物为君王、父亲、大人、名人、长者、老男；性格为刚强、果断、快动；身材为头部、肺、筋骨、右腿、阳具；动物为马、狮、象，静物为金玉、圆形物、顶冠；场所为大厦、首脑办公室、楼台；食品为马肉、干肉、水果、辛辣之物；疾病为头部之疾、肺疾、筋骨之疾、上焦之疾。

坤卦：坤为地、为腹、为阴柔，其先后天八卦数为 8、2；五行属土、五行数为 5、0；时为夏秋之交、未申年月日时；空为北（先天）、西南（后天）；位置为田野、平地、乡村；人物为老母、乡人、大腹之人、裁缝；性格为柔顺、懦弱、吝啬；身体为脾胃、腹部、肌肉、右肩、阴部、子宫；动物为牛、母马；静物为柔物、布帛、方形物、五谷、瓦陶；场所为村舍、矮屋、仓库；食品为牛肉、野味、五谷制品、腹脏之物；疾病为脾胃消化之疾、腹部之疾。

震卦：震为雷、为动、为奋起；其先后天八卦数为 4、3；五行属木、五行数 3、8；时为春、卯年月日时；空为东北（先天）、东（后天）；位置为闹市、林木之地、大道；人物为长男、舞者、驾驶员、笔者、木匠、球迷；性格为好动、易怒、喜动躁；身体为肝胆、足部、左肋；动物为龙蛇、百虫、鲤鱼；静物为木制品、花草；场所为林木场所、广播电台、乐器店、车站；食品为蔬菜、蹄子；疾病为肝胆之疾、足疾、紧张不安。

巽卦：巽为风、为随动、为渗透，其先后天八卦数为 5、4；五行属木、五行数为 3、8；时为春夏、辰巳年月日时；空为西南（先天）、东南（后天）；位置为草木茂密之地、菜园、果园；人物为长女、寡妇、科技人员、商人、自由职业者；性格为柔和、犹豫；身体为气管、神经、左肩；动物为鸡、林中之禽、虫类；静物为绳索、腰带、直物、气球、管道；场所为山林之居、邮局、管线、过道、草原、传送带；食品为鸡肉、蔬菜、水果；疾病为肝胆之疾、风疾、肠疾、管道之疾。

坎卦：坎为水、为月亮、为坎坷，其先后天八卦数为 6（先天）、1（后天）；五行属水、五行数为 1、6；时为冬、子年月日时；空为西（先天）、为北（后天）；位置为江河之处、沟渠之处、溪涧之处；人物为中男、为江湖之人、逃亡者、酒鬼、荡妇；性格为险坎、喜漂泊、随大流；身体为肾系统、泌尿系统、血液、内分泌系统、耳朵、肛门；动物为鱼类，静物为酒水、石油、水车、车轮、酒具、茶具；场所为近水之地、水阁、浴室、暗室、地下室；食品为酒水、汤、海味、鱼类、带核之物、含骨之物；疾病为肾水之疾、泌尿系统之疾、血液之疾、骨髓之疾、脱发之疾。

离卦：离为火、为太阳、为光明，其先后天八卦数为 3（先天）、9（后天）；五行属火、五行数为 2、7；时为夏、午年月日时；空为东（先天）、南（后天）；位置为炽热之地、炉灶之所；人物为中女、文人、目疾之人、美人、艺术家、纪检人员；性格为好胜、急躁、聪明、有文才；身体为心脑部、眼睛、小肠、面部；动物为火鸟、龟、蟹、螺蚌；静物为火把、书籍、干戈、红色之物；场所为向阳的住宅、娱乐场所、网吧、电影院、图书馆、名胜之地；食品为煎炒之物、烧烤食品；疾病为心脑部病、眼疾、暑热病、小肠之疾。

艮卦：艮为山、为止步、为安定，其先后天八卦数为 7（先天）、8（后天）；五行属土、五行数为 5、0；时为冬春、丑寅年月日时；空为西北（先天）、为东北（后天）；位置为丘陵、坟地、山路、山城；人物为少男、休闲人、矿工、建筑工人；性格为厚道、安静、慢决；身体为左腿、脾胃、乳房、结肠、背；动物为山中虎狼、熊豹、野牛；静物为土石、瓜果、阶梯、土坑、柜台、床头柜；场所为临山居所、山区；食品为兽肉、竹笋、野味；疾病为脾胃消化之疾、腿疾、手指之疾。

兑卦：兑为泽、为雨雪、为喜悦，其先后天八卦数为 2（先天）、7（后天）；五行属金、五行数为 4、9；时为秋、酉年月日时；空为东南（先天）、为西（后天）；位置为湖泽、池塘、水边；人物为少女、歌手、讲师、翻译；性格为能说会道、喜议论、高兴；身体为肺/呼吸系统、右肋、筋骨、皮肤；动物为鸡鸭、泽中之物，静物为金属器具、乐器、带口之物；场所为表演场所、会议室、近水之居；食品为泽中之物、辛辣食品；疾病为肺/呼吸系统之疾、皮肤之疾、大肠之疾、筋骨之疾。

第二节 天干地支

天干地支（简称干支）是在奇门遁甲中使用的第二类重要参数，干支为天时之象征；约于五千年前，干支就已在华夏大地诞生。战国末年之史书《世本》曰：容成作历，大桡作甲子。《尚书正义》又曰：二人皆黄帝之臣，盖自黄帝以来，始用甲子纪日，每六十日而甲子一周。大桡采五行之情，占斗机所建，始作甲乙以名日，谓之干；作子丑以名月，谓之支。有事于天则用日，有事于地则用月，阴阳之别，故有支干名也。

古人以天干承载天之道，以地支承载地之道；以干支确定时空象征天时、干支取象于树干与树枝。在出土的商代甲骨文中载有干支纪日的六十干支表，可见在中国古代早已开始干支纪日。

天干共有十个，分别为甲、乙、丙、丁、戊、已、庚、辛、壬、癸；地支共有十二个，分别为子、丑、寅、卯、辰、巳、午、未、申、酉、戌、亥；天干地支相配对，总共酿成六十对，称之为六十花甲子。天干地支的特点可参阅图2.4，由它们构成的六十甲子表可参阅图2.5。

我国古代的干支历法（以节气划分，亦称为节气历法）为阴阳合历的历法，由四部分构成，即干支纪年、干支纪月、干支纪日、干支纪时，均利用六十甲子表。其中干支纪月（每一节一气构成一个干支月）在奇门遁甲起局时极为重要，二十四个节气构成十二个干支月（此项于 2016 年 11 月 30 日被正式列入联合国教科文组织、人类非物质文化遗产代表作名录）；每个节气只能对应于阳历，故每个干支月也只能对应于阳历，源于干支历法完全是参照黄道吉日关系而建立起来的。干支历法以每年立春首日为元旦，每个回归年为一年，与阳历相对固定。图2.6为2017年二十四节气月、日、时表的例子，表中月日为阳历；图2.7 为二十四节气在黄道上的位置。

十天干												
序数	1	2	3	4	5	6	7	8	9	10		
天干	甲	乙	丙	丁	戊	己	庚	辛	壬	癸		
阴阳	阳	阴	阳	阴	阳	阴	阳	阴	阳	阴		
五行	木	木	火	火	土	土	金	金	水	水		
十二地支												
序数	1	2	3	4	5	6	7	8	9	10	11	12
地支	子	丑	寅	卯	辰	巳	午	未	申	酉	戌	亥
生肖	鼠	牛	虎	兔	龙	蛇	马	羊	猴	鸡	狗	猪
阴阳	阳	阴	阳	阴	阳	阴	阳	阴	阳	阴	阳	阴
五行	水	土	木	木	土	火	火	土	金	金	土	水
时辰	23–1	1–3	3–5	5–7	7–9	9–11	11–13	13–15	15–17	17–19	19–21	21–23

图2.4　天干地支特点表

甲子	乙丑	丙寅	丁卯	戊辰	己巳	庚午	辛未	壬申	癸酉
		上元					中元		
甲戌	乙亥	丙子	丁丑	戊寅	己卯	庚辰	辛巳	壬午	癸未
		下元					上元		
甲申	乙酉	丙戌	丁亥	戊子	己丑	庚寅	辛卯	壬辰	癸巳
甲午	乙未	丙申	丁酉	戊戌	己亥	庚子	辛丑	壬寅	癸卯
甲辰	乙巳	丙午	丁未	戊申	己酉	庚戌	辛亥	壬子	癸丑
甲寅	乙卯	丙辰	丁巳	戊午	己未	庚申	辛酉	壬戌	癸亥

图2.5　六十甲子表

2017年1月	2月	3月	4月	5月	6月
小寒 5日 11:56	立春 3日 23:35	惊蛰 5日 17:34	清明 4日 22:18	立夏 5日 15:32	芒种 5日 19:37
大寒 20日 5:24	雨水 18日 19:32	春分 20日 18:29	谷雨 20日 5:28	小满 21日 4:32	夏至 21日 12:25
7月	8月	9月	10月	11月	12月
小暑 7日 5:51	立秋 7日 15:40	白露 7日 18:39	寒露 8日 10:22	立冬 7日 13:38	大雪 7日 6:33
大暑 22日 23:16	处暑 23日 6:32	秋分 23日 4:02	霜降 23日 13:27	小雪 22日 11:05	冬至 22日 0:29

图2.6　2017年二十四节气月、日、时表

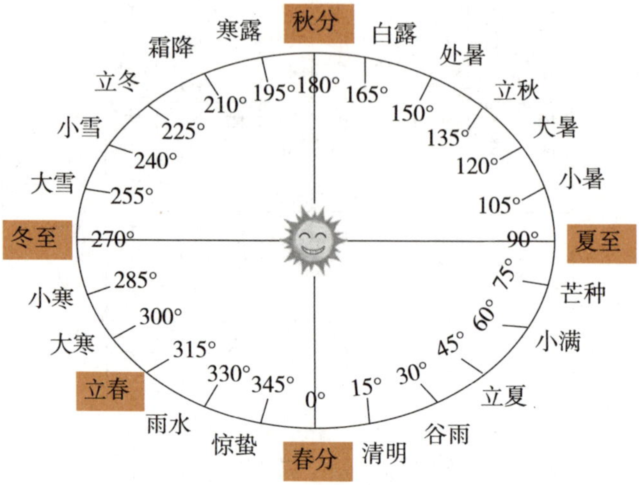

图2.7　二十四节气在黄道上的位置

十天干的信息含义如下：

甲：时为春、空为东、质为阳木、能有十二态；位置为树林、大路、梁柱、都市、高楼、电梯；人物为首长、家长、主角、医生、楷模；外形为高直、强健；性格为正直、刚毅、积极、争先；身体为肝胆、脑神经、腺、头面；动物为狮虎、蟒蛇、龙虾；植物为松柏、带壳果实、竹子；器物为农具、车船、箫笛、棍棒、甲胄；行业为农林、木材、建筑、政治、总务；色为青绿。

乙：时为春、空为东、质为阴木、能有十二态；位置为草地、园林、旅游之处；人物为文人、妻子、驼背者、副职、画家、船员；外形为苗条、背驼、长脸；性格为平和、柔韧、婉转、依赖；身体为肝胆、淋巴、神经、输卵（精）管、颈部；动物为蝴蝶、鸳鸯、蚕、蚯蚓、蛇、长颈鹿，植物为杨柳、藤蔓类植物、中草药、茶；器物为木盒、藤制品、管道、楼梯、丝绸、文具；行业为园林、手工业、婚姻介绍、文化教育、印刷出版；色为碧绿。

丙：时为夏、空为南、质为阳火、能有十二态；位置为干地、景区、案山、朝山；人物为男子汉、重要人物、女方的男情人、眼科医生、美容师；外形为皮肤白里透红、体态丰满、圆脸、短发；性格为外向、急躁、果断、公正、威严；身体为心脏、眼睛、小肠、心血管、发烧、烫伤；动物为马、火鸟、孔雀、麻雀，植物为辣椒、红花、莲花；器物为红色饰物、锦旗、礼服、彩灯、电子产品、化妆品、圆形物；行业为能源、电力、信息、礼品、美容、娱乐、航天；色为红色、紫色。

丁：时为夏、空为南、质为阴火、能有十二态；位置为丁字路口、十字路口、案山、朝山；人物为玉女、男方的情人、画家、演员、司机；外形为秀丽高挑、皮肤白嫩、头发细长；性格为柔顺、友好、有心计、个性独特；身体为心脏、乳房、眼球、盲肠、唇；动物为蚯蚓、夏蝉、萤火虫、蚊子、苍蝇、蛇蝎，植物为樱桃、葡萄、红花、仙人掌、针松；器物为电子产品、信息产品、证件、钥匙、打火机、耳钉、炊具、票据、金针；行业为信息技术、传媒、广告、烹饪、美容、火锅店、烧烤店、快递；色为淡红色。

戊：时为长夏、空为中央、质为阳土、能有十二态；位置为大地、山野、高堤、石场、陵园；人物为财务金融人员、建筑人士、担保人；外形为厚实、肤黄白、体肉多、四方脸、肥胖；性格为朴实、耿直、憨厚、重信誉、慢动；身体为脾胃、消化系统、胸、乳房、脊椎；动物为骡、驴、牛、狗、熊、鼠，植物为冬瓜、南瓜、黄瓜、玉米、芋头；器物为陶瓷、玉器、钱包、家具；行业为财务金融、土地、土建、国防、仓储；色为黄色。戊的类象常为资金、投资、财产。

己：时为长夏、空为中央、质为阴土、能有十二态；位置为低地、坑、洼、阴暗之地、田园；人物为农民、建筑人员、服务员；外形为瘦弱、单薄、貌丑、愁脸；性格为忧愁、懒散、贪欲、喜静；身体为脾脏、胰脏、食道、肛门、肝脏四周；动物为骡、驴、牛、猫、蛇、蚂蚁、乌鸦、鸭子、蜜蜂、蜘蛛，植物为土豆、甘薯、芝麻、棉花、稻谷；器物为内衣、毛巾、卫生纸、鞋袜、垫子、袋子、杂物、土制品；行业为护理、市政、幼教、妇产、保健；色为黄、暗黄色。

庚：时为秋、空为西、质为阳金、能有十二态；位置为矿山、铁道、钢铁厂、机械厂；人物为丈夫、警察、仇敌、外科医生、武术家、导演、雕塑家、醉汉；外形为健壮、瘦高、肤白；性格为刚毅、威严、坚强、粗犷；身体为肺、呼吸系统、大肠、骨骼、肿块；动物为狮虎、鲨鱼、蝗虫、甲虫、猩猩、啄木鸟，植物为葱、姜、蒜、韭菜、洋葱、萝卜、芹菜；器物为刀剑、金属制品、汽车、运动器材；行业为钢铁、金属制品、汽车业、公安、稽查、军政；色为白色。

辛：时为秋、空为西、质为阴金、能有十二态；位置为首饰店、金属加工厂、磨坊、手术刀具厂；人物为罪人、女警、丑角、妓女；外形为修长、肤白；性格为冷峻、自尊、虚荣、果断；身体为肺/呼吸系统、牙齿、血阻物、小肿块、男性精子；动物猎犬、老鹰、白虎，植物为玉米、大豆、高粱、茉莉、米兰，器物为首饰、珠宝、钥匙、五金、皮制品、手枪；行业为手术刀具、针灸、武术、辛辣食品、首饰、皮革；色为白色。

壬：时为冬、空为北、质为阳水、能有十二态；位置为江河、湖泊、水渠、山泉；人物为划船人、奶妈、流动人员；外形为大眼、肤黑、双眼皮、长发眉秀；性格为圆滑、智慧、任性、喜异性；身体为肾、泌尿系统、血液、淋巴、乳腺、耳朵；动物为鱼类、水中动物、老鼠、刺猬、狐狸；植物为黑豆、橡胶、人参；器物为水管、油箱、饮料、冰箱、空调、舟船；行业为水上工程、造船、交通运输、消防、渔业、化工、物流；色为黑色、深色。

癸：时为冬、空为北、质为阴水、能有十二态；位置为水地、海岛、地沟、浴室、厕所、地下室、后门、下水道；人物为水下工作者、心理学家、隐居人士、黑道人士、间谍、醉汉；外形为肤黑、貌丑、矮小；性格为沉默、胆小、忧愁、念旧；身体为肾、泌尿系统、生殖系统、内分泌系统、血液、骨髓、大眼、排卵管；动物为水类动物，植物为水仙、藻类、雪莲、梅花，器物为笔墨、清洁剂、水平仪、净水机；行业为石油、化工、策划、参谋、设计、私下交易；色为暗淡色。

十天干在奇门遁甲模型中极为重要，十天干中的“六甲”（甲子、甲戌、甲申、甲午、甲辰、甲寅）隐遁于被称为“六仪”的六天干（戊、已、庚、辛、壬、癸）之中，余下的三天干乙、丙、丁被誉为“三奇”。从军事角度来分析，甲可以视为“元帅”、乙可以视为“主将”、丙可以视为“副将”、丁可以视为“辅将”，而戊、已、庚、辛、壬、癸可以视为“六军”；即元帅隐遁于六军之中，安心地运筹于帷幄之中，三将则在一线指挥六军决胜于千里之外。

十天干均具有十二种不同的能量状态，称之为：长生、沐浴、冠带、临官、帝旺、衰、病、死、墓、绝、胎、养；其中前五个状态为能量上升的状态，中间五个状态为能量下降的状态，最后两个状态为能量孕育的状态。每个天干的十二种能量状态是如何确定的呢？现以甲木、乙木为例来说明：甲木生于亥水，故亥水为甲木之长生之地，因为甲木为阳木，故其能量十二态沿十二地支顺时针变化（称为阳顺）。于是对甲木而言，子为淋浴之地、丑为冠带之地、寅为临官之地、卯为帝旺之地、辰为衰地、巳为病地、午为死地、未为墓地、申为绝地、酉为胎地、戌为养地（参阅图2.8a）。

根据阳死阴生的道理，阳木即甲木之死地为午，则午成为阴木乙木之长生之地。于是对乙木而言，午为长生之地，其他的能量状态沿地支逆时针变化（称为阴逆），排列下去为：巳为沐浴之地、辰为冠带之地、卯为临官之地、寅为帝旺之地、丑为衰地。子为病地、亥为死地、戌为墓地、酉为绝地、申为胎地、未为养地（参阅图2.8b）。剩下的八个天干之十二种能量状态确定方法是雷同的，如图2.8全图所示；其中位于中五宫的戊土、已土分别随丙火、丁火之法排列能量十二态（因火生土，故土随火排）。在奇门遁甲断局时，常常需要分析天干的能量状态，尤其在断疾病时更显重要。十天干在奇门遁甲模型中有三类，一为天盘天干、二为地盘天干、三为暗干，这些更深入的内容将在以后的章节中详细介绍。

a.十天干的十二种状态　阳顺阴逆；阳死阴生（一）

巳—病 辰—衰	午—死	未—墓 申—绝
未—养 申—胎	甲木之 十二态	酉—胎
寅—临官 丑—冠带	子—沐浴	戌—养 亥—长生

未—墓 申—绝	午—长生	未—养 申—胎
卯—临官	乙木之 十二态	酉—绝
寅—帝旺 丑—衰	子—病	戌—墓 亥—死

巳—临官 辰—冠带	午—帝旺丙 午羊刃	未—衰 申—病
卯—沐浴	丙火戊土之 十二态	酉—死
寅—长生 丑—养	子—胎	戌—墓 亥—绝

巳—帝旺 辰—衰	午—临官	未—冠带 申—沐浴
卯—病	丁火己土 之十二态	酉—长生
寅—死 丑—墓	子—绝	戌—养 亥—胎

b.十天干的十二种状态　阳顺阴逆；阳死阴生（二）

巳—长生 辰—养	午—沐浴	未—冠带 申—临官
卯—胎	庚金之十二态	酉—帝旺 庚酉羊刃
寅—绝 丑—墓	子—死	戌—衰 亥—病

巳—死 辰—墓	午—病	未—衰 申—帝旺
卯—绝	辛金之 十二态	酉—临官
寅—胎 丑—养	子—长生	戌—冠带 亥—沐浴

巳—绝 辰—墓	午—胎	未—养 申—长生
卯—死	壬水之 十二态	酉—沐浴
寅—病 丑—衰	子—帝旺 壬子羊刃	戌—冠带 亥—临官

巳—胎 辰—养	午—绝	未—墓 申—死
卯—长生	癸水之 十二态	酉—病
寅—沐浴 丑—冠带	子—临官	戌—衰 亥—帝旺

图2.8　十天干的十二种能量状态

十二地支的信息含义如下：

子：时为冬、空为北、质为阳水、能有五态；位置为江河处、水地、池塘；人物为男少年、公务员、警察、流动人员；外形为肤黑、得令为高、失令为矮；身体为泌尿系统、精液、卵子、月经、耳朵；动物为老鼠、燕子、蝙蝠；涉事为隐秘、暧昧之事；疾病为性病、肾结石、高血压。

丑：时为冬春、空为东北、质为阴土、能有五态；位置田园、桥梁、宫殿、湿地、坟地；人物为牧童、老妇、死人；外形为得令时皮肤光滑、大脸，失令时皮肤粗糙、矮丑；身体为脾、腹、子宫；动物为骡、驴、牛；涉事为见吉升官，见凶讼狱、疾病、忧虑；疾病为糖尿病、肿块。

寅：时为春来、空为北东、质为阳木、能有五态；位置为林木之地、神象之处；人物为丈夫、贵人、家长、文人、公职人员；外形为得令时个高、浓眉，失令时个子中等、毛发稀少；身体为胆、胸部、毛发；动物为虎豹、猫科；涉事为见吉得财、得喜讯，见凶破财、官非、疾病；疾病为肝胆、四肢。

卯：时为春、空为东、质为阴木、能有五态；位置为暗林木、小木船、门窗处；人物为长男、兄弟；外形为得令时身较高、双眼皮，失令时个矮、毛发少；身体为肝、神经、筋骨；动物为兔子；涉事为见吉平安出行，见凶出行遇险；疾病为肝病、腰腿之病。

辰：时为暮春、空为东南、质为阳土、能有五态；位置为田园、土山、坟墓、泥道；人物为医护人员、僧尼；外形得令时高个、额宽、大眼，失令时中等个、小脸；身体为脖颈、喉咙、骨髓、皮肤；动物为龙蟒；涉事见吉健康、快乐，见凶痛苦、竞争、呻吟；疾病为糖尿病、脖颈病、皮肤病。

巳：时为初夏、空为南东、质为阴火、能有五态；位置为高温场所、电影院、舞厅；人物为妇女、厨师、炉前工；外形为得令时中等个、肤色白红、眉浓，失令时矮个、表情呆板；身体为上焦、小肠、口腔、眼睛；动物为蛇、鳝鱼；涉事为见吉温暖、热烈、得意，见凶得病、失意、噩梦；疾病为口腔之病、眼疾、肠炎。

午：时为仲夏、空为南、质为阳火、能有五态；位置为高温场所、娱乐场所、赌场、变压器之处；人物为贵妇、使者、炉前工、酒鬼；外形为得令时个高、双眼皮、大眼，失令时中等个、苍白、眼无神；身体为眼睛、头部、小肠；动物为马；涉事为见吉好消息，见凶争吵、惊恐、血光之灾；疾病为心梗、热症、眼疾。

未：时为季夏、空为南西、质为阴土、能有五态；位置为田园、厨房、庭院、消毒室；人物为牧羊人、老妇、尼姑；外形为得令时个子瘦高，失令时个子中等；身体为脾胃、消化系统；动物为羊、鹿；涉事为见吉宴会、喜庆，见凶丧事、疾病、竞争；疾病为脾胃之疾、皮肤红肿、大便干燥。

申：时为初秋、空为西南、质为阳金、能有五态；位置为首饰店、钢铁厂、汽车店、道路；人物为警察、珠宝商、铁匠、快递员、外科医生；外形为得令时高个、肤白，失令时中等个、肤白带黑斑；身体为胸、肺、大肠、筋骨；动物为猴、猿；涉事为见吉神佑、逢凶化吉，见凶为车祸、受伤、出行为凶；疾病为肺病、骨折、大肠之疾。

酉：时为秋、空为西、质为阴金、能有五态；位置为五金店、机场、汽车站、机械修理厂、宝塔、化妆间；人物为少女、酒鬼；外形得令时肤白、眸亮、身材适中，失令时为肤粗、矮小；身体为肺、右肋、骨、精血；动物为鸡、凳子；涉事为见吉中和洁净，见凶破财、争讼；疾病为肺、呼吸系统之疾、牙齿之疾、胸部之疾、皮肤之疾。

戌：时为深秋、空为西北、质为阳土、能有五态；位置为变电站、电厂、网吧、山岗、寺庙、弹药库、牢房；人物为长者、农民、军人、盗墓者；外形为得令时个高、鼻挺，失令时个矮、鼻勾；身体为腿、膝、腕、皮肤；动物为狗、熊；涉事为见吉顺利、舒畅，见凶不顺、牢狱之灾；疾病为关节炎、皮肤病、鼻炎。

亥：时为初冬、空为北西、质为阴水、能有五态；位置为小河之处、下水道、厕所、仓库；人物为渔民、水行业人员、船员、犯人；外形得令时中等个子、黑脸，失令时矮个、脸较白；身体为肾、泌尿系统、血液、淋巴；动物为猪、熊；涉事为见吉家庭和美，见凶家庭破裂、凶事不断；疾病为肾、泌尿系统、生殖系统之疾。

十天干充分反映了七曜（日月五星）对地的运动特点，十二地支充分反映了月亮对地的运动特点，而天干地支系统则充分反映了天地之间的运动特点；人与天地的某种关系也包含在人与干支系统的某种关系之中。十二地支反映了不同的流年、月令、流日及时辰，干支的组合关系乃构成了中国特有的干支历法。流月的月支（即月令）在奇门遁甲中处于重要的位置，它对各宫的旺衰有很大的影响；月令与节气及阳历的对应关系，月令所确定的五行旺相，如下所示：

寅月（立春，雨水）：一般2月4日–3月6日；寅月木旺

卯月（惊蛰，春分）：一般3月6日–4月5日；卯月木旺

辰月（清明，谷雨）：一般4月5日–5月6日；辰月土旺

巳月（立夏，小满）：一般5月6日–6月6日；巳月火旺

午月（芒种，夏至）：一般6月6日–7月7日；午月火旺

未月（小暑，大暑）：一般7月7日–8月7日；未月土旺

申月（立秋，处暑）：一般8月7日–9月8日，申月金旺

酉月（白露，秋分）：一般9月8日–10月8日，酉月金旺

戌月（寒露，霜降）：一般10月8日–11月7日，戌月土旺

亥月（立冬，小雪）：一般11月7日–12月7日；亥月水旺

子月（大雪，冬至）：一般12月7日–1月5日；子月水旺

丑月（小寒，大寒）：一般1月5日–2月4日；丑月土旺

第三节 九 星

九星是在奇门遁甲中使用的第三类重要参数。九星的最初思考是呼应八卦九宫的天上九星对地的影响，在奇门遁甲断局的过程中，九星本质上代表了外环境，诸如人与事所面临的社会、政治、经济等外部环境。与八卦九宫所对应的九星分别为：坎一宫对应天蓬星、坤二宫对应天芮星、震三宫对应天冲星、巽四宫对应天辅星、中五宫对应天禽星、乾六宫对应天心星、兑七宫对应天柱星、艮八宫对应天任星、离九宫对应天英星。一般情况下，天禽星、天心星、天辅星、天任星、天冲星为吉星，天蓬星、天芮星、天柱星为凶星，而天英星则属中平。

九星的信息含义如下：

天蓬星：时为冬、空为北、质为阳水、能有五态；其驻地（故乡）坎宫寒冷、阴暗，故天蓬星喜阴害阳，视其专干坏事，如偷盗、抢劫、杀戮，乃为凶星。天蓬星类象为杀人犯、抢劫犯、大贪污犯、黑老大、凶诈之人、大眼之人，也为破财之象，也为雨神。《西游记》中的猪八戒被称为'天蓬元帅'，似不妥当，“僧是愚氓犹可训”嘛。

天芮星：时为夏末秋初、空为西南、质为阴土、能有五态；其驻地（故乡）坤宫为纯阴，故天芮星阴邪之气甚浓；其与另一奇门参数死门同驻坤地，故其与疾病、生死相关，称之为病星。天芮星落宫的各个参数特点及其旺衰状态，将决定患者的病况，天芮星也代表求学、求道，代表学生身份。

天冲星：时为春、空为东、质为阳木、能有五态；其驻地（故乡）震宫为木春之地，代表农事、一年之计在于春，仁爱之心，故为吉星。天冲星代表农林事业、交通工具、运动、冲动、航天发射。

天辅星：时为春末夏初、空为东南、质为阳木、能有五态；其驻地（故乡）巽宫为春华之地，代表文化教育、培养学生，具体可代表大学、老师、高学历，也代表时尚、修养。

天禽星：时为四季、空为中央、质为阳土、能有五态；其驻地（故乡）在中五宫，该宫为九五之尊之地，故天禽星为大吉星，代表大贵人、领袖、要人，代表中正、诚信、智慧。

天心星：时为秋末冬初、空为西北、质为阴金、能有五态；其驻地（故乡）乾宫为天之地、父之地，代表领导才能、治理能力，代表很有心计与谋略，代表医治病人。天心星一般类象为西医、西药、医院，也类象为修行。

天柱星：时为秋、空为西、质为阴金、能有五态；其驻地（故乡）兑宫为金秋肃杀之地，代表征战、破敌、破财、怪异，也代表雨师，还代表口舌是非或口才。

天任星：时为冬末春初，空为东北、质为阳土、能有五态；其驻地（故乡）艮宫为近春之地，代表立国安邦、走向未来，代表为人稳重、诚信、有时不免死板。天任星类象为矿山、矿业。

天英星：时为夏、空为南、质为阴火，能有五态；其驻地（故乡）离宫为烈日之地，代表红红火火、如日中天，也代表血光之灾、心急火燎，故为中平之作用。天英星也代表为人热情、时髦；其类象为传媒、广告与信息。

九星的转盘排序为（简称）：蓬、任、冲、辅、英、芮、柱、心（禽在中五宫，不参与转盘），永远顺时针转盘排序。

第四节 八 门

八门是在奇门遁甲中使用的第四类重要参数，它们在奇门遁甲局中反映人事关系（人际关系）。人事十分重要，古人早云：天时不如地利，地利不如人和。与八卦九宫对应的八门分别为：坎一宫对应休门、坤二宫对应死门、震三宫对应伤门、巽四宫对应杜门、乾六宫对应开门、兑七宫对应惊门、艮八宫对应生门、离九宫对应景门。一般情况下，开门、休门、生门为吉门，死门、惊门、伤门为凶门，景门、杜门为中平。

八门的转盘排序（简称）为：开、休、生、伤、杜、景、死、惊，永远顺时针排列。

八门的信息含义如下：

开门：时为秋末冬初、空为西北、质为阴金、能有五态；其驻地（故乡）乾宫为首、为天、为父，乾宫有亥，又乾纳甲，该宫便成金生水、水生木而后有万物，大吉之地，故开门为大吉之门，古称开门大吉。位置为首都、大都市、高原、广场、机场、宫殿、首长办公室；人物为首长、长者、君子、武将、法官；性格为积极、刚健、高尚、诚信；身体为头部、肺、呼吸系统、大肠；动物为老马、骏马、龙、狮、大鹏，植物为核桃、石榴、苹果；器物为珠宝、首饰、汽车、时针；行业为银行业、金融财务；类象为银行、法官、法院、债主、原告。

休门：时为冬、空为北、质为阳水、能有五态；其驻地（故乡）坎宫为一阳复生之地为吉，故休门为吉；位置为江河、湖海、冷库、冷饮室、休闲场所；人物为中男、退休人员、水下工作人员；性格为聪慧、乐观；身体为肾、泌尿系统、耳朵、毛发；动物为水族动物、猪、蝙蝠，植物为水中植物、水仙、梅花、西瓜；器物为船舶、轮子、洗衣机、饮水机、笔墨；行业为公务员、政府、休闲产业、养老产业。

生门：时为冬末春初、空为东北、质为阳土、能有五态；其驻地（故乡）艮宫处寅位，乃三阳开泰之地，充满生机，故生门为至吉之门；位置为山岗、矿山、山径、田园、小巷、医院、求助站；人物为少男、矿工、猎人、樵夫、高僧、仁者、驼背者；性格为稳重、执着、忠诚、生动、自律；身体为脾胃、消化系统、左腿、肿块；动物为虎、狼、狗，植物为瓜类、薯类、藤蔓植物；器物为新物、生活用品、卧具、沙发、手提箱；行业为房地产、旅馆、医院、金融财务、救生、警卫、养殖。

伤门：时为春、空为东、质为阳木、能有五态；其驻地（故乡）震宫乃嫩木之地，防其伤也，故伤门为凶也；位置为大道、林木、医院、公安局、禁地、停车场；人物为长男、刑警、斗殴者、讨债人、司机、伤者、外科医生；性格为直率、急躁、易怒、粗野；身体为肝胆、足、手、伤疤、手术痕迹；动物为狮、虎、豹、鹰、蚊子、马蜂，植物为带刺的植物、易伤人的植物；器物为车船、刀剑、枪炮、弓箭、锐器、炸药、毒药；行业为汽车、轮船、监狱、打猎、捕鱼、讨债、追捕、刑警。

杜门：时为春末、空为东南、质为阳木、能有五态；其驻地（故乡）巽宫为木植极旺之地，既旺而衰将至，故杜门为中平者；位置为茂密的田园、营房、隐地、森林之地；人物为长女、商人、文人、工程技术人员、检察官、营业员、公关者、运动员；性格为正直、廉洁、平和、犹豫；身体为肝胆、气管、喉管、排卵管、神经、淋巴、循环系统；动物为鸡、蝴蝶、飞蛾、鸿雁、鸳鸯，植物为桃李、浮萍、桑树；器物为书籍、文具、木柜、木床、扇子、电扇、各种管道、奖状；行业为纪检、检察、工程技术、保密业务；类象尤指躲藏地、阻力。

景门：时为夏、空为南、质为阴火、能有五态；其驻地（故乡）为离宫为阳极之地而与坤宫之死门相近，故为中平之门；位置为闹市区、繁华区、阳光区、娱乐区、高温区、厨房火灶之处、书店、火车站、炒股场所、火山区；人物为中女、文人、美容师、摄影师、传媒人士、厨师、炉前工；性格为热情、好动、急躁、冲动、虚荣、时髦；身体为心脑系统、眼睛、血脉、小肠；动物为艳丽禽鸟、斑马、梅花鹿、甲虫，植物为艳丽花草、盆景；器物为书刊、杂志、字画、合同书、电子信息设备、灶台、烤箱、眼镜、证书、大证件；行业为传媒、广告、信息、餐饮、美容化妆、道路工程、时尚业；类象为道路、广告、血光、教练、诉状、证书、中小学、比分、考分、酒宴。

死门：时为夏末秋初、空为西南、质为阴土、能有五态；其驻地（故乡）坤宫为秋末肃杀之时，草木将衰，故死门为凶门；位置为荒郊、土地、农场、墓地、牢狱、殡葬处、刑场、牧场；人物为老女、重病人、巫师、死刑犯、狱吏；性格为死板、顽固、自私、吝啬、贪心；身体为脾胃、消化系统、生殖系统、肌肉；动物为母马、猩猩、蜘蛛；植物为各种粮食作物、花生、地瓜；器物为陶瓷器、粮食制品、被褥、丧葬用品；行业地产、殡葬行业、行刑、捕鱼、打猎；类象为地皮、地产、尸体、死亡、死气沉沉、重大阻力。

惊门：时为秋、空为西、质为阴金、能有五态；其驻地（故乡）兑宫为仲秋气数肃杀，落叶飘零，故惊门也为凶门；位置为水库、湖泽、司法机关、公关场所、歌厅；人物为歌星、演员、律师、讲员、外交官、少女、牙科医生；性格为喜庆、善言、喜争、易惊；身体为肺、呼吸系统、牙齿、皮肤；动物为虎、豹、蜈蚣、蛀虫，植物为银杏、金橘、核桃；器物为音像制品、金属餐具、五金工具、金属饰物；行业为演艺、律师、捕追、讲课、翻译；类象除上述外，尚有口舌官非、争讼、心慌之象、心理疾病。

古人对八门涉事有如下的歌诀（经张志春修改）：

欲求财利往生方，葬猎须知死路强。
征战远行开门吉，休门见贵最为良。
惊门官讼是非多，杜门无事好逃藏。
伤门搏斗能捉贼，景门饮酒好思量。

以上歌诀含意是：生门在何宫，则该宫所在的方向乃为求财的方向；死门在何宫，则该宫所在的方向乃为丧葬与打猎的方向；开门在何宫，则该宫所在的方向乃为征战远行的方向；休门在何宫，则该宫所在的方向乃为贵人的方向；惊门在何宫，则该宫为官讼是非之地；杜门在何宫，则该宫乃为逃藏之地；伤门在何宫，则该宫乃为搏斗、捕贼的方向；景门在何宫，则该宫乃为饮酒、议事的方向。

八门与九星分属不同的吉凶、不同的五行，它们在八卦九宫中的不同落宫，便有不同的五种能量状态（即：旺、相、休、囚、死；旺向衰的变化），在以后的章节中将详加讨论；参数的能量状态对奇门断局有着重要的影响。

第五节 八 神

八神是在奇门遁甲中使用的第五类重要参数，它们在奇门遁甲中反映未知的外力作用（或是贵人的好作用，或是小人的坏作用），它们对事物的发展变化起着重要的外因作用。八神（即未知的外力）无驻地（故乡），但它们却有序排列，方法是在奇门局中依转盘顺时针或逆时针排列，即阳局顺时针排列、阴局逆时针排列，秩序如下：

值符（符）、螣蛇（蛇）、太阴（阴）、六合（合）

白虎（虎）、玄武（武）、九地（地）、九天（天）

一般情况下，值符、太阴、六合、九地、九天为吉神，而螣蛇、白虎、玄武为凶神。

八神的信息含义如下：

值符（符）：同时为八神、九星的领袖，其所到之处百恶消散，百凶化解，乃大吉之神、大贵之人；其五行乃为九五之尊的土行，为阳土；值符本质上代表虎符、兵符、印信，握有生杀大权；值班的八门（称为值使）乃为奉符行事之人。值符的类象为：大贵人、主管领导、债主、原告、主考官、主裁判、组长、银行、大集团、大印、精品、极品。在断重病时，值符逢空、患者年命逢空、乃为死亡之兆。

螣蛇（蛇）：专主奸诈、惊恐之事，乃凶神。螣蛇的类象为奸诈、纠缠、惊恐、怪异、善变、梦境、绳索、捆绑、身材苗条、闪电、变压器。螣蛇的五行属火，为阴火。

太阴（阴）：专主荫庇，具保护之力，为吉神。太阴的类象为密谋、暗护、暗中行事、女人之事、隐私之事、地下人员、偷情者、护士、阴间（断病时）、阴险（为人）。太阴的五行属金，为阴金。

六合（合）：专主和合、中介、合作、公关，为吉神。六合的类象为：婚恋、合作、中介、公共、众多、逃犯、谈判。六合的五行属木，为阳木。

白虎（虎）：专主兵械、杀戮、疾病、死伤、血光、凶猛、打斗，为凶神，白虎的类象为：血光之灾、恶战、武警、高压。白虎的五行属金，为阳金。

玄武（武）：专主虚假之事、暧昧之事、偷摸之事、迷糊之事，为凶神。玄武的类象为：小偷、虚假、阴谋、暧昧、糊涂。玄武的五行属水，为阴水。

九地（地）：专主温和、谦恭之事、为地护、为稳定，也为吉神。九地的类象为：老母、乡亲、母牛、地面作物、牢狱、暧昧之事、死伤、播种、丧葬、不动、缓慢、久远、低矮、陈旧。九地的五行属土，为阴土。

九天（天）：专主阳刚、变动，为天护，也为吉神。九天的类象为：威严、扬兵、出师、飞禽、航路、航天、变动、快速、遥远、高大、新颖。九天的五行属金，为阳金。

现将示于文王八卦图的九星、八门的驻地（故乡）及八神为阳局时的排列示于图2.9；凡奇门局中九星在其故乡者称为星伏吟、八门在其故乡者为门伏吟、天盘天干与地盘天干相同者为干伏吟；如星、干均位于故乡的对宫，则称为反吟，天盘天干与地盘天干在不同宫中互换者为干反吟。伏吟主纠结、主慢、主难变，而反吟也主纠结，但主快、主变、主反复。

阴 杜巽 辅	天 景离英	符 死坤芮
武 伤震冲	禽	蛇 惊兑柱
虎 生艮任	合 休坎蓬	阴 开乾 心

图2.9　九星、八门的故乡及八神为阳局时的排列

第六节　奇门参数的旺衰与五行关系

前述的奇门六十四个参数皆有五行的属性，因此奇门参数的旺衰一定与五行（木火土金水）相关。何谓五行呢？司马迁在其著作《史记》中写道：黄帝考定星历，建立五行。可见五行的概念来自天文现象，金木水火土五大行星乃五行也；天影响地，地上万物便有五行属性；又地影响人，人身便有五行属性。《尚书》对五行的特点作了概括的介绍，即：水曰润下、火曰炎上、木曰曲直、金曰从革、土爰稼墙。五行之间相辅相成，又互相制约，称之为五行的生克制化。图2.10反映了五行相生、相克的关系：

图2.10　五行的相生与相克

即水生木、木生火、火生土、土生金、金生水；水克火、火克金、金克木、木克土、土克水。两种相同的五行处在一起称为比和，故有水水比和，木木比和、火火比和、土土比和、金金比和。在五行相克时，如果被克的五行力量强大到可以反制主克者，例如水少不能灭大火、水反而被火烤干；如遇此类情况，则可称为火旺水囚、木旺金囚、土旺木囚、水旺土囚、金旺火囚。因此，五行的生克关系是一种辩证的关系，不是一种绝对的关系。

五行的旺衰即生我为旺、同我为相、我生为休、我克为囚、克我为死；如木处水地为旺、木处木地为相、木处火地为休、木处土地为囚、木处金地为死。奇门的每个参数分属五行，于是每个参数均有五种能量即五种旺衰状态；现举例说明九星、八门、八神旺相休囚死的宫位，分别如图2.11、2.12及2.13所示。

旺	死	囚
旺	天蓬星（水） 在各宫 之旺衰	休
囚	相	休

图2.11　九星的旺衰（天影响地）

囚	死	旺
囚	开门（金） 在各宫 之旺衰	相
旺	旺	相

图2.12　八门的旺衰（地影响人）

相	旺	相
死	值符（土） 在各宫 之旺衰	休
相	囚	休

图2.13　八神的旺衰（随五行变动）

古籍中把门的五行克宫的五行称为（迫）（意即门压迫了宫），如开门在震木宫与巽木宫为门迫。当门迫时，称为“吉门被迫吉不就，凶门被迫事更凶”。另一种情况为宫的五行克门的五行称为“制”（意即宫制约了门），如开门在离火宫为门制。当门制时，称为“吉门受制吉不就，凶门受制凶不起”。

第三章

奇门遁甲与科学

奇门遁甲以八卦九宫为基础，应用了涉及天地人的64个参数构成了一种较为复杂的预测模型。该模型中的每一个参数均为时空质能四维一体，且每一个参数与其他参数均为纠缠互动。这种特点显然与爱因斯坦的广义相对论及当代最新的“纠缠量子”互感互动的实验相一致，表明了奇门遁甲模型中所蕴藏的科学内涵，也说明了该模型预测准确度较高的原因。类同量子理论中的“测不准原理”，要求奇门遁甲预测事件百分之百的正确率显然是不切实际的。奇门参数可与当代科学做如下的比拟：

一个粒子包含着所有其他相关粒子的信息即整体的关联信息；

一个个体包含着所有其他相关个体的信息即整体的关联信息；

一个干细胞包含着所有其他相关干细胞的信息即整体的关联信息；

一个奇门参数包含着其他相关奇门参数的信息即整体的关联信息。

1.关于“八卦九宫”，其时空质能四位一体且相互关联

如震卦/震宫，时为春、空为东、质为木、能有五态——冬为旺、春为相、夏为休、季夏为囚、秋为死；其他卦/宫可做类似的分析，八卦九宫之间相辅相成、互相制约。

2.关于“天干地支”，其同样为时空质能四位一体且相互关联，以图3.1示之。

十天干	甲	乙	丙	丁	戊	己	庚	辛	壬	癸
时间	春	春	夏	夏	季夏	季夏	秋	秋	冬	冬
空间	东	东	南	南	中	中	西	西	北	北
物质	木	木	火	火	土	土	金	金	水	水
能量	十二态	十二态	十二态	十二态	十二态	十二态	十二态	十二态	十二态	十二态

十二地支	子	丑	寅	卯	辰	巳	午	未	申	酉	戌	亥
时间	仲冬	季冬	孟春	仲春	季春	孟夏	仲夏	季夏	孟秋	仲秋	季秋	孟冬
空间	北	北东	东北	东	东南	南东	南	南西	西南	西	西北	北西
物质	水	土	木	木	土	火	火	土	金	金	土	水
能量	五态	五态	五态	五态	五态	五态	五态	五态	五态	五态	五态	五态

图3.1 天干地支时空质能四位一体

3.关于“九星”，其同样为时空质能四位一体且相互关联

如天蓬星，时为冬、空为北、质为水、能有五态——位木宫为旺、位水宫为相、位金宫为休、位土宫为囚、位火宫为死，其他诸星可做类似的分析。九星之间相辅相成、互相制约。

4.关于“八门”，其同样为时空质能四位一体且相互关联

如开门，时为秋冬、空为西北、质为金、能有五态——位土宫为旺、位金宫为相、位水宫为休、位木宫为囚、位火宫为死，其他诸门也可做类似的分析。八门之间相辅相成、互相制约。

5.关于“八神”，同样也为时空质能四位一体且相互关联

如值符，时空随时干动、质为土、能有五态——位火宫为旺、位土宫为相、为金宫为休、位水宫为囚、为木宫为死，其他诸神也可做类似的分析。八神之间也相辅相成、互相制约。

在奇门断局时，会利用参数之间的联动与互感增强分析的信息力度，从而得出更可靠的结果。在大量的案例中，读者可以感觉到这一科学的特点。

当代科学表明，世间万物都是由量子构成的，那么量子如何组合构成了大量的不同的非生命体？如何组合又构成了植物？如何组合又构成了动物？如何组合又构成了人类？既然万物皆由量子构成，那么彼此之间应当有量子纠缠与互感，即世间万物彼此关联。奇门遁甲的模型正是把天地人的信息（可以推理成量子）关联在一起，于是用于大数据的信息分析，去得到一个概率相对很高的结论；因此，可以把奇门遁甲的模型看成为一个集信息学、逻辑学、概率学的模型。

第四章

奇门遁甲起局的方法

奇门遁甲局包含了天时、地理、人事、外力的信息，即相关事物的时、空、质、能的信息，其中八卦九宫以地理（空间）信息为主、天干地支以时间信息为主、九星以天时（外环境）信息为主、八门以人事信息为主，八神以未知外力信息为主；这些参数组合成了一个多维的动态的信息思维模型，从而用于预测。预测的目的，一是准确地了解事物的情况，二是达到趋吉辟凶的目的。

第一节　起局的基础知识

奇门遁甲起源于军事上的排兵布阵，因此其所用的参数含有军事的特点。八卦九宫图被视为八卦九宫阵，十天干被赋予军事特色，为首者“甲”为元帅，隐藏在军中以运筹于帷幄之中，故称遁甲；接着为乙、丙、丁被称为三奇，即乙奇、丙奇、丁奇，他们被视为元帅的辅佐，可称为主将、副将、辅将；再接着为戊、己、庚、辛、壬、癸被称为六仪，他们被视为六支大军。干支组合成六十甲子（参见图2.5），每个天干组成干支共有六次，于是便有六甲、六乙、六丙、六丁、六戊、六己、六庚、六辛、六壬、六癸。其中六甲为六大元帅，他们分别是甲子、甲戌、甲申、甲午、甲辰、甲寅，这六大元帅分别隐遁于六军之中，以安全地运筹于帷幄之中；其中甲子元帅隐遁于戊军之中、甲戌元帅隐遁于己军之中、甲申元帅隐遁于庚军之中、甲午元帅隐遁于辛军之中、甲辰元帅隐遁于壬军之中、甲寅元帅隐遁于癸军之中。这种配置方式被称为甲子戊、甲戌己、甲申庚、甲午辛、甲辰壬、甲寅癸，在六十甲子表中，每10 天一旬就分别被称为甲子戊旬、甲戌己旬、甲申庚旬、甲午辛旬、甲辰壬旬、甲寅癸旬。

六仪在前线作战，三奇分别指挥之，甲帅则运筹于帷幄而隐遁于六仪之中，他们依次排序为（级别高的将领在后面指挥）：

戊、己、庚、辛、壬、癸、丁、丙、乙（遁甲）

实际上六军不是一字阵而是太极连环阵，如图4.1 所示。对于阳遁局，六

仪三奇顺排，

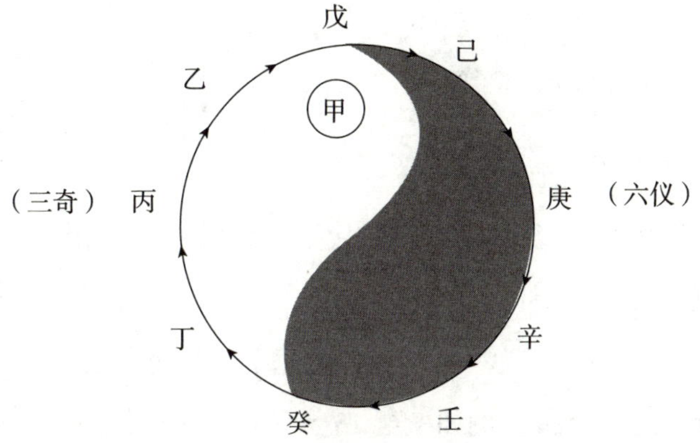

图4.1 三奇六仪太极阵

即按戊、己、庚、辛、壬、癸、丁、丙、乙排宫；对于阴遁局，六仪三奇逆排，即按乙、丙、丁、癸、壬、辛、庚、己、戊排宫。西汉张良把奇门局分成了阳 1～阳 9 局及阴 1～阴 9 局，所谓阳 1 局即指第一支军队戊在坎一宫、己在坤二宫、庚在震三宫、辛在巽四宫、壬在中五宫、癸在乾六宫、丁在兑七宫、丙在艮八宫、乙在离九宫；所谓阴 1 局，可按如下对应的数字把六仪三奇排入各宫，即

戊	己	庚	辛	壬	癸	丁	丙	乙
1	9	8	7	6	5	4	3	2

对于阳 2 局，可按如下对应的数字把六仪三奇排入各宫，即

戊	己	庚	辛	壬	癸	丁	丙	乙
2	3	4	5	6	7	8	9	1

对于阴 2 局，可按如下对应的数字把六仪三奇排入各宫，即

戊	己	庚	辛	壬	癸	丁	丙	乙
2	1	9	8	7	6	5	4	3

其他各局，依次类推。

奇门遁甲的模型有多种类型，其中实用性最强、认知面最广的为时家奇门转盘法模型，本书只讨论应用这种模型。

奇门遁甲局以每五天为一元局，因此每个节气便有三个元局，分别称为上元局、中元局、下元局；例如冬至 15 天位坎一宫分为上元、中元、下元，它们分别对应阳一局、阳七局、阳四局（见图4.2），图中每年 12.22 ~ 1.5 为冬至一七四。因为冬至位于坎一宫，所以冬至上元局就为阳一局（*又例如立春位于艮八宫，故立春上元局为阳八局等等）。

6.5 5.21 5.5 芒种 小满 立夏 六 五 四 三 二 一 九 八 七	7.23 7.7 6.21 大暑 小暑 夏至 七 八 九 一 二 三 四 五 六	9.7 8.23 8.7 白露 处暑 立秋 九 一 二 三 四 五 六 七 八
4.20 4.4 3.20 谷雨 清明 春分 五 四 三 二 一 九 八 七 六	中五	10.23 10.8 9.23 霜降 寒露 秋分 五 六 七 八 九 一 二 三 四
3.5 2.18 2.4 惊蛰 雨水 立春 一 九 八 七 六 五 四 三 二	1.20 1.5 12.22 大寒 小寒 冬至 三 二 一 九 八 七 六 五 四	12.7 11.22 11.7 大雪 小雪 立冬 四 五 六 七 八 九 一 二 三

图4.2　节气与阴阳遁十八局

那么冬至的中元局、下元局又如何确定呢？我们知道六甲为六十个时辰合五天演完一种元局，六甲分占六个宫位演完一种元局，六甲分占六个宫位演完一种元局；因此甲子戊上元局戊在一宫（阳一局），下一局即中元局戊便占七宫演练（阳七局）；下下一局即下元局，戊又隔六个宫位转至四宫演练（阳四局）。于是我们便在图4.2 中见到了冬至一七四；其余节气的三元局，类同分析；理解了这种规律，就理解了图4.2 中每个节气所对应的三元局了。六十甲子表中上元、中元、下元的分布是有规律的，它们与每五天中第一天的日支有关，如下图所示（图4.3）。

上元五天

甲	乙	丙	丁	戊
子	丑	寅	卯	辰
己	庚	辛	壬	癸
卯	辰	巳	午	未
甲	乙	丙	丁	戊
午	未	申	酉	戌
己	庚	辛	壬	癸
酉	戌	亥	子	丑

中元五天

己	庚	辛	壬	癸
巳	午	未	申	酉
甲	乙	丙	丁	戊
申	酉	戌	亥	子
己	庚	辛	壬	癸
亥	子	丑	寅	卯
甲	乙	丙	丁	戊
寅	卯	辰	巳	午

下元五天

甲	乙	丙	丁	戊
戌	亥	子	丑	寅
己	庚	辛	壬	癸
丑	寅	卯	辰	巳
甲	乙	丙	丁	戊
辰	巳	午	未	申
己	庚	辛	壬	癸
未	申	酉	戌	亥

图4.3　上中下三元与符头日支的关系

古籍中把每一元第一天的天干称为符头，符头只有两个即甲或己；我们在图4.3 中发现上元符头下的地支为子午卯酉、中元符头下的地支为寅申巳亥、下元符头下的地支为辰戌丑未。了解了这个规律，我们就可以根据某一天的干支来确定这一天属于上中下三元中的哪一元了；再根据节气，我们就可以确定这一天该用阳几局或阴几局了。例如 2017 年 1 月 1 日的日柱（即日干支）为戊子日，戊子日的符头为甲申属中元，又 1 月 1 日在冬至节气之内，故依据图4.2 中的冬至一七四而选择阳七局。又例如 2017 年 1 月 28 日（正月初一）的日柱为乙卯日，乙卯日的符头为甲寅属中元，又 1 月 28 日在大寒节气之内，故依据图4.2 中的大寒三九六而选择阳九局。

关于时家奇门转盘法起局，历史上常有置闰法与拆补法之争。时家奇门按每个节气 15 天而分成上中下三元（每元五天），这样一年 24 个节气共有 360 天，而实际上阳历、干支历均为一年即地球绕太阳运行一周的周期为 365.2422 日，黄道每 15° 为一个节气的时长，平均而言每个节气为 15.2184 日，而不是恰好 15 天。于是，每个节气交节的第一天并不一定都与符头上第一天的日柱相同，从而出现了如下三种不同的情况：

一、交节的这一天正好为上元的符头有四个即甲子、己卯、甲午、己酉，这种情况称为“正授”，但不多见。

二、上元符头超越交节日，这种情况称为“超神”。

三、交接日超越上元符头，这种情况称为“接气”。

实际上，大部分情况是上元符头超越交节日（即为“超神”），有时超越一二天、有时超越四五天，甚至超越9天以上。一旦超越9天，古人便会采用所谓的“置闰法”：就是接着该节气下元的最后一天，再从上元第一天开始，把这个节气的上中下三元重复一遍。如此重复 15 天，本来的超神就又成了接气。为了所谓简单解决置闰引发的问题，古人对置闰做了一个规定，即只有在芒种（阳遁局的最后一个节气）与大雪（阴遁局的最后一个节气）才能置闰。显然这种做法未见得合理，于是另有一派主张不采用置闰而采用拆补。所谓拆补法即不考虑“超神”与“接气”的情况，而是仍然把上中下三元放在一个节气中，使问题简化了。在大多数情况下，上元符头为超神，所以从交节后所用的上元天数必然少于5天，这被称为“拆”。在到达下一个节气之前，用完下元之后，一般还会有两三天可以用来补充上元所缺的天数，这被称为“补”。于是拆补法便形成“残上——中元——下元——补上”的格局。

置闰法与拆补法，究竟谁对谁错，抑或谁更准确，这在学术研究中与实际应用中存在分歧。经过大量的断局实践，表明拆补法的准确度是高的，而且这种方法避免了所谓“超神”“接气”“置闰”的麻烦。因此，本书断局案例均采用时家奇门转盘拆补法。

第二节　起局的具体方法

现在我们讨论奇门遁甲局形成的过程，即起局的方法；起局之后，才能针对问测者的具体问题进行分析与判断，故起局在先、断局在后。当今起局过程已可由电脑的专门软件或手机的专门软件完成，不必断局者花费时间自行起局了；当然，了解并熟悉奇门起局的过程，对于我们深入了解奇门遁甲的学问是十分必要的。

下面以实例来介绍奇门遁甲的起局过程。

［实例 4.1］　某人于 2016 年 9 月 15 日上午 10：00 问测其父的病况

首先把上述时间换成干支描述，即

丙申年丁酉月庚子日辛巳时

起局第一步：确定阴阳几局

依据节气与日元来定，9 月 15 日属于白露节气，由图4.2 可知，白露节气上元中元下元分别为阴九、三、六局，庚子日属中元（图4.3），故可以确定为阴三局。因此，戊入震三宫，其他的三奇六仪按如下的数字入宫（需要立即作图），即

戊	己	庚	辛	壬	癸	丁	丙	乙
3	2	1	9	8	7	6	5	4

起局第二步：确定何者为值符星、天盘奇仪及值使门

值符同时为八神、九星之首领，它将率领八神、九星行事，同时也将率领奇仪行事；八门之领班者乃为值使门。

该步骤是依据时辰旬来定的，辛巳时属于（甲戌）2已2旬（见图2.5），角标 2 是因为已入坤二宫、甲戌元帅也随已在坤二宫。值符星、天盘奇仪、值使门均由坤二宫的驻地星、地盘奇仪、驻地门来确定，于是可以得到值符为天芮星、天盘随符的奇仪为已、值使门为死门。

（注意此步骤无作图任务）。

起局第三步：确定值符星、跟随值符的天盘奇仪入何宫

该步骤是依据时干来定的，时干辛位离九宫，所以值符、天芮、天盘已入离九宫；余下的九星则按芮、柱、心、蓬、任、冲、辅、英顺时针转盘分别入宫，天禽星置于中五宫。由值符领衔的八神逆时针（阴局逆行）转盘分别入宫，次序为符、蛇、阴、合、虎、武、地、天。天盘奇仪则依据地盘奇仪的落宫次序也依次转盘入宫，

即已→癸→丁→庚→壬→戊→乙→辛，需要立即作图。

起局第四步：确定值使门如何入宫

该步骤是依据时支来定的，辛巳时支巳藏于何宫呢？我们已知甲戌在坤二宫，则排列地支可以查出巳藏于何宫，即

子	丑	寅	卯	辰	巳	午	未	申	酉	戌	亥	（阴局数字逆行）
9	8	7	6	5	4	3	2	1	9	2	1	

巳藏于巽四宫，故值使死门入巽四宫，其余各门则按死、惊、开、休、生、伤、杜、景顺时针转盘分别入宫，需要立即作图。

起局第五步：中五宫天干与天禽要寄宫行事

中五宫的天干作为地盘天干寄在坤二宫，故丙以地盘寄坤二宫；中五宫的天干与天禽以天盘飞入天芮所在之宫以辅之，故天丙与天禽入离九宫，需要立即作图。

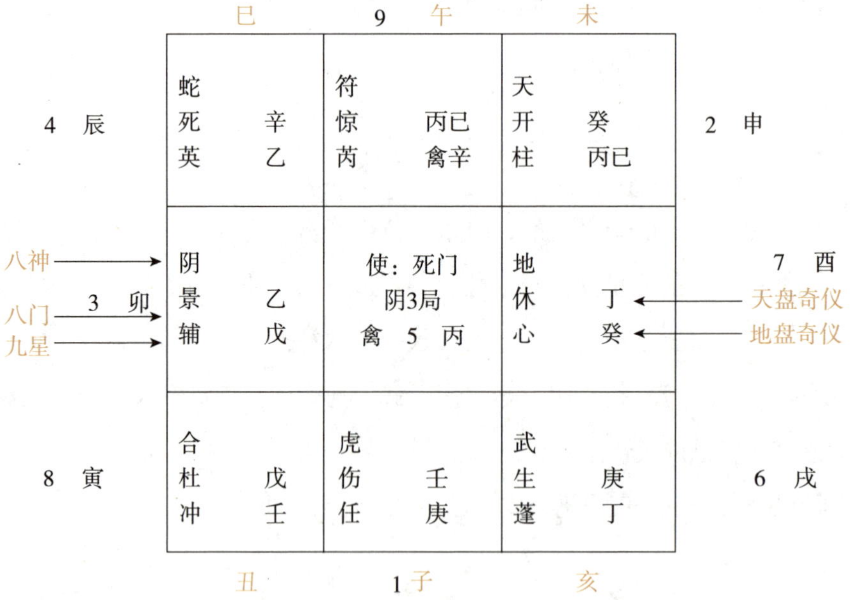

图4.4 奇门起局实例 4.1

［实例4.2］ 某人于2016年10月1日上午10：30问测婚姻

首先把上述时间换成干支描述，即

丙申年丁酉月丙辰日癸巳时

起局第一步：确定阴阳几局

依据节气与日元来定，10月1日属于秋分节气，由图4.2可知，秋分节气上元中元下元分别为阴七、一、四局；丙辰日属中元（图4.3），故可以确定为阴一局。因此，戊入坎一宫，其他的三奇六仪按如下的数字入宫（需要立即作图），即

戊	己	庚	辛	壬	癸	丁	丙	乙	（阴局数字逆行）
1	9	8	7	6	5	4	3	2	

起局第二步：确定何者为值符星、天盘奇仪及值使门

值符同时为八神、九星之首领，它将率领八神、九星行事，同时也将率领奇仪行事，八门之领班者乃为值使门。

该步骤是依据时辰旬来定的，癸巳时属于（甲申）8庚8旬（见图2.5），角标8是因为庚入艮八宫、甲申元帅也随庚在艮八宫。值符星、天盘奇仪、值使门均由艮八宫驻地星、地盘奇仪、驻地门来确定，于是可以得到值符星为天任星、天盘随符的奇仪为庚、值使门为生门

（注意此步骤无作图任务）。

起局第三步：确定值符星、跟随值符的天盘奇仪入何宫

该步骤是依据时干来定的，时干癸位中五宫，本来值符、天任星、天

盘庚应入中五宫，但中五宫不参与转盘，故值符、天任星、天盘庚寄于坤二宫——这是一种特殊情况。余下的九星则按任、冲、辅、英、芮、柱、心顺时针转盘分别入宫，天禽星置于中五宫。由值符领衔的八神逆时针（阴局逆行）转盘分别入宫，次序依然为符、蛇、阴、合、虎、武、地、天。天盘奇仪则依据地盘奇仪的落宫次序也依次转盘入宫，即庚→丙→丁→己→乙→辛→壬→戊。

需要立即作图。

起局第四步：确定值使门如何入宫

该步骤是依据时支来定的，癸巳时支巳藏于何宫呢？我们已知甲申在艮八宫，则排列地支可以查巳藏于何宫，即

子	丑	寅	卯	辰	巳	午	未	申	酉	戌	亥	（阴局数字逆行）
4	3	2	1	9	8	7	6	8	7	6	5	

巳藏于艮八宫，故值使生门入艮宫，其余各门则按生、伤、杜、景、死、惊、开、休顺时针转盘分别入宫，需要立即作图。

起局第五步：中五宫天干与天禽要寄宫行事

中五宫的天干作为地盘天干寄在坤二宫，故癸以地盘寄坤二宫；中五宫的天干与天禽以天盘飞入天芮所在之宫以辅之，故天癸与天禽入艮八宫，需要立即作图。

以上五步便完成了奇门起局的过程，于是下列奇门局形成：

阴 杜　壬 心　丁	蛇 景　戊 蓬　己	符 死　庚 任　癸乙
合 伤　辛 柱　丙	使：生门 阴1局 禽　癸	天 惊　丙 冲　辛
虎 生　癸乙 芮　禽庚	武 休　己 英　戊	地 开　丁 辅　壬

图4.5　奇门起局实例 4.2

实例 4.2 的奇门局有特殊性，九星均由驻地跳入对宫，这称为星反吟；而八门均在其原驻地，这称为门伏吟；而天盘天干与地盘天干互换入宫，这称为干反吟。

［实例 4.3］ 某人于 2017 年 1 月 1 日 20:00 问测失物寻找

首先把上述时间换成干支描述，即

丙申年庚子月戊子日壬戌时

起局第一步：确定阴阳几局

依据节气与日元来定，1 月 1 日属于冬至节气，由图4.2 可知，冬至节气上元中元下元分别为阳一、七、四局；戊子日属中元（图4.3），故可以确定为阳七局。因此，戊入兑七宫，其他的三奇六仪按如下的数字入宫（需要立即作图），即

戊	己	庚	辛	壬	癸	丁	丙	乙	（阳局数字顺行）
7	8	9	1	2	3	4	5	6	

起局第二步：确定何者为值符星、天盘奇仪及值使门

值符同时为八神、九星之首领，它将率领八神、九星行事，同时也将率领奇仪行事，八门之领班者乃为值使门。

该步骤是依据时辰旬来定的，壬戌时属于（甲寅）3癸3旬（见图2.5），角标 3 是因为癸入震三宫、甲寅元帅也随癸在震三宫。值符星、天盘奇仪、值使门均由震三宫驻地星、地盘奇仪、驻地门来确定，于是可以得到值符星为天冲星、天盘随符奇仪为癸、值使门为伤门（此步骤无作图任务）。

起局第三步：确定值符星、跟随值符的天盘奇仪入何宫

该步骤是依据时干来定的，时干壬位坤二宫，故值符、天冲星、天盘癸入坤二宫，余下的九星则按冲、辅、英、芮、柱、心、蓬、任顺时针转盘分别入宫，天禽星置于中五宫。由值符领衔的八神顺时针（阳局顺行）转盘分别入宫，次序依然为符、蛇、阴、合、虎、武、地、天。天盘奇仪则依据地盘奇仪的落宫次序也依次转盘入宫，即癸→丁→庚→壬→戊→乙→辛→已。需要立即作图。

起局第四步：确定值使门如何入宫

该步骤是依据时支来定的，壬戌时支戌藏于何宫呢？我们已知甲寅在震三宫，则排列地支可以查出戌藏于何宫，即

子	丑	寅	卯	辰	巳	午	未	申	酉	戌	亥	（阳局数字顺行）
4	5	3	4	5	6	7	8	9	1	2	3	

戌藏于坤二宫，故值使伤门入坤二宫，其余各门则按伤、杜、景、死、惊、开、休、生顺时针转盘分别入宫，需要立即作图。

起局第五步：中五宫天干与天禽要寄宫行事

中五宫的天干作为地盘天干寄在坤二宫，故丙以地盘寄坤二宫；中五宫的天干与天禽以天盘飞入天芮所在之宫以辅之，故天丙与天禽入坎一宫，需要立即作图。

以上五步便完成了奇门起局的过程，于是下列奇门局形成：

地 休　辛 蓬　丁	天 生　己 任　庚	符 伤　癸 冲　丙壬
武 开　乙 心　癸	使：伤门 阳 7 局 禽　丙	蛇 杜　丁 辅　戊
虎 惊　戊 柱　己	合 死　丙壬 芮　禽辛	阴 景　庚 英　乙

图4.6　奇门起局实例 4.3

［实例 4.4］　2017 年 1 月 28 日（正月初一）6:40 奇门局

首先把上述时间换成干支描述，即

丙申年辛丑月乙卯日己卯时

起局第一步：确定阴阳几局

依据节气与日元来定，1 月 28 日属于大寒节气，由图4.2 可知，大寒节气上元中元下元分别为阳三、九、六局；乙卯日属中元（图4.3），故可以确定为阳九局。因此，戊入离九宫，其他的三奇六仪按如下的数字入宫（需要立即作图），即

戊	己	庚	辛	壬	癸	丁	丙	乙	（阳局数字顺行）
9	1	2	3	4	5	6	7	8	

起局第二步：确定何者为值符星、天盘奇仪及值使门

值符同时为八神、九星之首领，它将率领八神、九星行事，同时也将率领奇仪行事；八门之领班者乃为值使门。

该步骤是依据时辰旬来定的，己卯时属于（甲戌）1己1旬（见图2.5），角标 1 是因为己入坎一宫、甲戌元帅也随己在坎一宫。值符星、天盘奇仪、值使门均由坎一宫的驻地星、地盘奇仪、驻地门来确定，于是可以得到值符星为天蓬星、天盘随符奇仪为己、值使门为休门。

（此步骤无作图任务）。

起局第三步：确定值符星、跟随值符的天盘奇仪入何宫

该步骤是依据时干来定的，时干己在坎一宫，故值符、天蓬星、天盘己入坎一宫，余下的九星则按蓬、任、冲、辅、英、芮、柱、心顺时针转盘分别入宫，天禽星置于中五宫。由值符领衔的八神顺时针（阳局顺行）转盘分别入宫，次序依然为符、蛇、阴、合、虎、武、地、天。天盘奇仪则依据地盘奇仪的落宫次序也依次转盘入宫，即己→乙→辛→壬→戊→庚→丙→丁。

需要立即作图。

起局第四步：确定值使门如何入宫

该步骤是依据时支来定的，已卯时支卯藏于何宫呢？我们已知甲戌在坎一宫，则排列地支可以查出卯藏于何宫，即

子	丑	寅	卯	辰	巳	午	未	申	酉	戌	亥	（阳局数字顺行）
3	4	5	6	7	8	9	1	2	3	1	2	

卯藏于乾六宫，故值使门入乾六宫，其余各门则按休、生、伤、杜、景、死、惊、开顺时针转盘分别入宫，需要立即作图。

起局第五步：中五宫天干与天禽要寄宫行事

中五宫的天干作为地盘天干寄在坤二宫，故癸以地盘寄坤二宫；中五宫的天干与天禽以天盘飞入天芮所在之宫以辅之，故天癸与天禽入坤二宫，需要立即作图。

以上五步便完成了奇门起局的过程，于是下列奇门局形成：

合 景　壬 辅　壬	虎 死　戊 英　戊	武 惊　癸庚 芮禽癸庚
阴 杜　辛 冲　辛	使：休门 阳9局 禽　癸	地 开　丙 柱　丙
蛇 伤　乙 任　乙	符 生　己 蓬　己	天 休　丁 心　丁

图4.7　奇门起局实例4.4

实例 4.4 的奇门局有特殊性，九星均在其原驻地，这称为星伏吟；天地盘天干相同，这称为干伏吟。

读者如果通过本节的介绍已了解并熟悉奇门起局的方法，今后不必自行起局，而只需查阅相关软件奇门局数据库获取任一时间的奇门局，读者需要把主要的精力放在奇门断局上。奇门起局的时间有两种方式，第一种也是绝大多数情况，是以问测时间起局，这称为“问事局”；第二种是以事情发生的时间起局，这称为“事发局”。如以比赛时间起局的比赛局、以火箭发射时间起局的发射局、以人走失时间的走失局、以人被绑架时间起局的绑架局，等等。有的读者可能会问，同一问题在不同的时间问测，结果是否会不同？在很多情况下，同一问题在不同的时间问测（发问者彼此并无联系），其结果是类同的。曾经有一位车主，其汽车被盗，在不同时间请教奇门人士分析，分析的结果（关于汽车现在何处、何原因、何人几人作案）是类同的。当然，有时结果有矛盾，很可能是外部情况发生了变化，应以最晚问测的时间为准。

第五章

奇门参数的必要说明及其吉凶

奇门遁甲的断局本质上是对奇门参数自身及其相互关系的分析与判断，因此准确、完整地把握奇门参数的特点及其相互关系至关重要。

第一节　奇门参数的必要说明

一．关于“六仪击刑”与“天干入墓”

“六仪击刑”指的是戊、己、庚、辛、壬、癸这六仪在相关落宫发生了地支相刑而引发的凶兆，具体为：

甲子戊在震木宫，因子卯刑而产生戊六击

甲戌己在坤土宫，因未戌刑而产生己六击

甲申庚在艮土宫，因寅申刑而产生庚六击

甲午辛在离火宫，因午午自刑而产生辛六击

甲辰壬在巽木宫，因辰辰自刑而产生壬六击

甲寅癸在巽木宫，因寅巳刑而产生癸六击

以上“六仪击刑”示于八卦九宫图中（见图5.1），以利读者熟记。

壬六击 （辰辰自刑） 癸六击 （寅巳刑）	辛六击 （午午自刑）	己六击 （未戌刑）
戊六击 （子卯刑）		
庚六击 （寅申刑）		

图5.1　六仪击刑图示

“天干入墓”指的是三奇六仪十二态中的入墓状态（参阅图2.8），入墓为无力之象、纠结之象、悬念之象。三奇六仪入墓状态以图5.2 示之，以利读者熟记。

在对奇门局做基本分析时，应该分析有无“六仪击刑”与“入墓”；如有，应该予以标注，以利正确分析事物。

辛入墓 壬入墓		乙入墓 癸入墓
丁入墓 己入墓 庚入墓		乙入墓 丙入墓 戊入墓

图5.2　三奇六仪入墓图示

二、关于起局时的“年干、月干、日干、时干”及“日空、时空”

起局时所使用的年干、月干、日干、时干须在奇门局中予以柱注，因为它们本身含有大量的信息。例如年干，一般以“太岁”标注，它将含有上级领导、父母长辈、大人物之信息；月干一般含有同事、同辈、竞争者等信息；日干一般代表问测者本人、投标者、走失者（如不知其年命，即出生年的年干）、患者（如不知其年命）；时干一般代表问测之事，下属、晚辈子女。

所谓“日空”“时空”指的是每旬干支组合后必有两个地支没有参与该旬的组合，这两个地支被称为空亡；对于每旬的日干支，逢空的两地支称为“日空”，而对于每旬的时干支，逢空的两地支称为“时空”。空亡的基本概念是不落实、力减半、心空荡（意纠结）。“日空”“时空”在奇门局中应予标注，以便在断局时加以应用。一般认为，时空影响大于日空的影响。

三、关于“马星”（即冲动的力量、活跃的力量）

每个时辰都有一个冲动的力量或称活跃的力量，这种力量被称为“马星”，它的作用可以冲墓、冲空，使墓或空消失而成正常；同时，马星落宫的参数将会变动。马星的确定方法如下：

申时、子时、辰时的马得在寅位（艮宫）

巳时、酉时、丑时的马星在亥位（乾宫）

寅时、午时、戌时的马星在申位（坤宫）

亥时、卯时、未时的马星在巳位（巽宫）

马星在奇门局相应的地支位（宫位）应该校注，以便在断局时加以应用。

四、关于“伏吟”与“反吟”

如果九星在其原驻地称为星伏吟，八门在其原驻地称为门伏吟，天盘奇仪与地盘奇仪相同为干伏吟；伏吟局主事情难变、慢变、呻吟、纠结。如果九星由原驻地跳入对宫称为星反吟，八门由原驻地跳入对宫称为门反吟，天盘奇仪与地盘奇仪互为倒置称为干反吟；反吟主事易变、快变、反复、纠结。遇到问事时辰为六甲时辰时，必为星门干全伏吟局，被称为“天显时格”；遇此类格局为慢变、有坎坷，但慢慢向好的方向发展。凡是存在伏吟或反吟的奇门局应予以注明，以便在断局时加以应用。

五、关于“暗干”（暗藏的天干）

关于“暗干”的概念与应用在明清之后才提及，暗干即暗藏的天干，它们对于隐秘、迷离之事增强了分析的信息。我们知道，八门的排列在奇门局中是基于问事的时支的，因此问事的时干也应与八门相关联，暗干便是基于这种思考而提出来的。暗干的排列方式由下列三种不同的情况来确定，即

1.如果奇门局非星门干全伏吟局（大多数情况），则可把问事的时干作为首个暗干排入值使门所在的宫，其余的暗干由天盘天干依次转盘入宫。例如 2017 年 1 月 9 日 16:00 的奇门局，其暗干排列便属此种情况（暗干置于每宫的右上角），如图5.3 所示。

天 丁 伤 丙 英 庚	符 己 杜 辛戊 芮 禽丙	蛇 庚 景 癸 柱 辛戊
地 乙 生 庚 辅 己	使：死门 阳2局 辛	阴 丙 死 使 壬 心 癸
武 壬 休 己 冲 丁	虎 癸 开 丁 任 乙	合 辛戊 惊 乙 蓬 壬

图5.3 丙申年辛丑月丙申日丙申时的奇门局之暗干

2.如果奇门局为星门干全伏吟局（少数情况），且问事的时干与中五宫的天干不同时，则可把问事的时干作为首个暗干排入中五宫，其余的暗干则按飞盘法（依六仪三奇阳顺阴逆的数字）入各宫。例如：2013 年 12 月 9 日 20:00 的奇门局，其暗干便属于此种情况，如图5.4 所示。问事的时干甲戌已作为首个暗干入中五宫，其余的暗干按以下排列数字入各宫，即

戊	己	庚	辛	壬	癸	丁	丙	乙	（阴局数字逆排）
6	5	4	3	2	1	9	8	7	

天 ㊣庚 杜 戊 辅 戊	地 ㊣丁 景 壬 英 壬	武 ㊣壬 死 乙庚 芮禽 乙庚
符 ㊣辛 伤 己 冲 己	使：死门 阴4局 己 乙	虎 ㊣乙 惊 丁 柱 丁
蛇 ㊣丙 生 癸 任 癸	阴 ㊣癸 休 辛 蓬 辛	合 ㊣戊 开 丙 心 丙

图5.4 癸巳年甲子月己酉日甲戌时的奇门之暗干

3.如果奇门局为星门干全伏吟局（少数情况），且问事的时干与中五宫的天干相同时，则可把问事的时干作为首个暗干排入艮八宫，其余的暗干则按飞盘法（类同第 2 种情况）入各宫。

六、关于“急则从神缓从门”

所谓“急则从神”指的是在事情危难紧急之时，没有充裕的时间选择三奇和吉门等吉格时，就可以向着值符所在之宫而去，一般会比较吉利，没有太大的风险，从神乃是从值符。

所谓“缓从门”指的是在事情不大紧急之时，可以比较从容地选择时空去办事。一是在时间选择上，避开“五不遇时”；所谓“五不遇时”指的是时干克日干之时，且阳克阳、阴克阴，中间恰好隔五位，此时乃凶。具体的五不遇时为：甲日庚时、乙日辛时、丙日壬时、丁日癸时、戊日甲时、己日乙时、庚日丙时、辛日丁时、壬日戊时、癸日己时。二是在空间（即方位）选择上，应该选择吉利的方位而避免六击与入墓的方位及凶格的方位。选择吉利的方位，一般是指选择三吉门与三奇所在的方位；有时还要注意所办的事情，如去讨债，伤门为凶位利讨债，就应顺伤门方向而去。

七、关于“主客”及其吉凶

奇门局中的主客论及其吉凶，将决定相关人士采取“主”的立场还是“客”的立场。何谓主何为客呢？静者为主、动者为客，被动者为主、主动为客；后动为主、先动为客；近者为主、远者为客；地盘为主、天盘为客。利主还是利客的原则是什么呢？天盘生地盘利主，地盘生天盘利客；天盘克地盘利客，地盘克天盘利主；天盘与地盘比和，双方均有利。以时辰而论，五阳时（甲、乙、丙、丁、戊五个时辰）利客，五阴时（已、庚、辛、壬、癸五个时辰）利主。利主时宜做主，利客时宜做客，顺势而为。

八、关于参数的“天盘与地盘”

地盘一盘描述历史的情况、以往至今的情况，天盘一般描述未来的情况、从今往后的情况；天盘与地盘的结合一般描述历史、现实与未来而产生的情况。三奇六仪有天地盘，坐下为地盘、在上为天盘；九星、八门在驻地时为地盘，转盘后在驻地宫以外的宫时为天盘，八神的天地盘依值符星而定。

九、关于参数的“内盘与外盘”

对于阳遁局，巽、震、艮、坎四宫及其宫的参数属内盘，而离、坤、兑、乾四宫及其宫内参数属外盘。内盘主近、主快、主小数，而外盘主远、主慢、主大数。两个参数均在内盘为就近、就快，一内一外为就较远、就较慢，均在外盘为就更远、就更慢。

对于阳遁局，离、坤、兑、乾四宫及其宫内参数属内盘，而巽、震、艮、坎四宫及其宫内参数则属外盘，其他分析与阳遁局相同。

十、关于参数“自身与相互关系”

参数落宫的状态为“自身”的状态，例如某人年命丁位震木宫，丁处病地、力弱；开门（工作）处在兑金宫，开门处相地、力大；又事发丑月土旺之时，则开门力更大、丁火力更弱，则形成的“相互关系”为金克木即开门宫克年命宫，该人工作压力极大、恐有去职之虑。在进行奇门局分析与判断时，一般先详尽地分析自身即落宫的状态，而后再分析宫对宫之间的参数关系，这样的分析比较全面、可靠。

十一、关于问测者自身的参数

问测者自身可用问事的日干作代表，也可以用问测者的年命（即出生的年干）为代表；究竟用何者为佳？大量的实例表明，以年命作代表更反映事实。此外，日干更多地反映短期情况，年命则更多地反映长期情况。凡是知道问测者年命的奇门局，取其年命做参数更为妥当。

十二、关于“应期”

所谓“应期”指的是事情发生的具体时间，资料与实例证明有不少的方法，有时反而出现无所适从的局面。根据我们自身的实例，“应期”主要考虑如下三个方面：

1.冲墓或冲空的年、月、日、时（马星冲动或对宫冲动）

2.墓、空被填补的年、月、日、时（空的地支被填实）

3.值使门落宫给出的时间

这三者结合其他参数及实际情况后，再做出合理的判断，应期一般指的是时间，但有时也指的是应数（如值使门落宫给出的数字），相互配合分析，然后再做出定论。

第二节　奇门参数及其组合的吉凶

三奇六仪、九星、八门、八神自身有吉凶之别，它们的组合也有吉凶之别，现在加以论述，以在奇门断局时预测事情的吉凶，从而达到趋吉辟凶的目的。

一、自身为吉的参数

1.三吉门：开门、休门、生门

2.五吉星：天禽、天心、天辅、天冲、天任

3.三吉奇：乙奇（日奇）、丙奇（月奇）、丁奇（星奇）

4.五吉神：值符、太阴、六合、九地、九天

二、参数组合的吉凶

1、一般情况：吉门、吉星、三奇、吉神的组合为吉；遇庚、辛、壬、癸组合时易凶；参数遇六击、入墓易凶。

2、十天组合的吉凶（称为十干克应）（天地盘天干组合效应）

十干组合的吉凶（十干克应）可以参阅图5.5～图5.13。一般情况为：吉门、吉星、三奇、吉神的组合为吉；凶门、凶星、凶神的组合为凶；参数之间五行相生或比和易吉，五行相克、相刑、相冲易凶，参数入墓、六击为凶；阳干（阳时干甲、乙、丙、丁、戊）组合易吉，阴干

（阴时干己、庚、辛、壬、癸）组合易凶；庚格为凶（原因是庚金克甲木元帅，为七杀）。

十天干克应

天盘+地盘	名称	吉凶断验
戊+戊	青龙伏吟	遇此凡事不利，道路闭塞，以守为吉。
戊+乙	青龙和会	门吉事也吉，门凶事也凶，最喜逢三吉门。
戊+丙	青龙返首	遇此谋事，大吉大利，但遇到迫、墓、击、刑，就会吉事成凶。
戊+丁	青龙耀明	遇此宜见上级领导、贵人、求功名，为事吉利，但遇到墓、迫，则会招惹是非。
戊+己	贵人入狱	遇此诸事不顺，公私都不利。
戊+庚	值符飞宫	遇此吉事不吉，凶事更凶，求财没利益，测病也主凶。
戊+辛	青龙折足	遇此吉门有生助，还能谋事，若是遇凶门，主招灾、失财或有足疾、折伤。
戊+壬	青龙破狱	遇此诸事破耗，阴阳事都不吉利。
戊+癸	青龙华盖	逢吉门为吉，可招福临门。逢凶门则事多不利，为凶。

图5.5　天盘戊加地盘奇仪之吉凶

天盘+地盘	名称	吉凶断验
乙+戊	阴害阳门	遇此利阴不利阳，门吉尚可谋事，门凶、门迫则破财伤人。
乙+乙	日奇伏吟	遇此不宜见上层领导、贵人，求名求利，只宜安分守己。
乙+丙	奇仪顺遂	遇此逢吉星迁官晋职，逢凶星夫妻反目离别。
乙+丁	奇仪相佐	最利文书、考试，百事吉利。
乙+己	日奇入墓	遇凶事必凶，得生、开二吉门为地遁。
乙+庚	日奇被刑	遇此为争讼财产，夫妻怀有私意。
乙+辛	青龙逃走	遇此人亡财破，奴仆拐带，六畜皆伤，测婚姻则为女逃男。
乙+壬	日奇入地	遇此尊卑悖乱，官讼是非，有人谋害之事。
乙+癸	华盖逢星	遇此宜遁迹修道，隐匿藏形，躲灾避难为吉。

图 5.6　天盘乙加地盘奇仪之吉凶

天盘+地盘	名称	吉凶断验
丙+戊	飞鸟跌穴	遇此百事皆吉，事业可为，可谋大事。
丙+乙	日月并行	遇此为公为私皆吉，但宜自制为上。
丙+丙	月奇悖师	遇此文书逼迫，破耗遗失，主单据票证不明遗失。
丙+丁	星奇朱雀	遇此贵人文书吉利，常人平静安乐，得三吉门为天遁。
丙+己	火悖入刑	遇此会囚人刑杖，文书不行，吉门得吉，凶门转凶。
丙+庚	荧入太白	遇此门户破败，盗贼耗失，事业也凶。
丙+辛	日月相会	遇此谋事能成，为疾病人会遇良医。
丙+壬	火入天罗	因壬水冲克丙火，所以为客不利，是非颇多。
丙+癸	华盖悖师	遇此被阴人害事，灾祸频生。

图5.7　天盘丙加地盘奇仪之吉凶

天盘+地盘	名称	吉凶断验
丁+戊	青龙转光	遇此官人会升迁，常人会威昌，百事皆吉。
丁+乙	玉女奇生	遇此为人遁吉格，贵人加官晋爵，常人婚姻吉庆，财帛丰厚。
丁+丙	星随月转	遇此贵人越级高升，常人乐极生悲，但要忍耐，不然会引起更大的不幸。
丁+丁	奇入太阴	遇此文书证件即至，喜事从心，万事如意。
丁+己	火入勾陈	遇此会奸私仇冤，而且事情多因女人。
丁+庚	玉女刑杀	遇此则为文书阻隔，行人必归。
丁+辛	玉女伏虎	遇此诸事不顺，罪人释囚，官人失位。
丁+壬	五神互合	遇此主贵人恩诏，讼狱公平。测婚多为苟合。
丁+癸	朱雀投江	遇此会逢文书口舌是非，经官动府，词讼不利，音信沉溺不到。

图5.8　天盘丁加地盘奇仪之吉凶

天盘+地盘	名称	吉凶断验
己+戊	犬遇青龙	遇此门吉则谋望遂意，上人见喜；若逢凶门，则枉费心机。
己+乙	墓神不明	此为地户逢星，宜遁迹隐形。
己+丙	火悖地户	遇此男人冤冤相害，女人必致淫污。
己+丁	朱雀入墓	遇此会有文书词讼，先曲后直。
己+己	地户逢鬼	遇此病者发凶或必死，百事不遂，暂不要谋事，谋事则凶。
己+庚	刑格返名	遇此词讼先动者不利，如临阴星则有谋害之情。
己+辛	游魂入墓	遇此易遭阴邪鬼魅作祟。
己+壬	地网高张	遇此狡童佚女，奸情伤杀，子孙不肖。
己+癸	地刑玄武	遇此男女疾病垂危，有囚狱词讼之灾。

图5.9 天盘己加地盘奇仪之吉凶

天盘+地盘	名称	吉凶断验
庚+戊	天乙伏宫	遇此百事不可谋，官司是非，大凶。
庚+乙	太白逢星	遇此宜守不宜进，乐极生悲，谋事不利。
庚+丙	太白入荧	遇此盗贼肯定要来，为客进利，为主破财，主客皆不利，且劳心劳力。
庚+丁	太白受刑	遇此会因私匿或男女关系起官司是非，遇吉门有救，遇凶门则凶事更凶。
庚+己	太白大刑	遇此主有官司口舌，因官讼被判刑，住牢狱更凶。
庚+庚	太白同宫	遇此官灾横祸，兄弟或同辈朋友相冲撞，不利做事。
庚+辛	太白重锋	遇此不宜远行，否则会车折马伤，求财更为大凶。
庚+壬	太白退位	遇此远行道路会迷失，男女音信难通。
庚+癸	太白冲刑	遇此主车祸，行人不至，官事不止，生育母子俱伤，大凶。

图5.10 天盘庚加地盘奇仪之吉凶

天盘+地盘	名称	吉凶断验
辛+戊	困龙被伤	遇此主官司破财，忌妄动。
辛+乙	白虎猖狂	遇此家败人亡，远行多灾殃；测离婚主离散，而且多因男方。
辛+丙	干合悖师	遇此逢门吉则事吉，门凶则事凶，测事易因财物致讼。
辛+丁	狱神得奇	遇此经商求财获利倍增，囚人逢天赦释免。
辛+己	入狱自刑	遇此奴仆背主，有苦诉讼难伸。
辛+庚	白虎出力	遇此刀刃相交，主客相残，逊让退步尚行，强进则血溅衣衫。
辛+辛	伏吟天庭	遇此公废私就，讼狱自罹罪名。
辛+壬	凶蛇入狱	遇此主两男争女，讼狱不息，先动者失理。
辛+癸	天牢华盖	遇此日月失明，误入天网，口舌是非。

图5.11　天盘辛加地盘奇仪之吉凶

天盘+地盘	名称	吉凶断验
壬+戊	小蛇化龙	遇此宜攀附权贵，男人发达，女人产婴童。
壬+乙	小蛇得势	遇此女人柔顺，男人通达，测孕育生子，禄马光华。
壬+丙	水蛇入火	遇此主官灾刑禁，络绎不绝。
壬+丁	干合蛇刑	遇此主文书牵连，贵人匆匆，男吉女凶。
壬+己	反吟蛇刑	遇此主官讼败诉，大祸将至，顺守可吉，妄动必凶。
壬+庚	太白擒蛇	遇此主刑狱公平，立剖邪正，不宜操之过急。
壬+辛	螣蛇相缠	遇此纵得吉门，也不能安宁，如果有谋望，则被人欺瞒。
壬+壬	蛇入地罗	遇此主外人缠绕，内事索索，只有遇吉门吉星，才能免此蹉跎。
壬+癸	幼女奸淫	遇此主有家丑外扬之事发生，门吉星凶，易反福为祸。

图5.12　天盘壬加地盘奇仪之吉凶

天盘+地盘	名称	吉凶断验
癸+戊	天乙会合	遇此若逢吉门宜求财，婚姻喜美，吉人相助，若逢门凶迫制，反祸官非。
癸+乙	华盖逢星	遇此主贵人禄位，常人平安。门吉则吉，门凶则凶。
癸+丙	华盖悖师	贵贱逢之皆不利，唯上人见喜。
癸+丁	螣蛇天矫	遇此主文书官司，火焚也逃不掉。
癸+己	华盖地户	遇此若是男女测之，则音信皆阻，只宜于躲灾避难。
癸+庚	太白入网	遇此主以暴力争讼，自罹罪责。
癸+辛	网盖天牢	遇此主官司败诉，死罪难逃；测病亦大凶。
癸+壬	复见螣蛇	遇此主嫁娶重婚，后嫁无子，不保年华。
癸+癸	天网四张	遇此主行人失伴，病讼皆伤。

图5.13 天盘癸加地盘奇仪之吉凶

常用的吉格如下：

（1）乙加丙（奇仪顺逆）（详见十天干克应表）

（2）乙加丁（奇仪相佐）（详见十天干克应表）

（3）丙加戊（飞鸟跌穴）（详见十天干克应表）

（4）丙加乙（日月并行）（详见十天干克应表）

（5）丙加丁（星奇朱雀）（详见十天干克应表）

（6）丙加辛（日月相会）（详见十天干克应表）

（7）丁加戊（青龙转光）（详见十天干克应表）

（8）丁加乙（玉女奇生）（详见十天干克应表）

（9）丁加丙（星随月转）（详见十天干克应表）

（10）丁加丁（奇入太阴）（详见十天干克应表）

（11）戊加丙（青龙返首）（详见十天干克应表）

（12）戊加丁（青龙耀明）（详见十天干克应表）

（13）九遁吉组

天遁：丙加丁加生门（利行军打仗、求职、经商、婚恋）

地遁：乙加已加开门（利埋伏袭击、安置营地、建房修造）

人遁：乙加休加太阴（利伏藏、侦察、谈判、交易、成婚）

风遁：乙加开休生之一落巽宫（利顺西北风击敌，反之不可）

云遁：乙加开休生之一加辛（利立营、选兵器、求雨水）

龙遁：乙加开休生之一加癸（或落坎宫）（利海战、修桥、打井）

虎遁：乙加休生之一加辛于艮宫（利立营、埋伏、建房修造）

神遁：丙加生门加九天（利开路、教化、造像）

鬼遁：丁加杜门加九地（利偷袭、伪装、声东击西）

（14）玉女守门（值使门加地盘丁奇）（利宴庆、婚姻）

（15）三诈吉组（利经商、嫁娶、远行）

三吉门合三奇加太阴为真诈

三吉门合三奇加六合为休诈

三吉门合三奇加九地为重诈

常用的凶格如下：

（1）乙加辛（青龙逃走）（详见十天干克应表）

（2）辛加乙（白虎猖狂）（详见十天干克应表）

（3）丁加癸（朱雀投江）（详见十天干克应表）

（4）癸加丁（螣蛇天桥）（详见十天干克应表）

（5）丙加庚（荧入太白）（详见十天干克应表）

（6）庚加丙（太白入荧）（详见十天干克应表）

（7）庚加癸（大格凶）（详见十天干克应表）

（8）庚加壬（小格凶）（详见十天干克应表）

（9）庚加已（刑格凶）（详见十天干克应表）

（10）庚加戊（伏宫格）（详见十天干克应表）

（11）戊加庚（飞宫格）（详见十天干克应表）

（12）六仪击刑（详见本章第一节一）

（13）天干入墓（详见本章第一节一）

（14）伏吟/反吟（详见本章第一节四）

（15）五不遇时（详见本章第一节六）

第六章

奇门断局的思路及方法

奇门遁甲涉及天地人的参数多达 64 个，其信息量之大，模型之精确与系统、与当代科学的一致性之高是任何一种《易》学类预测工具无法相比的。奇门起局有一定的复杂性，但不难把握，何况当代的计算机或手机奇门排盘软件已为我们省去了起局的步骤；现在的难点是如何对奇门局做出正确的分析与判断。

奇门断局的基本思路如下：

第一，对整个奇门局作宏观的分析，搞清是阳遁局还是阴遁局，有无六击、入墓出现，是否存在伏吟或反吟现象，是否为天显时格，各宫状态如何、是旺还是衰、吉组多还是凶组多等，以从整个大局了解涉事奇门局的整个特点。此谓看“整体”。

第二，对涉事参数及关联参数作微观的分析。关联参数涉及不同的人物，如何区分呢？一般可以用每个人的年命来区分，也可以以每个人在场的落宫方位来区分，也可以以辈分、年龄来区分（如老男看乾宫、老女看坤宫、长男看震宫、长女看巽宫、中男看坎宫、中女看离宫、少男看艮宫、少女看兑宫），也可以以发问次序来区分（如第一发问者看坎宫、第二发问者看坤宫等等），还可以以关联人物自行报数来区分。微观分析指的是对每一参数及其关联参数落宫情况作细致的分析，如其旺衰情况、吉凶情况、类象情况等，此谓看“个体”。

第三，对个体参数之间作相互作用的分析，即参数宫对参数宫的分析，也可能同宫分析；这类分析涉及宫的五行之间关系、旺衰关系、月令的影响等。此谓看“相互作用”。

第四，需要分析主客关系。任何事情必涉及双方或多方，何方为主？何方为客？为主有利还是为客有利？只有分析清楚，才能选择为客还是为主？选择动还是静？选择主动还是被动？选择先动还是后动？选择就远还是就近？等等。唯有这样，才能趋吉避凶；否则适得其反。此谓看“主客”。

第五，在以上分析的基础上，根据信息学、逻辑学、概率学及哲学的理念，抓住事物的本质，即主要矛盾的主要方面得到概率高的若干结论；并以概率高低，依次排列相关结论。此谓看“三者”（整体、个体、相互作用三者的结合）。

第六，应了解断局后的事实反馈，实践是检验真理的标准，以事实检验并修正相关的结论，此谓看“验证”。

在明确奇门断局的基本思路后，我们再来了解奇门断局的具体步骤。其为第一，奇门起局后的基本面分析不管断局者的水平是高还是低，任何人一般不宜越过这一步而直接断局，基本面的分析有以下六步：

1.标注问测时间的年干（太岁）、月干、日干与时干；标注月令（即月支）并注明何种五行为旺

2.标注日空与时空（时空影响更大，空为不落实、为减力）

3.寻找是否存在六仪击刑之凶；如有，应标注

4.寻找是否存在入墓之凶；如有，应标注

5.标注马星在相应的地支位（申时子时辰时马星在寅，巳时酉时丑时马星在亥，寅时午时戌时马星在申，亥时卯时未时马星在巳；马星呼应对冲三合局时辰）

6.核查奇门局中的九星、八门、奇仪（天干）是否存在伏吟或反吟之不

吉，如有则注明，核查全伏吟局是否为天显时格。

第二，选择与内测问题相关的主要参数，以便抓住主要矛盾分析问题。例如问测疾病，主要参数有：病情（天芮星）、患者（年命）、西医西药（天心）、中医中药（乙奇）；问测婚姻状态；主要参数有：丈夫（庚金）、妻子（乙奇）、婚姻（六合）、男方有无女情人（丁奇）、女方有无男情人（丙奇）、涉利益钱财（生门与戊土）、涉子女（时干）等。

第三，分析涉事的主要参数个体情况即落宫情况，包括参数的旺衰状态、天时地利人事的吉凶、未知外力的作用、历史与未来的关系、利客利主的关系等。

第四，分析个体参数之间的相互作用，一般情况下个体参数出现在不同的宫中，它们之间的相互作用乃宫与宫之间的五行作用；如果不同个体参数同宫，则基本情况类同，但它们的能量状态不同、五行关系不同、主客关系不同，仍然有所差异，需要仔细分析。

第五，分析主要矛盾的概率高低，以得到相应的断局结论（八成信息）供问测者参考。

第七，当时或及时了解对分析的反馈，以验证及修正。

在遇到可能存在隐秘、莫测、迷离等情况时，尤应关注暗干的作用，例如婚外情、暗疾、难以查出的病因、失踪者的扑朔迷离、幕后策划者等，这对正确断局有所裨益。此外，还应关注参数的联动关系，因为事物之间如同量子之间会有所纠缠有所互感，这对于看清事物之间的复杂关系有所裨益。

毫无疑问，以上奇门断局的思路、原则、步骤与方法只有在大量的断局实践之后才会有深刻的认识；因此，读者如欲掌握奇门遁甲这一学问，必须反复地、大量地实践操作。所谓："不忘初心，方得始终"。

附文

烟波钓叟歌

（北宋通人）

阴阳顺逆妙难穷，二至还乡一九宫。若能了达阴阳理，天地都在一掌中。轩辕黄帝战蚩尤，涿鹿经年苦未休，偶梦天神授符诀，登坛致祭谨虔修。神龙负图出洛水，彩凤衔书碧云里，因命风后演成文，遁甲奇门从此始。一千八十当时制，太公删成七十二。逮于汉代张子房，一十八局为精艺。先须掌上排九宫，纵横十五在其中。次将八卦论八节，一气统三为正宗。阴阳二遁分顺逆，一气三元人莫测。五日都来换一元，超神接气为准则。认取九宫为九星，八门又逐九宫行。九宫逢甲为直符，八门值使自分明。符上之门为直使，十时一位堪凭据。直符常遣加时干，直使逆顺遁宫去。六甲元号六仪名，三奇即是乙丙丁。阳遁顺仪奇逆布，阴遁逆仪奇顺行。吉门偶尔合三奇，值此须云百事宜。更合从旁加检点，余宫不可有微疵。三奇得使诚堪使，六甲遇之非小补。乙逢犬马丙鼠猴，六丁玉女骑龙虎。又有三奇游六仪，号为玉女守门扉。若作阴私和合事，请君但向此中推。天三门兮地四户，问君此法如何处？太冲小吉与从魁，此是天门私出路。地户除危定与开，举事皆从此中去。六合太阴太常君，三神原是地私门。更得奇门相照耀，出门百事总欣欣。太冲天马最为贵，卒然有难宜逃避。但当乘取天马行，剑戟如山不足畏。三为生气五为死，胜在三兮衰在五。能识游三避五时，造化真机须记取。就中伏吟最为凶，天蓬加着地天蓬。天蓬若到天英上，须知即是反吟宫。八门反复皆如此，生在生兮死在死。假令吉宿得奇门。万事皆凶不堪使。六仪击刑何太凶，甲子直符愁向东。戌刑在未申刑虎，寅巳辰辰午刑午。三奇入墓好思推，甲日那堪见未宫。丙奇属火火墓戌，此时诸事不须为。更加天乙来临六，月奇临六亦同论。又有时干入墓宫，课中时下忌相逢。戊戌壬辰兼丙戌，癸未丁丑一同凶。五不遇时龙不精，号为日月损光明。时干来克日干上，甲日须知时忌庚。奇与门兮共太阴，三般难得总加临。若还得二亦为吉，举措行藏必遂心。更得值符值使利，兵家用事最为贵。常从此地击其冲，百战百胜君须记。天乙之神所在宫，大将宜居击对冲。假令直符居离九，天英坐取击天篷。甲乙丙丁戊阳时，神居天上要君知。坐击须凭天上奇，阴时地下亦如之。若见三奇在五阳，偏宜为客自高强；忽然逢着五阴位，又宜为主好裁详。直符前三六合位，太阴之神在前二，后一宫中为九天，后二之神为九地。九天之上好扬兵，九地潜藏可立营，伏兵但向太阴位，若逢六合利逃形。天地人分三遁名，天遁月精华盖临，地遁日精紫云蔽，人遁当知是太阴。开门六乙合六己，地遁如斯而已矣。休门六丁共太阴，欲求人遁无过此。要知三遁何所宜，藏形遁迹斯为美。庚为太白丙荧惑，庚丙相加谁会得？六庚加丙白入荧，六丙加庚荧入白。白入荧兮贼即来，荧入白兮贼须灭。丙为悖兮庚为格，格则不通悖乱逆。丙加天乙为悖符，天乙加丙为飞悖。庚加日干为伏干，日干加庚飞干格。加一宫兮战在野，同一宫兮战在国。庚加直符天乙伏，直符加庚天乙飞。庚加癸兮为大格，加己为刑最不宜。加壬之时为上格，又嫌岁月日时逢；更有一般奇格者，六庚谨勿加三奇。此时若也行兵去，匹马只轮无返期。六癸加丁蛇夭矫，六丁加癸雀入江，六乙加辛龙逃走，六辛加乙虎猖狂。请观四者是吉神，百事逢之莫措手。丙加甲兮鸟跌穴，甲加丙兮龙反首。只此二者是吉神，为事如意十八九。八门若遇开休生，诸事逢之总称情。伤宜捕猎终须获，杜好邀遮及隐形。景上投书并破阵，惊能擒讼有声名。若问死门何所主，只宜吊死与行刑。篷任冲辅禽阳星，英芮柱心阴宿名。辅禽心星为上吉，冲任小吉未全亨。大凶篷芮不堪使，小凶英柱不精明。大凶无气变为吉，小凶无气亦同之。要识九星配五行，各随八卦考羲经：坎篷星水离英火，中宫坤艮土为营，乾兑为金震巽木，旺相休囚看重轻。与我同行即为相，我生之月诚为旺。废于父母休于财，囚于鬼兮真不妄。假令水宿号天篷，相在初冬与仲冬，旺于正二休四五，其余仿此自研穷。急则从神缓从门，三五反复天道亨。十干加伏若加错，入库休囚吉事危。十精为使用为贵，起宫天乙用无遗。天为客兮地为主，六甲推兮无差理。劝君莫失此玄机，洞彻九宫扶明主。宫制其门不为迫，门制其宫是迫雄。天网四张无路走，一二网低有路通，三至四宫行入墓，八九高强任西东。节气推移时候定，阴阳顺逆要精通。三元积数成六纪，天地未成有一理。请观歌里精微诀，非是贤人莫传与。

第七章
奇门断病与治疗百例

每个人的体质、疾病与每个人的先天条件有关，其中最重要的先天条件是每个人的生命基因及天地基因。生命基因是由祖辈遗传下来的，而天地基因则是胎儿降生时天地给予的，生命基因乃是医学上所称的携带遗传信息的DNA，天地基因可以视为胎儿降生时天地给新生儿的烙印，我们祖先以每个人的生辰八字（出生时的时空条件）来描写。

基因是所有生命都拥有的一本特殊密码本，每个生命的密码本都是独特而与众不同的。从理论上讲，只有同卵双生的双胞胎或多胞胎才可能拥有相同的密码本。进行基因测序研究，就是解密密码本；进行生辰八字（奇门终身局）的分析，就是解密天地在人身上的烙印。对于人类而言，基因即生命体的密码决定了每个人的性别、长相、血型、体质、疾病、后代的情况。基因决定的每个人的特殊性是无法改变的，尤其是影响疾病的基因。为什么有些人吃什么都不发胖，而为什么有些人喝些水就发胖？为什么在同样条件下有些人不会生病，而有些人却有无法治愈的疾病？应该承认这些都是由基因决定的。医生的职责是搞清楚生命基因与疾病的关系，奇门工作者的职责是搞清楚天地基因与疾病的关系以协助医生解决断病与治病的问题。

第一节　奇门断病的主要参数与信息

每个人的生辰八字含有每个人的身体健康与疾病的信息，而生辰八字由天干地支构成；因此每个人的生辰八字奇门局（即所谓的终身局）含有每个人的身体状况信息。奇门局中的天干地支及九宫的五行与人的体质密切相关，它们将反映产生疾病时的主要部位及疾病的种类，而九星、八门、八神将反映每个人患病时的外环境、人自身的抗病的力量、未知原因对疾病的影响力等因素。

我们首先来了解一下每个卦宫、每个干支所涉及的人体部位及可能的相关疾病（见图6.1），该图主要反映了单个因素对疾病的影响，事实上参数是要相互作用的，作用的结果便产生新的病况而非单个参数所反映的病况。

巽木宫；辰巽巳 体内：肝胆、经络、管道、神经 体表：左肩臂、左耳 巽又指气管、排卵管、气血、风疾	离火宫；丙午丁火 体内：心脑血系统、小肠 体表：头部、面部、眼睛 丙又指炎症、热症、丁又指脊柱、乳房	坤土宫：未坤申 体内：脾胃、腹部、食道、胰脏、女阴部 体表：右肩臂，左耳，肌肉
震木宫：甲卯乙木 体内：肝胆、淋巴、神经、纤维 体表：左肋、左腰、足部 甲又指头脑部 乙又指管道、颈部		兑金宫：庚酉辛金 体内：肺、呼吸系统、大肠 体表：右肋、右腰、皮肤、口舌、牙齿 庚又指骨骼、筋骨、肿瘤 辛又指胸腔、股骨、粒子、精子
艮土宫：丑艮寅 体内：肠胃、消化系统 体表：左腿、背、鼻子、乳房	坎水宫：壬子癸水 体内：肾、耳、子宫、膀胱、泌尿系统、内分泌、血液、骨髓； 体表：外阴部 壬又指淋巴、管道、乳腺、癸又指生殖系统、排卵胎儿	坎水宫：壬子癸水 体内：肾、耳、子宫、膀胱、泌尿系统、内分泌、血液、骨髓； 体表：外阴部 壬又指淋巴、管道、乳腺、癸又指生殖系统、排卵胎儿

图6.1　卦宫、干支与人体部位及疾病之关系

下面大体讨论一下卦宫与干支组合引发的疾病程度与种类，这实际上与类象密切相关。

通常，重病患者一旦遇到值符逢空、年命逢空时，称为“生命不保”即为死亡之象；重病患者如临死门（或伤门）、又临太阴（或九地、九天、白虎）时也为死亡之象。如果天芮病星与死门、庚金、白虎（或太阴、九地、九天）同宫，则一般为癌症之象。

天芮病星如果与壬水、癸水、辛金、已土同宫常表现为血栓、血阻，

天芮病星如果与壬水、癸水、死门、庚金、白虎同宫常表现为白血病（血癌），天芮病星如果与壬水、癸水、乙木同宫常表现为淋巴之疾或乳腺之疾。天芮病星如果与乙木同在离火宫或乾金宫逞凶，常表现为精神类疾病。天芮病星如果与丙火、辛金同在离火宫或与壬水、辛金同在离火宫常表现为脑血栓。

近年来，年轻夫妇难以怀孕现象增多，除了环境外因影响的原因外，夫妇双方在身体方面有无问题也是一个重要的原因。对于长期不孕的夫妇，除了看医生外，还可以用奇门遁甲局来分析。对于女性而言，癸水为卵子、为排卵能力；如果癸水临死门或杜门、逢巳加巳、己加辛、逢空入墓，或癸水在巽木宫为凶，均为女性的排卵有问题；对于男性而言，辛金为精子，如果辛金临死门或杜门、逢巳加巳、己加辛、逢空入墓，或辛金在巽木宫为凶，均为男性的精子有问题。遇到此类问题，一是找医生治疗，二可以用奇门遁甲局及双方的生辰八字来分析，以创造合适的时空环境，以利受孕。这方面已积累了不少的经验，在案例中加以介绍。

疾病的分析、诊断与治疗是一件复杂的事情，首先需要医生们的认真工作，其次如果能用奇门分析则多了一个对疾病分析、诊断与治疗的辅助工具，于患者于医生均有利，医生与奇门的结合可以真正反映中国历史上“易医同源”的基本道理。

下一节我们将通过百个病例的奇门遁甲分析来阐述奇门断病的方法与原理。

第二节　真实案例百例

［实例001］ 某女问测其父重病的情况

问测时间：2016年12月2日　17：48

时间干支：丙申年己亥月戊午日辛酉时（日空子丑，时空子丑）

其父年命：1947年丁亥年生人

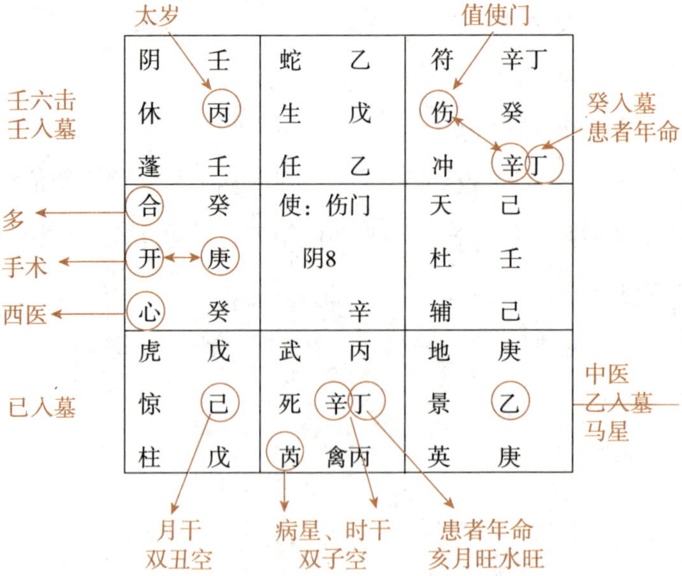

图7.1　［实例001］奇门遁甲局

八成信息读取与分析：

1.在图7.1［实例001］奇门遁甲局中标注问事局的年干（太岁）丙、月干已、日干戊、时干辛；日空子丑、时空子丑；再标注壬六击、壬入墓、已入墓、癸入墓、乙入墓（乙入墓被马星冲掉）；标注亥月令水旺，没有发现伏吟或反吟情况，此步完成奇门局基本面的分析。

2.选择断病的主要参数：

（1）病况（天芮星）；（2）患者年命（丁奇）

（3）西医（天心星）；（4）中医（乙奇）

3.患者的病况主要分析天芮星与患者年命的落宫情况

天芮病星位坎水宫，该宫水旺。天干辛金在子位为长生之地属旺相，且辛临禽病况更重，丙在胎地、丁在绝地病况次之。天芮星落宫逢空可看对宫的补充信息，对宫为离火宫，该宫乙为长生旺相、戊为帝旺。综合这些参数情况，患者当有较重的水木受阻（水宫、乙木、辛/戊为阻）及肿块之象（辛/戊为肿物），即肾水重疾或淋巴重疾明显。天芮病星又临死门、玄武之大凶，病况更为严重。

4.患者的自身状况与疾病的关系主要分析患者年命落宫情况。患者年命丁也恰位坎水宫而与天芮病星同宫且逢空，极大地加重了患者的病情。

5.分析患者治疗的情况主要看西医/中医与天芮病星之关系

西医（天心）位震木宫，临开门、庚金与六合，这是多次手术之象，庚加癸为大格之凶，手术结果令人担忧。天芮病星之坎水宫生西医（天心）之震木宫，表明治疗需要西医；中医（乙奇）之乾金宫生天芮病星之坎水宫，表明中医考虑介入。但天芮病星宫逢空，医治方案无法落实，恐无治了。

6.分析此患者的命坎主要分析“对冲”“填实”与值使门给出的参数。

（1）填实的应期取决于子水旺、亥水旺、即亥、子月/日/时

（2）对冲的应期取决于午月/日/时

（3）值使伤门位坤土宫，主数2、5、8、10，因阴局坤土宫属内盘，故取小数2、5

上述三者结合分析，患者可能快则5天病危，慢则25天病危。

★ 问测者反馈情况：其父患淋巴癌已五年，问测时处于病危状态，后于2016年12月31日即丙申年庚子月丁亥日去世（离问测日第29天）。

［实例002］ 某人问测其嫂子病危治疗的前景

问测时间：2015年12月1日 19:16

时间干支：乙未年丁亥月辛亥日戊戌时（日空寅卯，时空辰巳）

其嫂生日：1979年2月1日（戊午年生人）

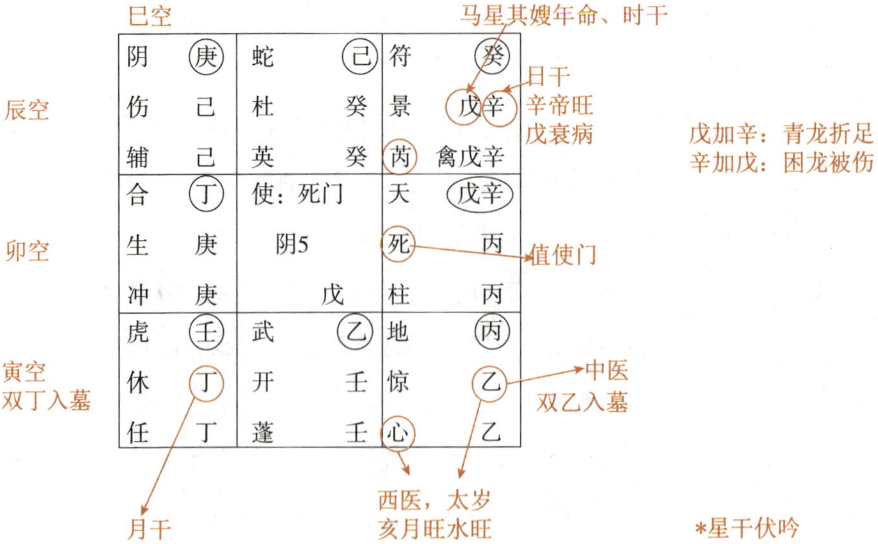

图7.2 ［实例002］ 奇门遁甲局

八成信息读取与分析：

1.在图7.2［实例002］奇门遁甲局中标注问事局的太岁乙、月干丁、日干辛、时干戊；日空寅卯、时空辰巳；再标注双丁入墓、双乙入墓（双丁入墓被马星冲掉）；标注亥月令水旺；发现星干伏吟之象。

2.选择断病的主要参数：

（1）病况（天芮星）；（2）患者年命（戊）

（3）西医（天心星）；（4）中医（乙奇）

3.患者病况主要分析天芮病星及患者年命落宫情况

天芮病星与患者年命戊恰同位于坤土宫，临辛帝旺、戊衰病且戊又为时干，当明显反映病况。戊临禽，强化了土行力量，辛帝旺又受土生，金行力量也强大，故病在土金之行及妇科（坤宫对于女性为妇科）。患者应患有脾胃消化系统之疾及肺部之疾，也会有妇科问题。其嫂年命戊临禽、临值符情况尚好；但戊加辛为青龙折足、辛加戊为困龙被伤，均为变坏之征兆。

4.分析对患者的治疗情况

天芮病星之坤土宫生西医（天心）及中医（乙奇）之宫，西医及中医遇惊门与双乙入墓，虽可求中西医调治，但无力回天，只有依靠患者自身抗力与疾病作斗争了。

5.患者的命坎仍然考虑三要素：

（1）对冲的应期为丑月、寅月（或日、时），也可能卯月在生门冲动暗干年命戊与死门之时

（2）填实的应期为未月、申月（或日、时）

（3）值使死门位兑金宫主数2、4、7、9，因阴局兑宫为内盘而取小数2、4。

上述三者结合分析，患者的命坎当在2个月至4个月内，即到2016年2月1

日至4月1日之间。

★ 问测者反馈情况：患者患有肺癌（*辛金主肺部）、脾脏之疾及胰腺之疾（*坤土与戊土主消化系统），于2014年中秋后经常呕吐，入住中山大学肿瘤医院，当时正在该医院保守治疗，后患者不幸于2016年3月20日丑日亥时死亡（丙申年辛卯月辛丑日己亥时，3个月又20天死亡）。

［实例003］ 某中年女子问测自身病况

问测时间：2016年5月2日戌时

时间干支：丙申年壬辰月甲申日甲戌时（日空午未，时空申酉）

患者生辰：1972年2月8日酉时（壬子年生人）

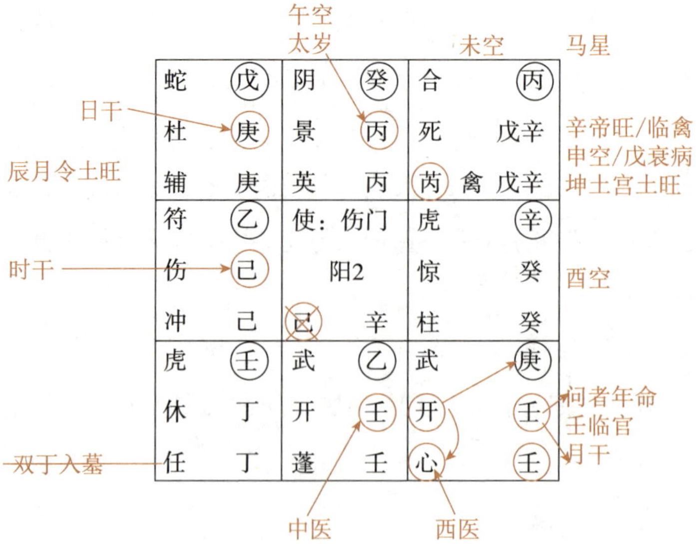

*星门干伏吟，天显时格

图7.3 ［实例003］奇门遁甲局

八成信息读取与分析：

1.在图7.3中标注问事局的四干、日空、时空；再标注双丁入墓（双丁入墓被马星冲掉），标注辰月令土旺，发现星门干伏吟、天显时格。

2.选择断病的主要参数：

（1）病况（天芮星）；（2）患者年命（壬）

（3）西医（天心星）；（4）中医（乙奇）

3.患者病况主要分析天芮病星及患者年命落宫情况

天芮病星位坤土宫临死门且呈旺相、又临六合表明病情不轻且有多种疾病，该宫有辛帝旺且临禽、戊衰病但位旺相的坤土宫，戊加辛为青龙折足、辛加戊为困龙被伤，病情不乐观。主要疾病当为肺/呼吸系统（辛金）的疾病，另应有消化系统之疾（戊土加辛金）加结石（辛金）。问者年命壬位乾金宫处临官之地为旺相，临天心、开门之吉，个人状态为佳；西医（天心）临开门加庚，为手术之象；年命壬天地盘同宫，表明过去、当前均有手术。坤宫也反映问者可能有较重的妇科病。

4.分析对问者的治疗情况

天芮病星之坤土宫生西医（天心）之乾金宫，病需要西医调治，但难以治愈。天芮病星之坤土宫克中医（乙奇）之坎水宫，当前中医难以有效。命主需休养调整，否则有危险之兆。

＊问测者（患病者）反馈：今年患过肺炎，以往患肾结石、右乳腺癌、右耳之疾，曾做过五次手术。

［实例004］　某老翁问测其老伴之身体问题

问测时间：2015年11月2日 11:30

时间干支：乙未年丙戌月壬午日丙午时（日空申酉，时空寅卯）

老伴生辰：1949年9月6日辰时（己丑年生人）

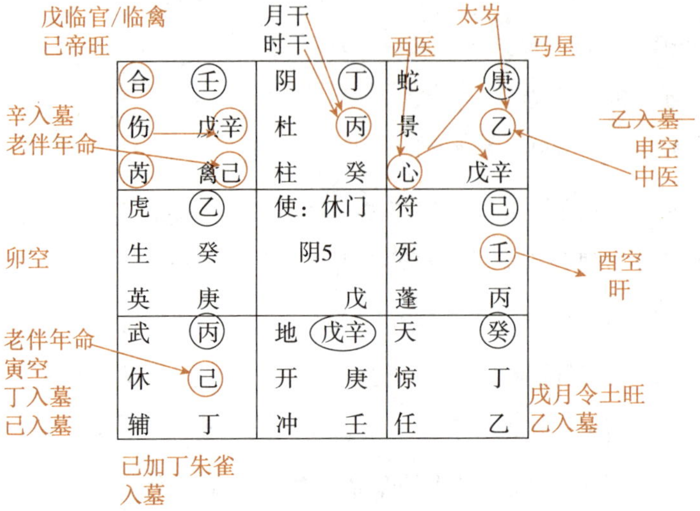

图7.4　［实例004］奇门遁甲局

八成信息读取与分析：

1.在图7.4中标注问事局的四干、日空、时空，再标注丁入墓、已入墓、乙入墓（其中坤土宫的乙入墓被马星冲掉）；标注月令戊土旺，没有发现伏吟、反吟现象。

2.选择断病的主要参数：

（1）病况（天芮星）；（2）患者年命（已）

（3）西医（天心星）；（4）中医（乙奇）

3.老伴身体问题主要分析天芮病星落宫及其年命已的落宫之情况

天芮病星及老伴地盘年命已恰同在巽木宫，临六合当有多种疾病，其中该宫戊临官/临禽为旺相，又已帝旺也为旺相，辛为入墓，故老伴身体主要问题当在脾胃消化系统。该宫又有伤门加辛为手术之象，西医（天心）之坤土宫临庚辛之金又为手术之象，当在巳年（2013年）至未年（2015年）之间有过手术。

4.分析老伴的治疗情况

上已论及老伴做过手术，当前土旺天芮病星为凶；天芮之巽木宫空克西医（天心）与中医（乙奇）之坤土宫，但土旺木囚而难以克动西医与中医之坤土宫，中西医可以介入调治。老伴天盘年命已位艮土宫，临休门之休养，逢空入墓为休养不足，当加强休养，重视身体状况。

＊问者反馈： 老伴患严重的肠胃之疾，病不止一种而是一身毛病；在2015年入院手术，发现大肠息肉30多处，一次手术仅切除了一半息肉，正休养之中。

［实例005］ 伟人爱因斯坦终身奇门局所反映的疾病信息

伟人生辰：1879年3月14日　11:30

时间干支：己卯年丁卯月丙申日甲午时（日空辰巳，时空辰巳）

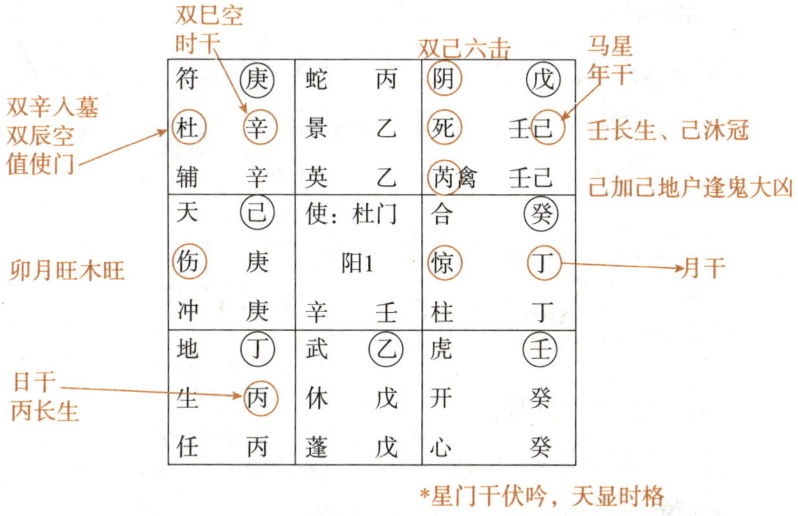

图7.5　［实例005］奇门遁甲局

八成信息读取与分析：

1.在图7.5中标注伟人生辰八字的四干、日空、时空，再标注双已六击、双辛入墓、马星；发现星门干伏吟，天显时格。

2.选择一生身体状况与疾病的主要参数

（1）疾病（天芮星）；（2）体质（日干丙）

（3）抗病能力（死门、惊门、伤门——天芮星）

（4）疾病风险年月（天芮病宫或日干宫填补或被冲）（生门冲死门）

3.分析伟人体质状况以日干落宫信息及三门与天芮关系为主

日干丙位艮土宫，处长生之旺相，临天任、生门、九地之吉，且天芮病星之坤土宫不克死门、惊门、伤门之落宫，因此，伟人体质当强健。

4.分析伟人衰老时可能的疾病以天芮星落宫信息为主

天芮病星位驻地坤土宫为旺相之地，宫内壬为长生旺相、已为沐冠状态；死门、太阴加已加已地户逢鬼均为死亡之兆。因此，伟人疾病可能暴发在脾胃腹部（坤土宫）、血阻（壬加双已）方面。

5.疾病危重的时间

当在天芮星落宫填补或被冲动之时，即未年/申年或丑年/寅年。

★ 事实：伟人于1955年（乙未年）死于腹腔主动脉瘤破裂而导致脑出血后死亡，享年76周岁。

[实例006] 伟人爱因斯坦去世奇门局所反映的疾病信息

伟人忌日：1955年4月18日 1:25

时间干支：乙未年庚辰月己酉日乙丑时（日空寅卯，时空戌亥）

伟人年命：1879年3月14日 11:30之年命己卯年

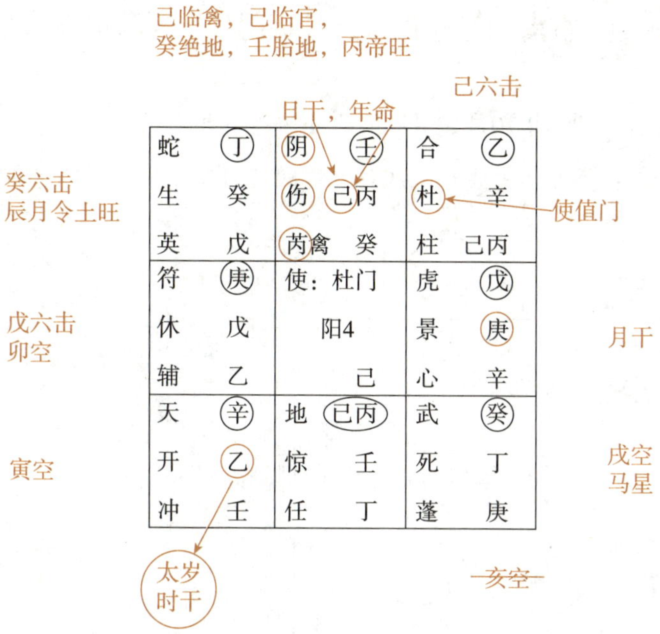

图7.6 ［实例006］奇门遁甲局

八成信息读取与分析：

1.在图7.6中标注事发局的四干、日空、时空（亥空被马星冲掉而不为真空），再标注戊六击、己六击、癸六击、马星，没有发现伏吟、反吟现象。

2.分析因何病死亡主要是分析天芮病星及伟人年命已落宫的情况，二者恰同位于离火宫主头脑部，丙为帝旺、已临禽且临官、壬胎地、癸绝地。这些信息表明，伟人最终亡于心脑血阻、血病（离火宫加丙火主心脑血，已土主血阻，壬癸水主血液）。

3.当年何月病极凶而亡之分析

生门（生命力）位巽木宫，辰月土旺之时对冲乾金宫之死门，死门逢空之宫被冲空出清，死亡来临，故易亡于辰月（即庚辰月亡）。

［实例007］ 香港明星梅艳芳终身奇门局所反映的疾病信息

明星生辰：1963年10月10日卯时生于香港旺角

时间干支：癸卯年壬戌月丙戌日辛卯时（日空午未，时空午未）

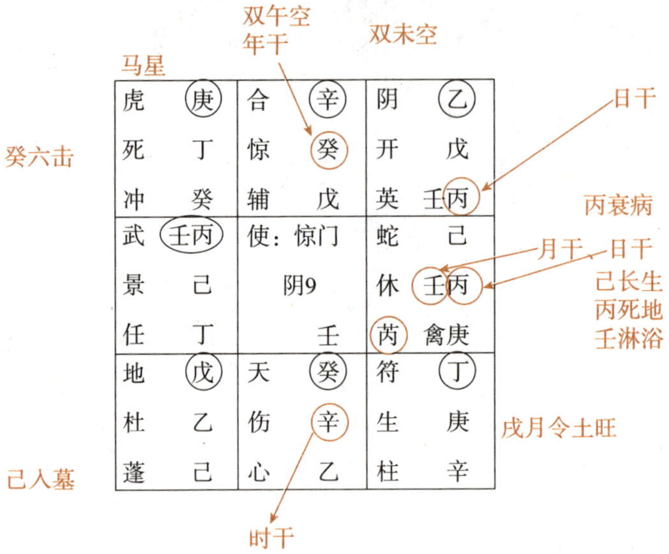

图7.7 ［实例007］奇门遁甲局

八成信息读取与分析：

1.本图7.7中标注此生辰八字的四干、日空、时空，再标注癸六击、已入墓、马星，没有发现伏吟、反吟现象。

2.选择一生身体状况与疾病的主要参数

（1）疾病（天芮星）；（2）体质（日干丙）

（3）抗病能力（死门、惊门、伤门——天芮星）

（4）疾病发作年月（天芮宫或日干宫填补或被冲）（生门冲死门）

3.分析人体质应以其日干落宫信息及三门与天芮关系为主

天盘日干丙位兑金宫处死地临天芮、螣蛇之凶，地盘日干丙位坤土宫处衰病之地、其他参数为吉，表明早年体质尚可、中年后体质差。又天芮星之落宫兑金宫克死门之巽木宫，为凶兆，易亡于重大疾病，暗干庚及白虎均为癌症风险，且巽木宫主女性排卵管、子宫颈。

4.分析明星可能患何病以天芮病星及日干落宫信息为主

天芮病星位兑金额宫，临庚帝旺、已长生、壬沐浴、丙死地，可能的大病为呼吸系统（庚金、兑金主呼吸系统）、阴部癌症（壬水主女性子宫，已、庚为肿瘤）；日干丙也位兑金宫，信息同步。

5.疾病危重的时间

当天芮病宫、日干被填实旺相之时，疾病易暴发，即未年、申年、酉年会应凶；对冲时也会应凶即丑年、寅年、卯年。总之需注意养生。

＊事实：明星于2003年12月30日 2:00去世（癸未年甲子月丁丑日辛丑时去世），死于子宫颈癌

［实例008］　明星梅艳芳去世奇门局所反映的疾病信息

明星忌日：2003年12月30日 2:00

时间干支：癸未年甲子月丁丑日辛丑时（日空申酉，时空辰巳）

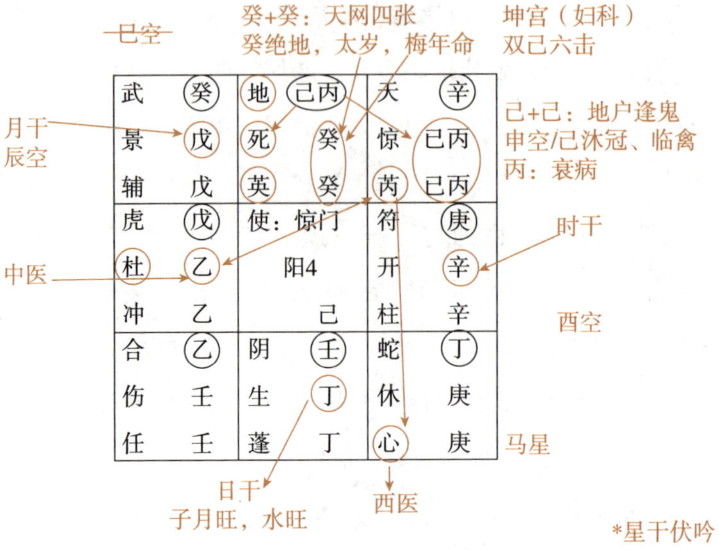

图7.8 ［实例008］奇门遁甲局

八成信息读取与分析：

1.在图7.8中标注事发局的四干、日空、时空（巳空被马星冲掉而不为真空），再标注双己六击、马星，发现星干伏吟。

2.选择与病亡相关的参数

（1）疾病（天芮星）；（2）命主年命（癸卯）

（3）死亡（死门）；　（4）死亡应期（冲动填补天芮或死门宫）

3.分析天芮病星、命主年命、死门落宫情况以断因何病而亡

天芮病星位坤土宫为旺相，该宫为妇科宫、腹部消化系统宫，宫内双己六击且临禽为大凶，临惊门、九天为大凶而突亡的信息，己加己为地户逢鬼更是死亡之兆。综合之，梅艳芳之凶病属妇科（坤宫），阴部肿块（己为阴部为肿块），为子宫颈癌。又命主年命癸与死门均在离火宫，年命癸水处绝地又临死门与九地，为死亡之兆；癸为阴部、暗干己为阴部为肿块，死门与

九地同宫发凶，当为妇科癌症即为子宫颈癌。

4.病亡的应期

考虑冲动病宫、年命/死门宫，则应期为丑、寅时间或子时间，考虑填补病宫、年命/死门宫，则应期为午、未、申时间。

＊ 事实：梅艳芳病亡于癸未年甲子月丁丑日辛丑时，死于子宫颈癌。

［实例009］　某患者（男）问测自身疾病

问测时间：2015年12月5日　12:25

时间干支：乙未年丁亥月乙卯日壬午时（日空子丑，时空申酉）

患者年命：1983癸亥年生

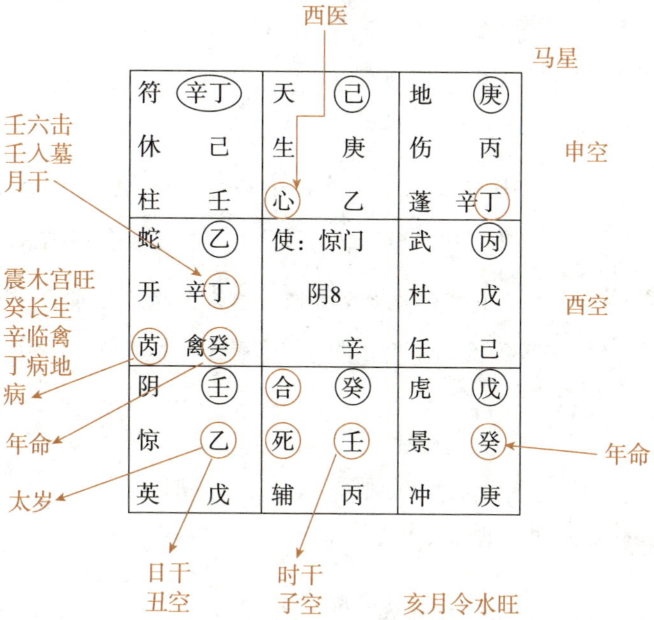

图7.9　［实例009］奇门遁甲局

八成信息读取与分析：

1.在图7.9中标注问事局的四干、日空、时空（申空被马星冲掉而不为真空），再标注壬六击、壬入墓、马星，没有发现伏吟、反吟。

2.选择断病的主要参数

（1）病况（天芮星）；（2）患者年命（癸亥）；

（3）西医（天心）；（4）中医（乙奇）；（5）病事（时干）

3.患者疾病信息主要分析天芮病星、患者年命、时干落空情况

天芮病星位震木宫（该宫旺，因水旺木旺），宫内癸长生、辛临禽、丁病地，且患者地盘年命癸也在该宫，信息集中。综合之，患者当有较重的水木之疾。时干壬位坎水宫，临六合、死门，暗干癸又为水，进一步加重了水之疾，壬水又主淋巴、管道。再综合之，患者已患严重的淋巴之疾，很可能已患淋巴癌（辛为肿瘤）。

4.分析患者的治疗情况

天芮病星之震木宫生西医（天心）之离火宫，需要西医调治，但无法治愈；而天芮病宫克中医（乙奇）之宫，中医恐已无力回天。患者自身的心态、休养极为重要，尚年轻可抗病。

＊患者反馈：2015年11月23日发现自己身上有许多红斑，于11月25日做骨髓检查，于11月29日确诊为急性B淋巴细胞癌（白血病），病情危重，需住院治疗。

［实例010］ 某男问测其父病况

问测时间：2015年11月15日 9:48

时间干支：乙未年丁亥月乙未日辛巳时（日空辰巳，时空申酉）

患者年命：未提供，以乾（父）宫代表

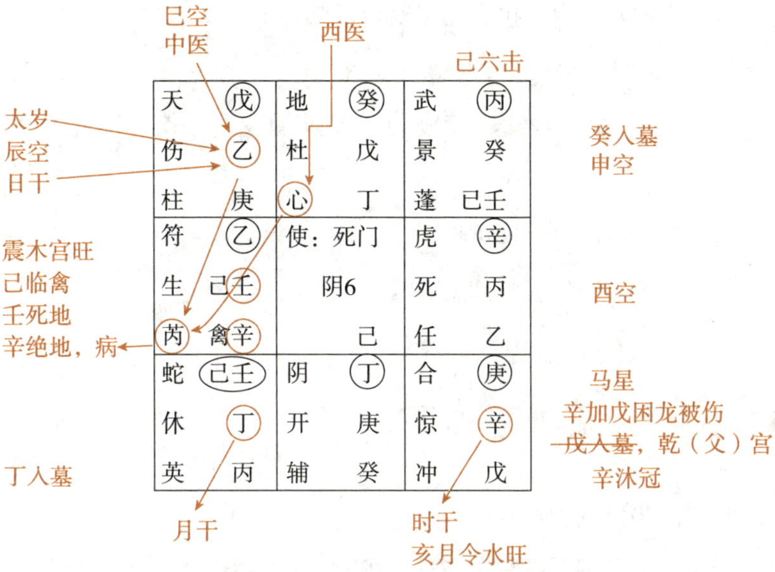

图7.10 ［实例010］奇门遁甲局

八成信息读取与分析：

1.在图7.10中标注问事局的四干、日空、时空，再标注已六击、丁入墓、癸入墓、戊入墓（戊入墓被马星冲掉），没有发现伏吟、反吟。

2.选择断病的主要参数：

（1）病况（天芮病星）；（2）患者类象（乾父宫）；

（2）西医（天心）；（4）中医（乙奇）；

（5）病事（时干）

3.患者病况主要分析天芮病星、乾父宫、时干落宫的情况

天芮病星位震木宫为旺（水旺木旺，该宫旺），宫内已临禽、壬死地、辛绝地，主要病况为肝胆之疾加结石（震木宫主肝胆，已土主结石）。该宫临生门、值符，表明抗病能力足够，无凶兆。时干辛恰落乾父宫，该宫临天

冲、六合之吉，患者本身当无大问题；辛加戊为困龙被伤，有小疾。乾父宫以金克天芮之震木宫，自身抗力可以对付此病。

4.分析患者治疗方法

天芮病星之震木宫生西医（天心）之离火宫又与中医（乙奇）之巽木宫比和，表明可以

中西医调治，而后自身即可抗病。

★ 问测者反馈：其父经诊断为胆结石之病，无大碍。

［实例011］ 某女问测其父病况

问测时间：2015年10月9日 19:45

时间干支：乙未年丙戌月戊午日壬戌时（日空子丑，时空子丑）

患者年命：（1946丙戌年）

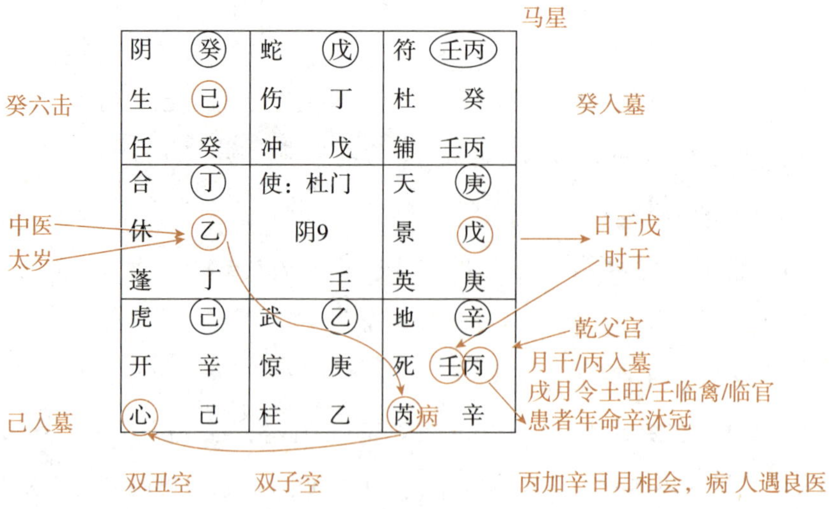

图7.11 ［实例011］奇门遁甲局

八成信息读取与分析：

1.在图7.11中标注问事局的四干、日空、时空，再标注癸六击、已入墓、癸入墓、丙入墓（癸入墓被马星冲掉），没有发现伏吟、反吟。

2.选择断病的主要参数：

（1）病况（天芮星）；（2）患者年命（丙戌）

（3）西医（天心）；（4）中医（乙奇）；

（5）病事（时干）

3.患者病况主要分析天芮病星、患者年命丙及时干壬落宫的情况

天芮病星位乾金宫（父宫）为旺相、患者年命丙与时干壬又都位乾金宫，信息高度集中。宫内壬临禽/临官为旺相，乾金宫也为旺相，且该宫临死门、九地、壬加辛腾蛇相缠为大凶之兆；故患者病在头脑部（乾宫主头脑）、血液之疾（壬水主血液），病重而纠缠。庆幸的是年命丙加辛为日月相会，病人遇良医，有治疗缓解的可能。

4.分析患者治疗方法

西医（天心） 之艮土宫生天芮病星之乾金宫，西医可介入治疗，改善病况。天芮病星之乾金宫克乙奇之震木宫，不必找中医治疗。

★ 问测者反馈：其父诊断为颈动脉内有斑块，血液阻塞不畅通，以致晕眩。采用保守药物治疗，至10月15日病情趋稳定，但今后仍有风险。

[实例012] 某人问测其妹夫等车祸后的身体情况

问测时间：2015年11月2日　12：31

时间干支：乙未年丙戌月壬午日丙午时（日空申酉，时空寅卯）

妹夫年命：1971年辛亥年

八成信息读取分析：

1.在图7.12中标注问事局的四干、日空、时空，再标注丁入墓、已入墓、辛入墓、乙入墓（坤宫乙入墓被马星冲掉），没有发现伏吟、反吟。

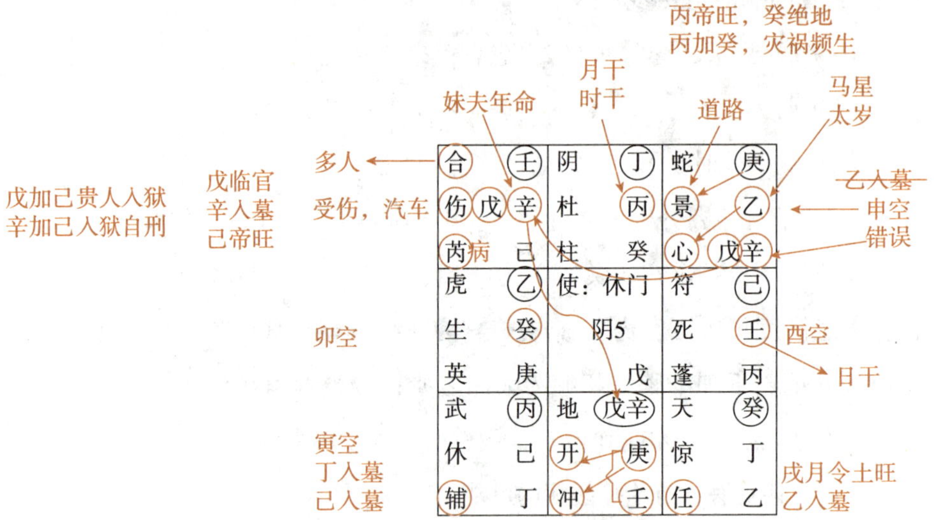

图7.12 ［实例012］奇门遁甲局

2.选择伤病的主要参数及车祸的主要参数：

（1）伤病（伤门，天芮）；（2）汽车（伤门，庚金）

（3）道路（景门）；（4）开车冲撞（开门，天冲）

（5）妹夫年命（辛亥）；（6）西医（天心）；（7）中医（乙奇）

3.伤者状况主要分析伤门、天芮、年命及时干的落宫情况

伤门（汽车、伤态）与天芮病况、妹夫年命辛、同车者多人（六合）恰同位于巽木宫，宫内辛入墓、戊加已贵人入狱、辛加已入狱自刑为其妹夫倒霉，临六合为多人跟着倒霉，伤门在木宫为旺表明伤得不轻。戊辛参数联动至坤土宫，临庚加景门为重车行进在道路上，临辛为犯了错误而引发车祸。

戊辛参数又联动至坎水宫，临庚加壬加开门加天冲加辛，表明油罐车或化工车快开而犯错冲撞其妹夫之车，车祸发生。妹夫受伤部位位巽木宫，应在左肩臂一侧；同车同事月干丙位离火宫而处帝旺，丙加癸为灾祸频生，离火宫为头部，临天柱为问题不小。综合之，同车同事伤得也不轻，伤在头部，幸同事月干丙为帝旺而无大凶险即无生命之忧。

4.分析受伤者治疗方法

天芮伤病位震木宫而克西医（天心）、中医（乙奇）之坤土宫，但戌月令土旺木囚，医生尚有力量为伤者治伤病，诊后只能靠伤者自行休养、疗伤。

★ 问测者反馈：一辆油罐车撞上了其妹夫等人乘坐的面包车，车内共四人从面包车中飞出，其妹夫撞断十根肋骨，情况严重，在昏迷之中。另外三人，其中一人掉进水沟，头先着地受伤；另两人也受重伤，主要在手脚部位，此三人无生命危险。

[实例013] 某男子问测其母亲的病况

问测时间：2015年11月18日 20:35

时间干支：乙未年丁亥月戊戌日壬戌时（日空辰巳，时空子丑）

其母年命：1948年戊子年生

八成信息读取与分析：

1.在图7.13中标注问事局的四干、日空、时空，再标注巳六击、丁入墓、癸入墓、戊入墓（癸入墓被马星冲掉），没有发现现吟、反吟。

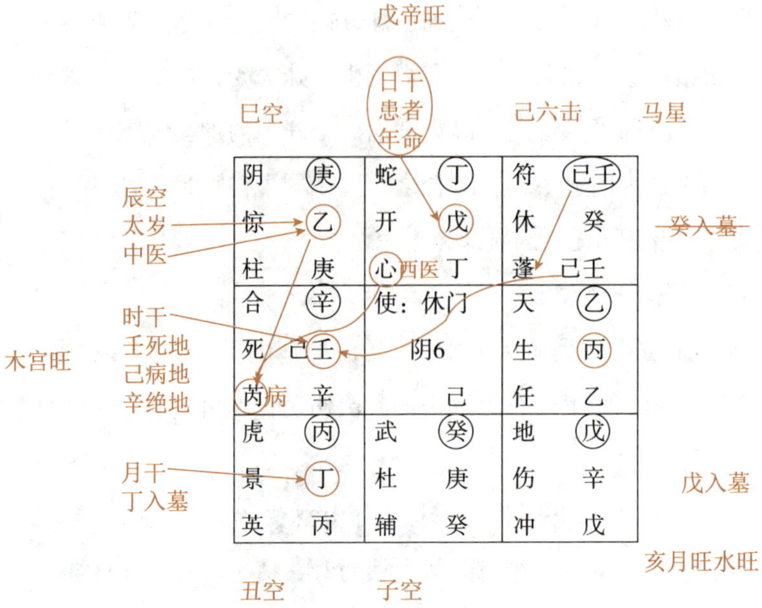

图7.13 ［实例013］奇门遁甲局

2.选择疾病的主要参数：

（1）病况（天芮星）；（2）患者年命戊；

（3）西医（天心星）；（4）中医（乙奇）；（5）病事（时干壬）

3.患者病况主要分析天芮病星、患者年命戊及时干壬落宫的情况

天芮病星与病事时干壬位于震木宫，宫内辛处绝地、壬处死地、己临禽，天干辛壬皆不旺而不凶，己临禽为旺但在旺木宫被削弱，临六合，表明患者有几种疾病。综合之，患者当有水木土之疾。该宫己壬联动到坤土宫的地盘己壬及暗干己壬，该宫为妇科宫，加重了妇科病的力量。患者更可能的疾病为阴部泌尿系统之疾（己土为阴部、壬水为泌尿系统、坤宫为妇科），也可能有血阻（壬水为血液遇己土、辛金之阻）。

4.分析患者治疗方法

患者年命戊位离火宫处帝旺，临天心与开门之吉、又临戊加丁为青龙耀

明之吉，患者问题不大。西医天心加开门为手术之象，但这二者被离火宫所制，故暂不需要手术。天芮病宫与中医（乙奇）之宫为木木比和，天芮病宫又生天心之宫（木生火），故中西医皆利于调治患者，主要靠患者自身不错的状态。

★ 问测者反馈：其母确诊为膀胱炎症，膀胱内未见异物，双脑血管扩张，其母无大碍。

［实例014］　某中年男子问测其身体状况

问测时间：2016年5月11日戌时

时间干支：丙申年癸巳月癸巳日壬戌时（日空午未，时空子丑）

问者年命：1980年庚申年生

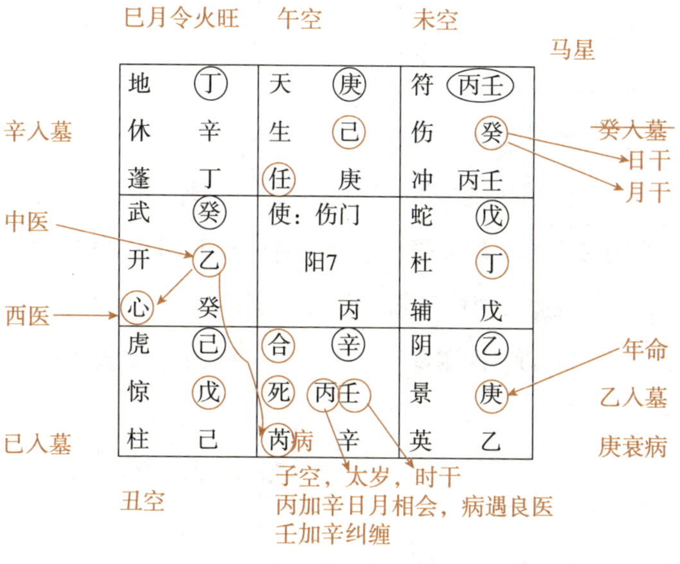

图7.14　［实例014］奇门遁甲

八成信息读取与分析：

1.在图7.14中标注问事局的四干、日空、时空，再标注已入墓、辛入墓、癸入墓与乙入墓（癸入墓被马星冲掉），没有发现伏吟、反吟。

2.选择断病的主要参数

（1）病况（天芮星）；（2）问者年命庚；（3）西医（天心星）；

（4）中医（乙奇）；（5）病事（时干壬）

3.问者身体状况主要分析天芮病星、问者年命庚及时干壬落宫情况

天芮病星与时干壬同位坎水宫，宫内壬处帝旺之地、丙临禽、辛处长生之地，且天芮临死门之凶、临六合之多，但该宫逢子空。问者年命庚位乾金宫处衰病之地、遇入墓，当前身体情况不佳，但年命庚临天英、景门、太阴而不凶。综合之，问者当前身体方面有金、水、火之患，即有呼吸系统问题（辛金）、皮肤问题（辛金）、肾与耳朵问题（壬水）且发炎症（丙火）。因年命参数不凶，故无生命之忧。

4.分析问者治疗方法

天芮病星之坎水宫生西医（天心）、中医（乙奇）所在之震木宫，当前需要中西医治疗。天芮病星之坎水宫内丙加辛为日月相会，病人会遇良医治疗，但壬加辛为螣蛇相缠即此病会纠缠问者一段时间。因病无大凶，故问者自身良好的心态与抗力可使病况化解而无大碍。

＊问测者反馈： 近日问测者咳嗽严重，耳朵发炎，皮肤过敏，颇感不适。

［实例015］ 某男（1946丙戌年生）问测病情

问测时间：2016年4月18日 12：51

时间干支：丙申年壬辰月庚午日壬午时（日空戌亥，时空申酉）

患者年命：1946丙戌年生

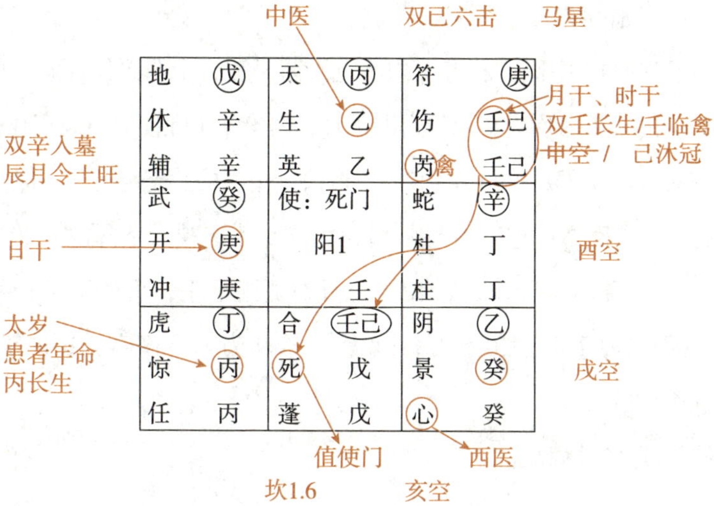

图7.15　［实例015］奇门遁甲局

八成信息读取与分析：

1.在图7.15中标注问事局的四干、日空、时空（申空被马星冲掉而不为真空），再标注双已六击、双辛入墓，发现星干伏吟。

2.选择断病的主要参数

（1）病况（天芮星）；（2）患者年命丙；（3）西医（天心星）；

（4）中医（乙奇）；（5）病事（时干壬）

3.患者病情主要分析天芮病星、患者年命及时干落宫情况

天芮病星位坤土宫为旺相，宫内双壬处长生之地且临禽、已加已为地户逢鬼之大凶，壬加壬为蛇入地罗之缠绕，暗干庚处临官之地；宫内临值符为有贵人助，值符为首为头。综合之，患者当有血阻与肿瘤（壬水主血，庚金为阻力及肿瘤），在腹部或头部。患者年命丙位艮土宫为长生，又临天任之吉，当前患者尚可；但宫内有惊门、白虎之凶，病情不能小看，天芮宫内的

双壬双已联动至坎水宫，该宫临天蓬之大凶，故患者有生命之忧。

4.分析患者治疗方法及后应

西医（天心）、中医（乙奇）均不克天芮病宫，中西医仅为调治而无法治愈患者。患者的首个命坎当在死门宫即子月，丙申年申旺使天芮病宫旺；总之，患者能否跨过丙申年子月（2016年12月）取决于个人的心态与抗力，但不易。

★ 主治大夫反馈：患者曾患脑瘤，化疗三年，视力下降。于2011年11月在山西手术，切除上颚肿块；2012年11月左侧眼下垂，可能脑瘤转移；2014年12月接受伽马刀手术；2015年3月复查，诊断为脑转移病。2016年4月18日问病情（分析如上）。

2016年10月15日病故。

[实例016] 某孕妇分娩前一周问测分娩情况

问测时间：2015年12月3日 10:55

时间干支：乙未年丁亥月癸丑日丁巳时（日空寅卯，时空子丑）

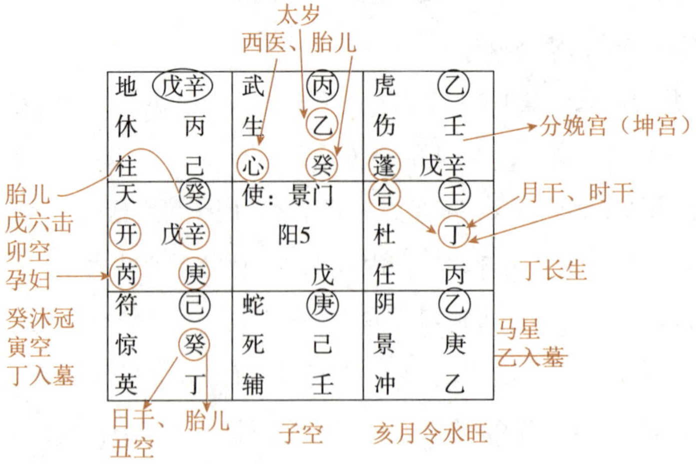

图7.16 ［实例016］奇门遁甲局

八成信息读取与分析：

1.在图7.16中标注问事局的四干、日空、时空，再标注戊六击、丁入墓、乙入墓（乙入墓被马星冲掉），没有发现伏吟、反吟现象。

2.分析分娩的主要参数

（1）胎儿（癸水）；（2）孕妇（天芮）

（3）分娩（坤宫）；（4）西医（天心）

3.分析胎儿、孕妇与分娩的情况

胎儿癸水位艮土宫处沐浴、冠带之地，因逢空暂无沐浴、冠带之喜，分娩宫（坤土宫）动作而冲对方为沐浴、冠带之喜。胎儿癸水临惊门（金属）、癸加丁暗含不顺产，但临值符而无碍，孕妇（天芮）位震木宫临六击之压力，又临开门加庚金加辛金，剖宫产之象。分娩宫（坤宫）临伤门加辛金加白虎又为剖宫产之象，临天蓬为有压力但快速，壬加戊为小蛇化龙、女子产婴童。西医（天心）与地盘癸水（胎儿）因位离火宫而生分娩宫（坤土宫），医生当介入剖宫产，剖宫产令人有些紧张但会顺利接产婴童。

4.分析双胞胎的可能性

时干丁为新生儿位兑金宫，处长生之旺相，临六合（数多），故双胞胎的概率大。

★ 孕妇反馈：于2015年12月9日经剖宫产，顺利喜得双胞胎女儿。

［实例017］ 某男子问测其妻怀孕八周后身体不适之事

问测时间：2017年1月10日 8:24

时间干支：丙申年辛丑月丁酉日甲辰时（日空辰巳，时空寅卯）

孕妇年命：丙辰年生

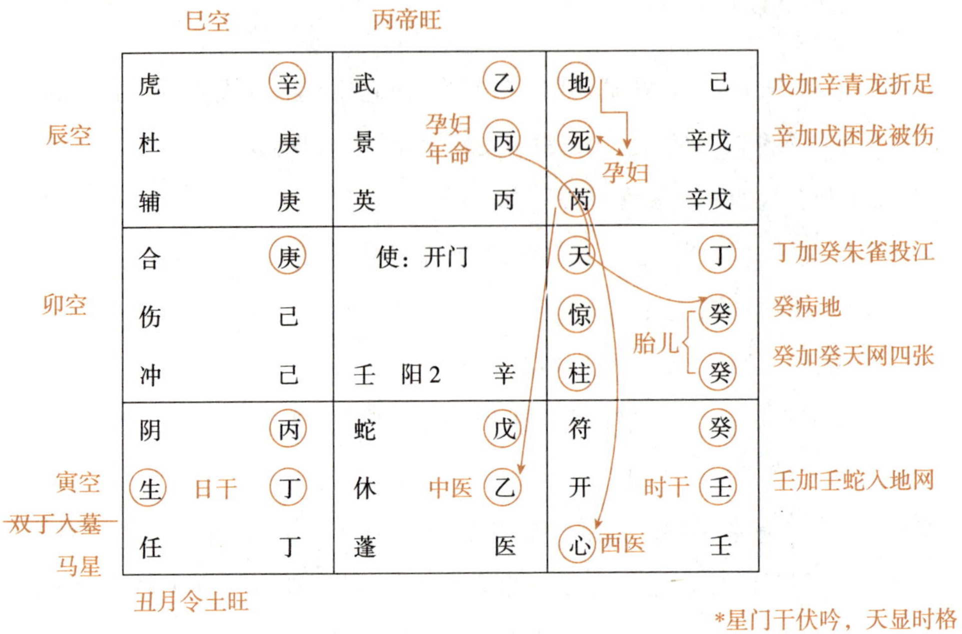

图7.17 ［实例017］奇门遁甲局

八成信息读取与分析：

1.在图7.17中标注问事局的四干、日空、时空，再标注双丁入墓（被马星冲掉），发现为星门干伏吟局，属天显时格（甲辰时）。

2.分析涉及身孕时的主要参数

（1）胎儿（癸水）；（2）孕妇（天芮）；（3）孕妇年命宫；

（4）西医（天心）；（4）中医（乙奇）

3.分析胎儿癸水、孕妇天芮及孕妇年命丙的当前情况

天地盘胎儿癸水均位兑金宫，宫内癸水处病地、临天柱与惊门之凶为不吉；丁加癸为朱雀投江之凶、癸加癸为天网四张之凶；临九天之吉、尚可安

慰。孕妇天芮位坤土宫为旺相，但临死门加九地之凶，又临戊加辛为青龙折足之凶及辛加戊为困龙被伤之凶，均为孕妇身体受到较大影响之凶。孕妇年命丙位离火宫为帝旺，孕妇自身体质不错，但年命丙之宫克胎儿癸水之兑金宫，无助于胎儿，身孕的情况是不乐观的。

4.当前保胎措施

孕妇天芮之坤土宫生西医（天心）之乾金宫，可请西医协助保胎；但孕妇之宫克中医（乙奇）之坎水宫，表明当前不必考虑中医调理。情况虽不乐观，但有一线希望，力争吧。天显时格对事情调解有利，但对人的体质调理几无影响。

★ 丈夫反馈： 其丈夫当时陪同其妻去医院检查（B超），医生表示需要一周后再复查。一周后即2017年1月16日其丈夫再次陪同其妻去医院复查，结果是胎儿停育。

［实例018］　群内某学员问测某中老年女性的病况

问测时间：2017年1月6日　13:41

时间干支：丙申年辛丑月癸巳日己未时（日空午未，时空子丑）

患者年命：1952年壬辰年生

八成信息读取与分析：

1.在图7.18中标注问事局的四干、日空、时空（因丑月令旺，丑不为空），再标注壬六击、壬入墓（被马星冲掉），没有发现伏吟、反吟现象。

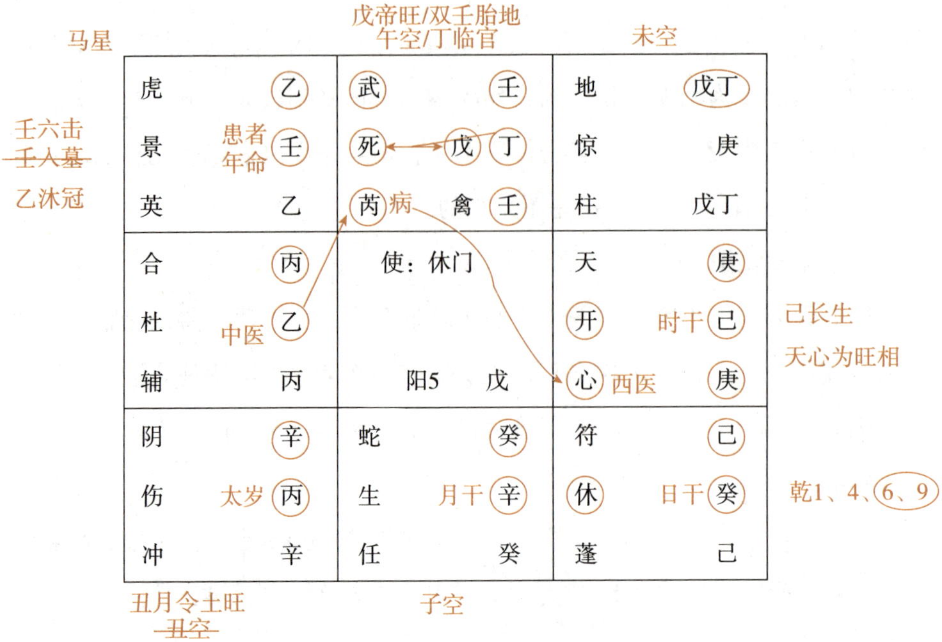

图7.18 ［实例018］奇门遁甲局

2.选择断病的主要参数

（1）病况（天芮星）；（2）患者年命壬

（3）西医（天心星）；（4）中医（乙奇）；（5）病事（时干已）

3.以天芮病星、患者年命壬以及时干已分析患者病况

天芮病星位离火宫，宫内戊帝旺、丁临官、双壬胎地，离为头部、丁为乳房，患者头部有血阻（离宫头部、壬血加戊阻）、有乳腺之疾（丁乳房加壬乳腺）；时干已位兑金宫处长生之地，临天心（西医）、开门（开刀）、庚金（手术刀具）为手术之象。患者年命壬位巽木宫为六击，水木乃乳腺之疾。

4.分析患者治疗方法

天芮病星位离火宫为休地而难克处旺相之地的西医（天心），中医（乙奇）之震木宫可生天芮之离火宫，中西医治疗可结合。患者年命壬位巽木宫，参数吉凶参半；时干已位兑金宫，参数吉为主。当前，患者暂无大凶。

5.患者命坎

寅月寅日时木旺引火旺，天芮病宫旺，患者须闯命坎。患者须精心休养，精心护理，以争取延续生命，否则患者凶险。

★ **反馈：**患者原乳腺癌晚期，准备由外地来北京肿瘤医院咨询，后于2017年1月15日下午1:30（丙申年辛丑月壬寅日丁未时）离世。

［实例019］　某大夫转来两病例问测

问测时间：2017年1月3日　4：24

时间干支：丙申年庚子月庚寅日戊寅时（日空午未，时空申酉）

患者年命：（1）某男性，1975年1月9日甲寅年生

（2）某女性，1971年5月10日辛亥年生

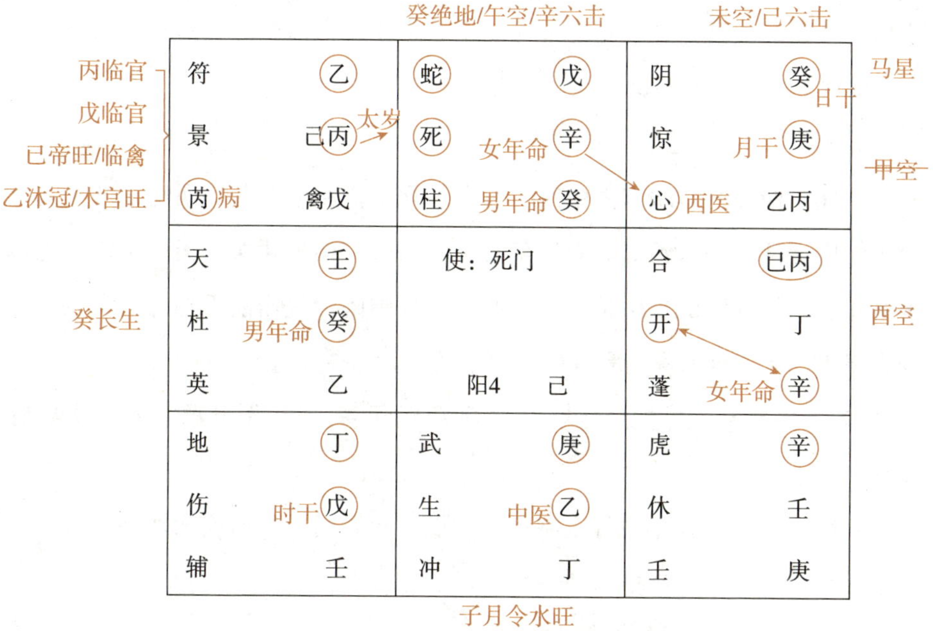

图7.19　［实例019］奇门遁甲局

八成信息读取与分析：

1.在图7.19中标注问事局的四干、日空、时空，马星冲掉申空，再标注辛六击、已六击、马星，没有发现伏吟、反吟现象。

2.选择断病的主要参数

（1）病况（天芮星）；（2）男性患者年命癸、女性患者年命辛

（3）西医（天心星）；（4）中医（乙奇）；（5）病事（时干戊）

3.重点分析以上参数的落宫情况及相互关系以判断病况

天芮星位巽木宫受制，该宫旺（子月水旺而木旺），宫内丙临官、时干戊临官、已帝旺/临禽，均为病之旺相，病情为重。喜当前该宫有值符，当前尚无大碍。木旺乃肝胆之疾，丙火临戊土、己土乃心血之阻。男性地盘年命癸临绝地、天柱、螣蛇及辛加癸之凶，说明男性患者过去已有大病，男性天盘年命癸位震木宫处长生之地，宫内参数尚可，当前无大碍。女性地盘年命辛位兑金宫，临开门加金宫为以往的手术之象；当前女性天盘年命辛临禽火宫，参数为凶，令人担忧。

4.患者的治疗方法

男性年命癸之震木宫由中医（乙奇）坎水宫所生但其克西医之坤土宫，故男性应更注意中医治疗。女性年命辛位离火宫而生西医（天心）之坤土宫但其年命为坎水宫的中医（乙奇）所克，故中医疗效当前不理想；女性状况令人担忧，在今年午月尤需注意。

★ 大夫反馈：男性患者在2015后发现肝癌，7月做肝癌手术，术后肝硬化。

女性患者于2014年12月入院求治，做了腹膜后横纹肌肉病切除手术，术后发现肝右叶巨大，待查。

［实例020］ 某大夫问测某老翁之重病

问测时间：2017年1月5日10:00

时间干支：丙申年庚子月壬辰日乙巳时（日空午未，时空寅卯）

患者年命：1936丙子年生

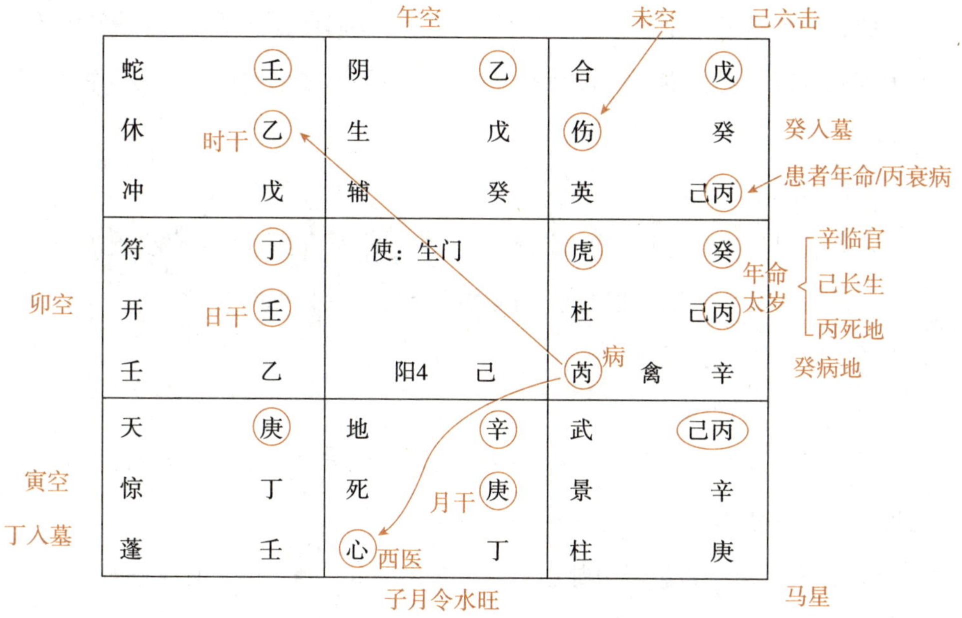

图7.20 ［实例020］奇门遁甲局

八成信息读取与分析：

1.在图7.20中标注问事局的四干、日空、时空，再标注己六击、丁入墓、癸入墓、马星，没有发现伏吟、反吟的现象。

2.选择断病的主要参数

（1）病况（天芮星）；（2）患者年命丙

（3）西医（天心星）；（4）中医（乙奇）；（5）病事（时干乙）

3.主要分析以上参数的落宫情况及相互关系

天芮病星位兑金宫为旺相之地，宫内辛处临官之地为旺相、已处长生之地也为旺相、癸处病地、丙处死地，类象为肺部（辛金）有肿块（已土）且有胸部积水（癸水）现象。该宫临白虎为凶为癌症之兆、已加辛为游魂入墓之大凶；但天盘患者年命丙加辛为日月相会，会遇良医。地盘患者年命丙位坤土宫处衰病之地，本人抗力有限，临伤门为手术之象但逢空可能未曾实施手术。

4.患者的治疗方法

天芮病星位兑金宫而生西医（天心）之坎水宫，天芮病星的兑金宫虽克中医（乙奇）的巽木宫，但当前水旺木旺金衰，无力克中医。因此，对此患者中西医皆可介入治疗。

5.患者当注意的命坎

当今年卯月对冲天芮病宫时或今年酉月天芮病宫填实时，患者将大凶临命坎，争取闯过。

＊大夫反馈：该患者患肺癌三年，未曾手术，当前胸腔有少量积液，一直服用中药。近期感到胸痛，何时会大凶？

[实例021] 某大夫问测某中年女子的病况

问测时间：2017年1月5日 14：30

时间干支：丙申年辛丑月壬辰日丁未时（日空午未，时空寅卯）

患者年命：1976丙辰年生

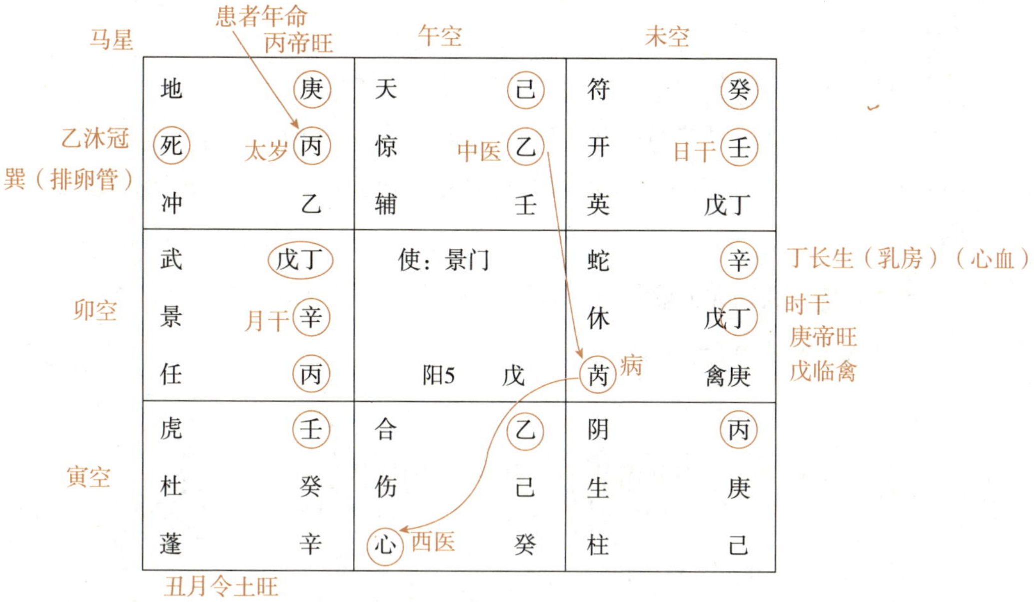

图7.21　［实例021］奇门遁甲局

八成信息读取与分析：

1.在图7.21中标注问事局的四干、日空、时空，再标注马星，没有发现伏吟、反吟的现象。

2.选择断病的主要参数

（1）病况（天芮星）；（2）患者年命丙

（3）西医（天心星）；（4）中医（乙奇）；（5）病事（时干丁）

3.主要分析以上参数的落宫情况及相互关系

天芮病星位兑金宫为旺相，宫内丁处长生之地为旺相、庚处帝旺之地也为旺相、戊临禽为旺，为血阻（丁火临庚戊）与呼吸系统（庚金）有疾之象。患者年命丙位巽木宫（排卵管宫），临死门之凶，乙木处沐冠之地也为管道，患者有严重的排卵管问题又加休停（兑金宫休门克患者年命丙），当也有妇科停经之问题。

4.患者的治疗方法

中医（乙奇）之离火宫弱克天芮病星之兑金宫，表明中医有助于治疗；天芮病宫生西医（天心）之坎水宫，也可寻求西医治疗，但中医治疗更为有效。

大夫反馈：西医大夫诊断患者为卵巢早衰、停经。

中医大夫诊断患者病在闭经。

[实例022] 某大夫问测某中老年男子的病况

问测时间：2017年1月6日 11：30

时间干支：丙申年辛丑月癸巳日戊午时（日空午未，时空子丑）

患者年命：1952壬辰年生

八成信息读取与分析：

1.在图7.22中标注问事局的四干、日空、时空（丑月旺，丑空不为真空），再标注戊六击、癸入墓、丙入墓（癸入墓被马星冲掉），没有发现伏吟、反吟的现象。

2.选择断病的主要参数

（1）病况（天芮星）；（2）患者年命壬

（3）西医（天心星）；（4）中医（乙奇）；（5）病事（时干戊）

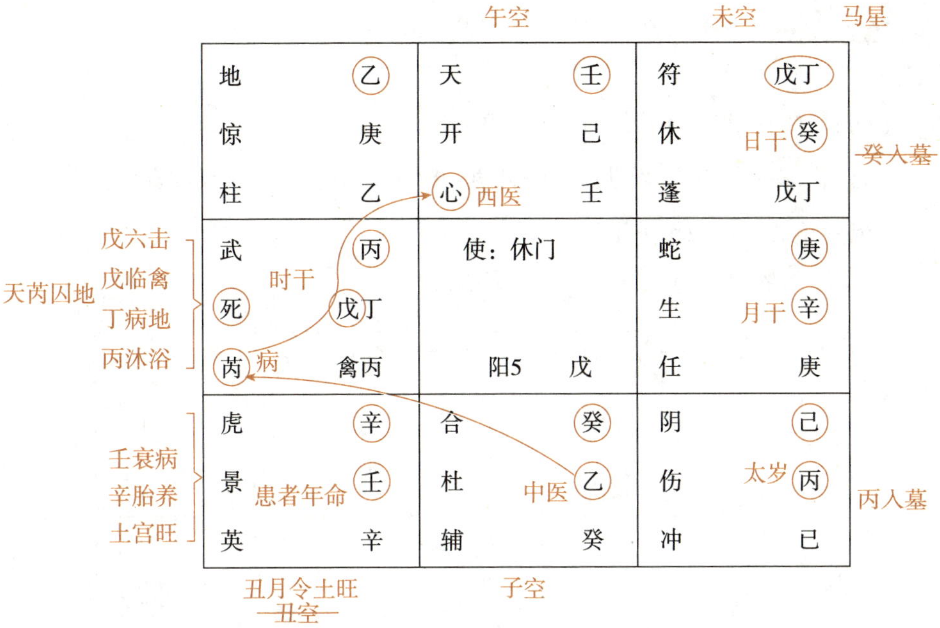

图7.22　［实例022］奇门遁甲局

3.主要分析以上参数的落宫情况及相互关系

天芮病星与时干戊位震木宫受制，但临死门、玄武、戊六击之凶，对病况不容乐观。宫内戊六击/戊临禽为旺凶、丙处沐浴之地、丁处病地，防血阻（丙、丁火加戊土），也要防管道（震木宫）之疾。患者年命壬位艮土宫，宫内壬处衰病之地而不利，该宫土旺克壬水，易伤肾及耳朵。

4.患者的治疗方法

中医（乙奇）之坎水宫生天芮病宫（水生木），可寻求中医治疗，又天芮病宫生西医（天心）之宫（木生火），也可寻求西医治疗。因病宫临死门，其他参数为吉，尚无生命之忧，但要重视治疗。

★ 大夫反馈：患者当前双耳失聪，鼻咽部不适，西医效果不理想，正求中医治疗。

[实例023] 某大夫问测某中年男性的病况

问测时间：2017年1月7日 11：30

时间干支：丙申年辛丑月甲午日庚午时（日空辰巳，时空戌亥）

患者年命：1972年壬子年

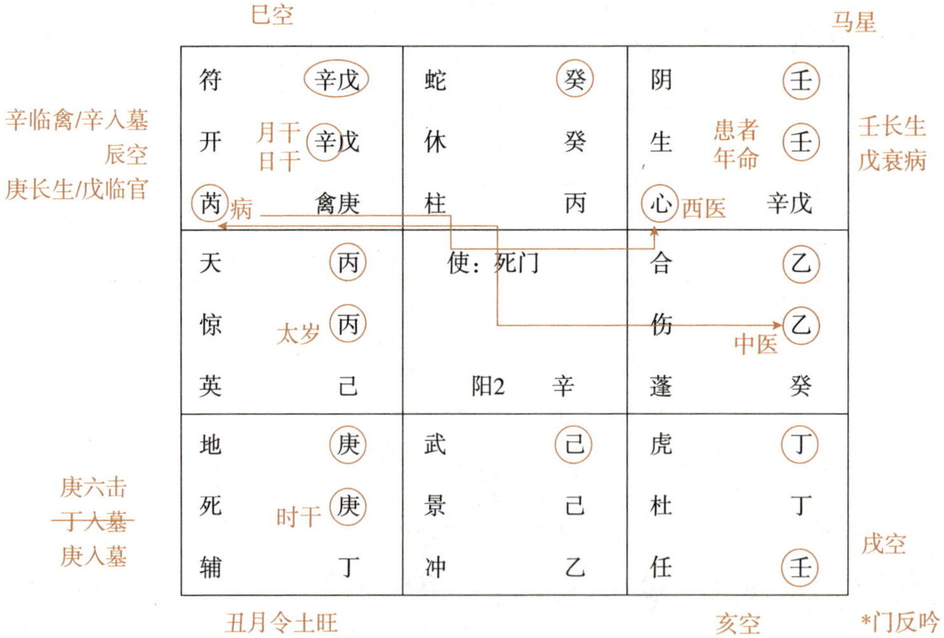

图7.23 [实例023] 奇门遁甲局

八成信息读取与分析：

1.在图7.23中标注问事局的四干，日空、时空，再标注庚六击、庚入墓、丁入墓

辛入墓（丁入墓被马星冲掉），发现门反吟，且为“五不遇时”（甲午日庚午时，庚金克甲木）。

2.选择断病的主要参数

（1）病况（天芮星）；（2）患者年命壬

（3）西医（天心星）；（4）中医（乙奇）；（5）病事（时干庚）

3.主要分析以上参数的落宫情况及相互关系

天芮病星位巽木宫（与管道病有关）受制，宫内戊处临官之地为旺相、庚处长生之地也为旺相、辛临禽为旺，均为病重之兆，幸逢空尚不能发作。疾病当与消化系统（戊土）、呼吸系统（庚辛金）有关，如肠道、呼吸系统疾病；且木宫为纤维，病状可能为纤维、腺性病，庚辛易成肿物而为癌症之兆。患者年命壬位坤土宫处长生之地，患者状态尚可，临生门尚无生命之忧。时干庚位艮土宫临死门、临入墓，土行疾病即消化道疾病不能忽视。

4.患者的治疗方法

中医（乙奇）之兑金宫弱克天芮病宫，可用中医治疗，而天芮病宫却弱克西医（天心）之宫，暂时不宜考虑西医。

★ 大夫反馈：当日患者入住301医院，半年前患者便血，发现直肠中分化腺癌，于2016年1月21日手术成功，自2016年11月初寻求中医治疗。

［实例024］ 某大夫问测某女性的病情

问测时间：2017年1月10日 20：11

时间干支：丙申年辛丑月丁酉日庚戌时（日空辰巳，时空寅卯）

患者年命：1968戊申年生

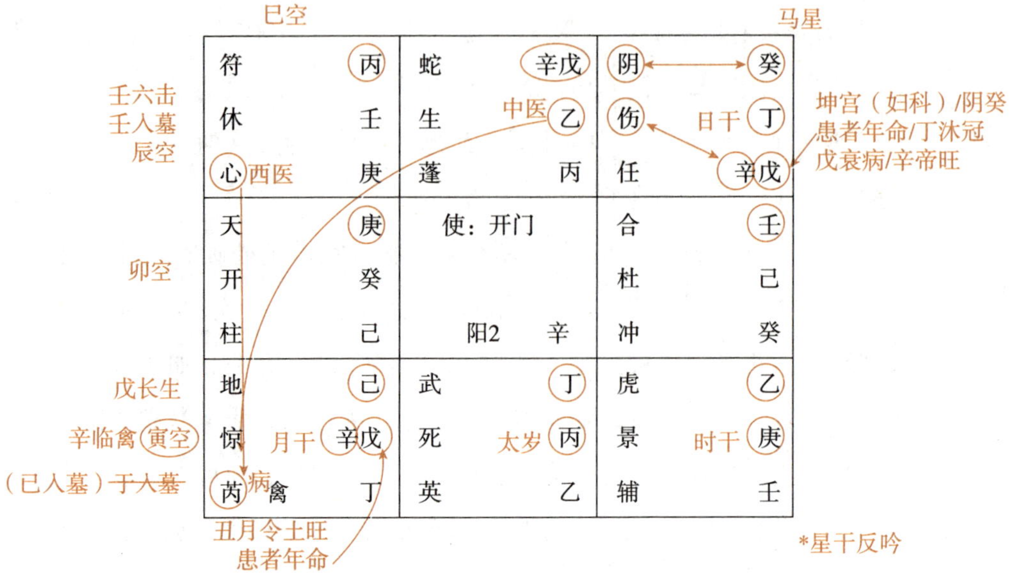

图7.24 ［实例024］奇门遁甲局

八成信息读取与分析：

1.在图7.24中标注问事局的四干、日空、时空，再标注壬六击、丁入墓、壬入墓（丁入墓被马星冲掉），发现星干反吟。

2.选择断病的主要参数

（1）病况（天芮星）；（2）患者年命戊

（3）西医（天心星）；（4）中医（乙奇）；（5）病事（时干庚）

3.主要分析以上参数的落宫情况及相互关系

天芮病星位艮土宫为旺相，宫内患者年命戊处长生之地为旺、辛临禽为旺、丁/已入墓，应有消化系统之疾（土宫旺、戊土旺）及肿物或息肉（戊、已、辛）。天芮病宫逢空，可由对宫补充信息。对宫恰为坤宫为妇科宫，宫内有患者地盘年命戊，其处衰病之地；辛处帝旺之地、丁处沐冠之地；宫内见太阴、暗干癸水。综合坤宫信息，可知患者易有妇科子宫之病（坤宫、太阴、癸水）；

临伤门加辛金为手术之象。患者也可能呼吸系统有疾。相应的手术会在未年（羊年）或申年（猴年）实施，坤宫中患者地盘年命戊，手术已实施。

4.患者的治疗方法

西医（天心）位巽木宫弱克天芮病宫，中医（乙奇）位离火宫生天芮病宫，故中西医均可调治，当前西医更有效。

★ 大夫反馈：中西医诊断患者子宫黏膜下有平滑肌瘤、子宫颈息肉、轻度贫血。曾有甲状腺肿物手术史、剖宫产史，2016年12月30日在医院实施了粘膜下肌瘤电切术、宫颈息肉摘除术，2017年1月3日出院。

[实例025] 某大夫问测某男婴的病况

问测时间：2017年1月11日 9：42

时间干支：丙申年辛丑月戊戌日丁巳时（日空辰巳，时空子丑）

患者年命：丙申年（刚降生22天，2016年12月20日出生）

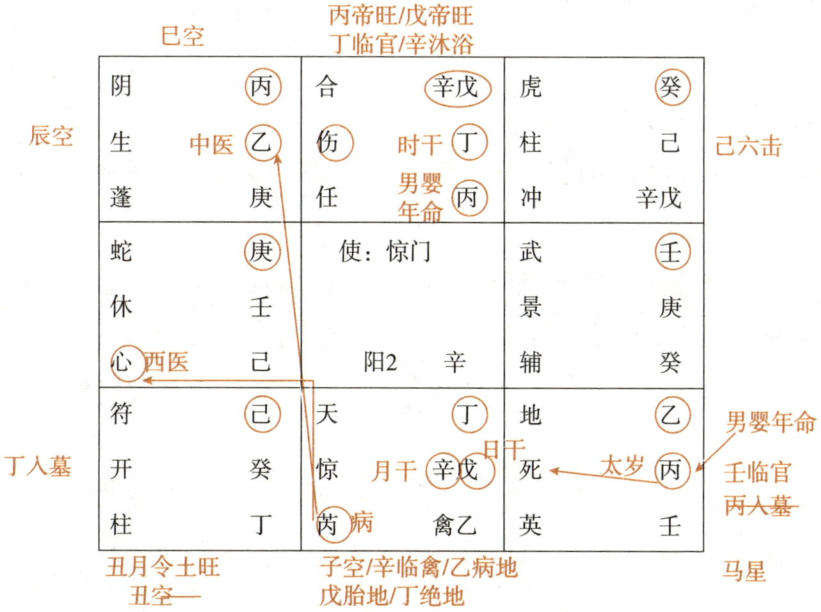

图7.25 [实例25] 奇门遁甲局

八成信息读取与分析：

1.在图7.25中标注问事局的四干、日空、时空（丑月旺，丑不为真空），再标注巳六击、丁入墓、丙入墓（丙入墓被马星冲掉），没有发现伏吟、反吟现象。

2.选择断病的主要参数

（1）病况（天芮星）；（2）患者年命丙

（3）西医（天心星）；（4）中医（乙奇）；（5）病事（时干丁）

3.主要分析以上参数的落宫情况及相互关系

天芮病星位坎水宫，宫内辛临禽为旺、戊处胎地、乙处病地、丁处绝地，临惊门之凶，辛旺而引发肺部之疾，涉丁火为炎症、发烧。男婴天盘年命丙位乾金宫处入墓，宫内壬处临官为旺相，又临死门之凶，丙火克乾金宫，故有较凶的发烧兼肺炎之症。男婴的地盘年命丙、时干丁同位离火宫，宫内丙处帝旺之地、丁处临官之旺相，临伤门而出凶，故发烧；临六合为多种病症，暗干辛为肺，故发烧而成肺炎。另该宫为心脑血管部位，当注意不要引发心脑血管之疾。

4.患者的治疗方法

天芮病星位坎水宫而生西医（天心）与中医（乙奇）之木宫，故可以用中西医治疗婴儿当前的病症。

＊大夫反馈： 该婴儿经西医诊断为发烧、肺炎、病毒感染、电解质紊乱、贫血，中医采用单方“龙胆草”煮水让该男婴饮用以治疗。

［实例026］ 某大夫问测某中老年女子的病况

问测时间：2017年1月12日 17：00后

时间干支：丙申年辛丑月己亥日癸酉时（日空辰巳，时空戌亥）

患者年命：1960庚子年

八成信息读取与分析：

1.在图7.26中标注问事局的四干、日空、时空，再标注癸六击、癸入墓、丙入墓（丙入墓被马星冲掉），发现门伏吟的现象。

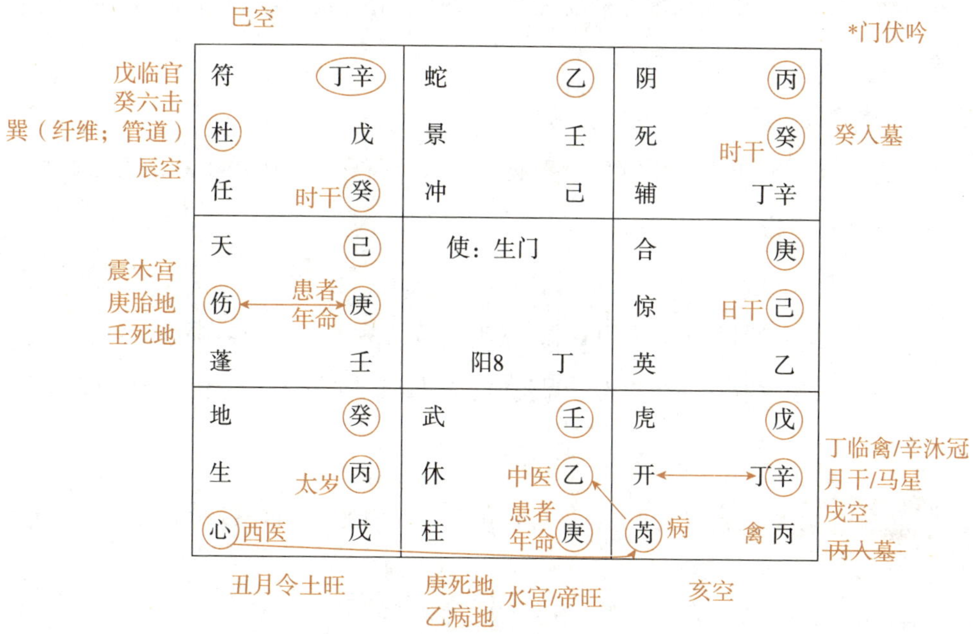

图7.26 ［实例026］奇门遁甲局

2.选择断病的主要参数

（1）病况（天芮星）；（2）患者年命庚

（3）西医（天心星）；（4）中医（乙奇）；（5）病事（时干癸）

3.主要分析以上参数的落宫情况及相互关系

天芮病星位乾金宫，宫内丁临禽为旺、辛处沐冠之地、丙入墓、患者易患血阻之疾（丁火加辛金）及乳房之疾（丁也为女性乳房）；宫内临开门加辛金为手术之象，逢空恐未做手术。天芮病星宫逢空而由对宫即巽木宫可补充信息，宫内时干癸临六击、戊处临官之地为旺，巽木宫主纤维、管道。综合分析，当有水木之疾（癸水位巽木宫）加肿物（戊土）。患者天盘年命庚位震木宫（木为纤维、腺状），庚临伤门之凶，又临壬水死地，再次显现水木加肿物之疾。地盘年命庚位坎水宫，庚处死地、乙处病地、壬处帝旺，均位于水宫，再次显现水木加肿物之象，故病在乳腺与甲状腺的可能性为主，巽宫戊旺也有消化道之疾的可能。

4.患者的治疗方法

西医（天心）之艮土宫生天芮病宫，而天芮病宫生中医（乙奇）之坎水宫，表明可考虑中西医调治。

5.大夫反馈：

西医超声诊断为患者患甲状腺左右叶结节之疾，二级双乳腺增生。

中医诊断为肝气郁结犯胃（胃脘痛、梅核气）食道有严重问题为存疑。

［实例027］ 某大夫问测某女孩的病况（问事局并终身局）

问测时间：2017年1月12日 9：00［实例027a］

时间干支：丙申年辛丑月己亥日己巳时（日空辰巳，时空戌亥）

患者生辰：2002年2月1日 6：45［实例027b］

时间干支：辛巳年辛丑月庚子日己卯时（日空辰巳，时空申酉）

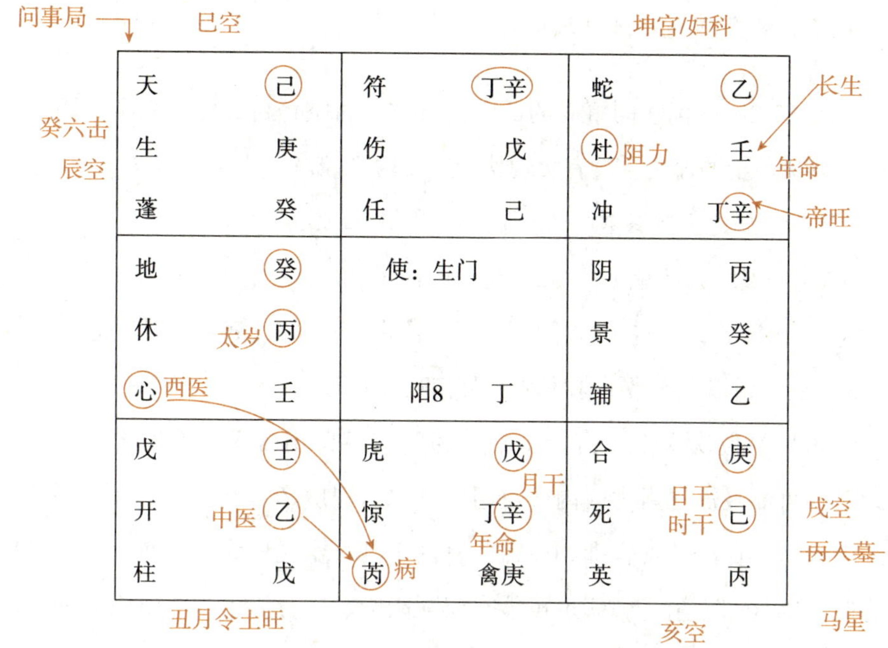

图7.27a　［实例027a］奇门遁甲局

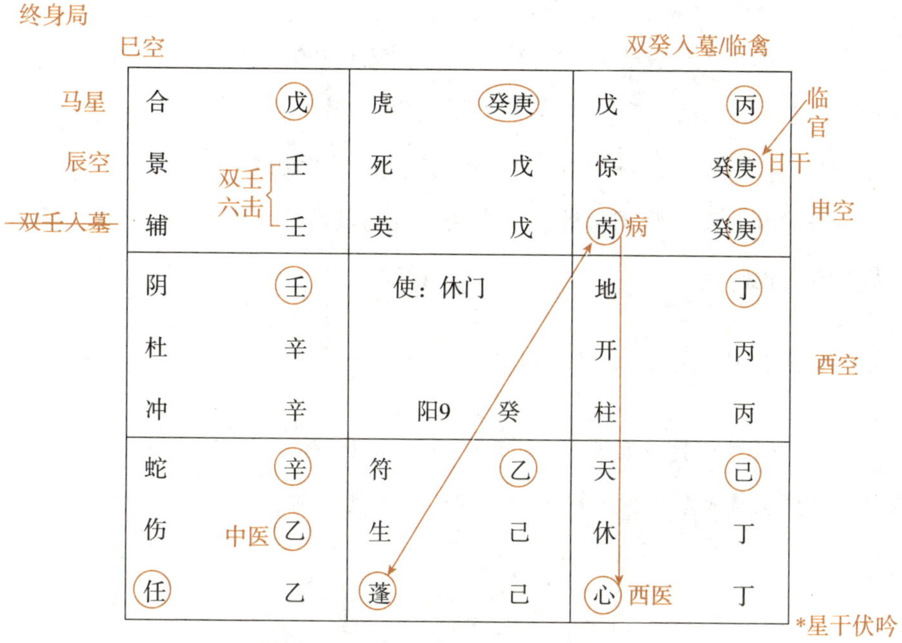

图7.27b　［实例027b］奇门遁甲局

问事局的八成信息读取与分析：

1.在图7.27a中标注问事局的四干、日空、时空，再标注癸六击、丙入墓（丙入墓被马星冲掉），没有发现伏吟、反吟现象。

2.选择断病的主要参数

（1）病况（天芮星）；（2）患者年命辛

（3）西医（天心星）；（4）中医（乙奇）；（5）病事（时干已）

3.主要分析以上参数的落宫情况及相互关系

天芮病星位坎水宫，宫内丁临禽为旺、患者年命辛处长生之地、庚处死地，病可能在泌尿阻力或内分泌阻力（水宫遇庚辛）或血阻方面（丁遇庚辛）。地盘年命辛位坤宫即妇科宫，宫内壬处长生之地为旺、辛处帝旺之地也为旺、临杜门之阻力，病也可能在泌尿阻力、内分泌阻力或血阻方面，信息同步。此乃当前病之信息。

4.患者的治疗方法

中医（乙奇）在艮土宫为旺相而克天芮之坎水宫，中医疗效当显著。天芮病宫生西医（天心）之震木宫，西医可辅助治疗。

*大夫反馈：西医诊断该女孩内分泌失调，有多动症。

中医诊断该女孩脾阳虚证。大夫用中药为其治疗一个月左右，该女孩身体基本恢复正常。

终身局的八成信息读取与分析：

1.在图7.27b中标注终身局的四干、日空、时空，再标注双壬六击、双壬入墓、双癸入墓（双壬入墓被马星冲掉），发现星干伏吟。

2.选择断病的主要参数

类同前问事局，不同的是患者不用年命参数而是用日干（生命的核心）为参数。

3.主要分析以上参数的落宫情况及相互关系

天芮病星与患者天盘日干庚均在坤宫即妇科宫，宫内双癸临禽为旺、双庚处临官之旺加强了妇科水行之疾的信息，临惊门、玄武为凶。患者易有泌尿阻力、内分泌阻力或血阻问题。时干已位坎水宫，病事与水行相关，信息是同步的。

4.患者的治疗方法

中医（乙奇）之宫与天芮之坤土宫对冲比和，可用中医治疗；天芮病宫生西医之乾金宫，西医也可以调治，中医疗效当显著。

＊ 大夫反馈：同上！

［实例028］ 某大夫问测某中年女子的病况（2017年1月12日）

以患者的终身局分析：

患者生于：1974年3月1日 6：00

生辰干支：甲寅年丙寅月辛丑日辛卯时（日空辰巳，时空午未）

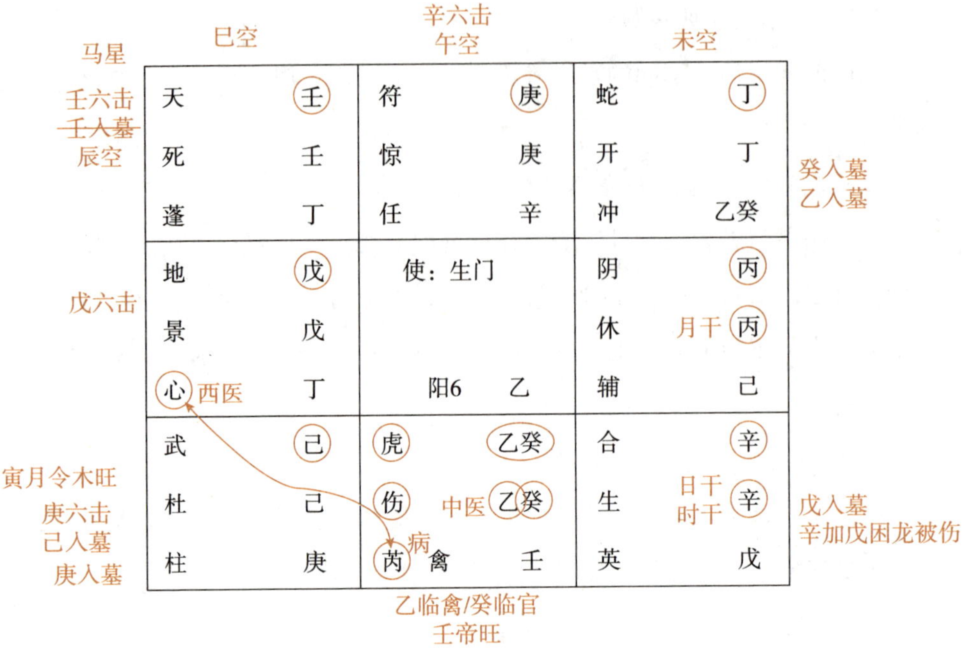

图7.28 ［实例028］奇门遁甲局

八成信息读取与分析：

1.在图7.28中标注终身局的四干、日空、时空，再标注戊六击、庚六击、辛六击、壬六击、庚入墓、壬入墓、乙入墓、癸入墓、戊入墓（其中壬入墓被马星冲掉），没有发现伏吟、反吟。

2.选择断病的主要参数：

（1）病况（天芮星）；（2）患者日干辛；

（3）西医（天心星）；（4）中医（乙奇）；（5）病事（时干辛）

3.主要分析以上参数的落宫情况及相互关系

天芮病星位坎水宫，宫内乙临禽为旺、癸处临官之地为旺相、壬处帝旺之地也为旺相，水木旺相显著，易患水木组合之疾，如神经系统、淋巴系统之疾或乳腺之疾。日干、时干辛位乾金宫主要参数为吉，仅辛加戊为困龙被伤，说明吉中有问题，其问题当如上述。

4.患者的治疗方法

中医（乙奇）与天芮病星同在坎水宫，中医可以介入治疗；天芮病宫生西医（天心）之震木宫，西医也可调治。

＊ 大夫反馈：西医诊断为患者抑郁症。

中医诊断为患者脏躁、肝郁之症。

［实例029］ 某大夫问测某中年女性的病情

问测时间：2017年1月12日　10：00（实例029a）

时间干支：丙申年辛丑月己亥日己巳时（日空辰巳，时空戌亥）

患者生辰：1982年9月13日卯时（湖南湘潭）［实例029b］

时间干支：壬戌年己酉月己亥日丁卯时（日空辰巳，时空戌亥）

巳空　　　　坤宫（妇科）

癸六击 辰空　　　　患者年命

天　己 生　庚 蓬　癸	符　丁辛 伤　戊 任　己	蛇　乙 杜 阻力　壬 冲　丁辛
地　癸 休　太岁 年命　丙 心 西医　壬	使：生门 阳8　丁	阴　丙 景　癸 辅　乙
武　壬 开　乙 中医 柱　戊	虎　戊 惊　丁辛 月干 芮 病 禽　庚	合　庚 死　日干 时干　己 英　丙

戌空 丙入墓

丑月令土旺　　丁临禽/辛长生 庚死地/水宫　　亥空　　马星

图7.29a　［实例029a］奇门遁甲局

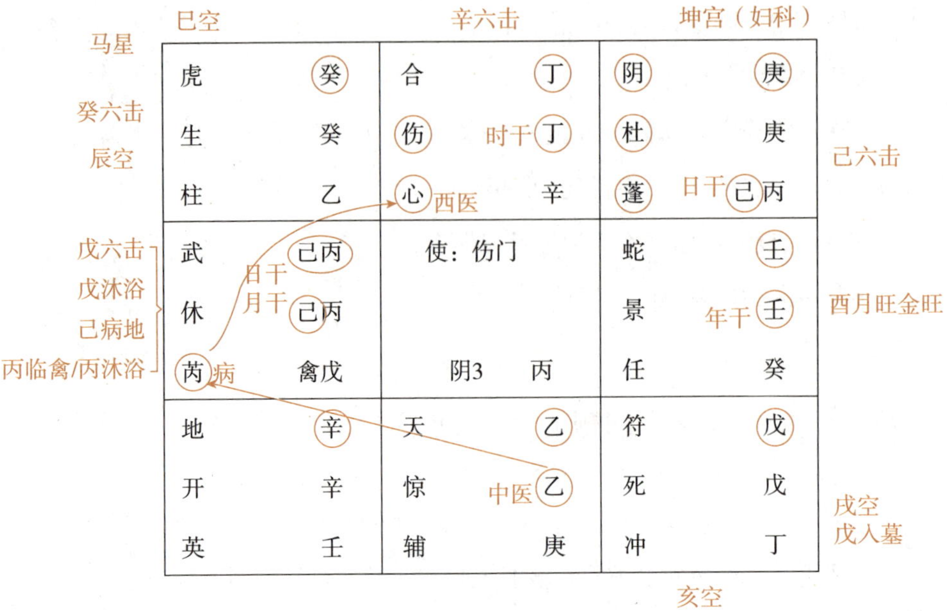

图7.29b ［实例029b］奇门遁甲局

问事局的八成信息读取与分析：

1.在图7.29a中标注问事局的四干、日空、时空，再标注癸六击、丙入墓（丙入墓被马星冲掉），没有发现伏吟、反吟。

2.选择断病的主要参数

（1）病况（天芮星）；（2）患者年命壬；（3）病事（时干已）

（4）西医（天心星）；（5）中医（乙奇）

3.主要分析以上参数的落宫情况及相互关系

天芮病星位坎水宫，宫内辛处长生之地为旺相、丁临禽为旺、庚处死地，临惊门、白虎之凶，表明患者易患血阻（水宫、丁火加庚辛）、水系统之阻。患者年命壬位坤土宫主妇科、临杜门为妇科阻力，通常为排卵阻力，临螣蛇为病情纠缠。时干已位乾金宫临死门，病事问题大，幸逢空未凶作。

4.患者的治疗方法

中医（乙奇）位艮土宫克天芮病星之坎水宫，中医利于治其病症；天芮之宫生西医（天心）之震木宫，西医可以辅助治疗。

＊ 大夫反馈：西医诊断为闭经、不排卵。

中医诊断为宫寒、月经后期。

终身局的八成信息读取与分析：

1.在图7.29b中标注终身局的四干、日空、时空，再标注戊六击、已六击、辛六击、癸六击、戊入墓（戊入墓被马星冲掉），没有发现伏吟、反吟。

2.选择断病的主要参数

除了患者参数用日干已、时干用丁之外，其他参数同问事局。

3.主要分析以上参数的落宫情况及相互关系

天芮病星位震木宫，宫内戊六击为凶、丙处沐浴之地并临禽为旺、已处病地，故病的主要信息为血阻；该宫已又为日干，信息与天芮同步。地盘日干已位坤宫（妇科），宫内已六击，临天蓬为水凶，临杜门为阻力，故病的主要信息为排卵管受阻而不排卵；血阻为月经稀少。时干丁位离火宫，宫内辛六击，临伤门之凶，也显现血阻大。

4.患者的治疗方法

中医（乙奇）之坎水宫生天芮之震木宫，而天芮之震木宫生西医（天心）之离火宫，故中西医可以辅助治疗（*问事局表明当前中医方法更有利）。

＊ 大夫反馈：同问事局。

［实例030］ 某大夫问测中年女子未孕原因

问测时间：2017年1月12日中午

时间干支：丙申年辛丑月己亥日庚午时（日空辰巳，时空戌亥）

患者年命：1982年壬戌年生

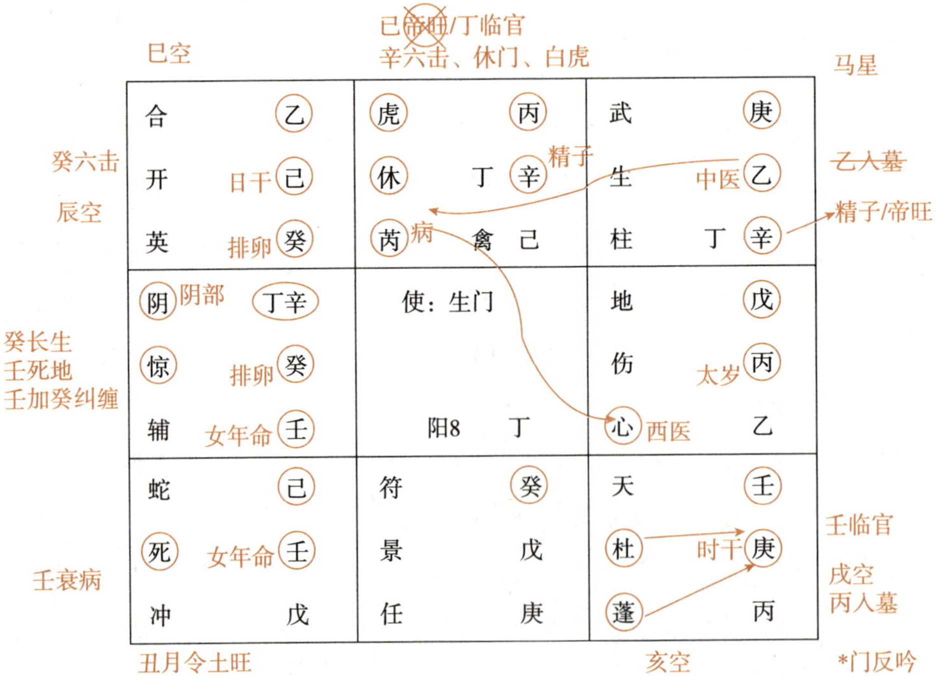

图7.30 ［实例030］奇门遁甲局

八成信息读取与分析：

1.在图7.30中标注问事局的四干、日空、时空，再标注癸六击、辛六击、乙入墓、丙入墓（乙入墓被马星冲掉），发现门反吟。

2.选择断病的主要参数

（1）病况（天芮星）；（2）患者年命壬

（3）西医（天心星）；（4）中医（乙奇）；（5）病事（时干庚）

3.主要分析以上参数的落宫情况及相互关系

天芮星位离火宫，临辛六击为凶、丁处临官之地为旺相、已也处临官之地为旺相，表明两种情况，一为阴部血阻（已为阴部、丁为心血、辛为阻粒）、二为精子被六击且临休门而不旺、临白虎而出凶（辛金为男性精子）。当前，夫妇双方怀孕确存在问题。女性排卵需要分析癸水及其年命的信息，天盘癸水位震木宫处死地下临患者年命壬，临惊门为凶、临太阴为阴部，壬加癸为纠缠。天盘患者年命壬位艮土宫处衰病之地，遭旺土之克，且临死门大凶，妇科病为重。时干庚位乾金宫，临杜门也为输卵管阻力，未孕原因在于夫妇双方当前均有身体方面的原因。

4.患者治疗的方法

当前天芮病星宫弱克西医（天心）之兑金宫，西医疗效不大，而天芮病星宫生中医（乙奇）之坤土宫且乙下临辛又可调治男性精子，因此，夫妻双方当前应重视中医治疗，以利怀孕。

*** 大夫反馈：**西医诊断该女性患多囊卵巢综合征，而男性精子运动力弱。

中医诊断该女性脾阳虚、宫寒不孕。

[实例031] 某大夫问测某中老年女性的病况

问测时间：2017年1月15日 10：00

时间干支：丙申年辛丑月壬寅日乙巳时（时空辰巳，时空辰卯）

患者年命：1967丁未年生

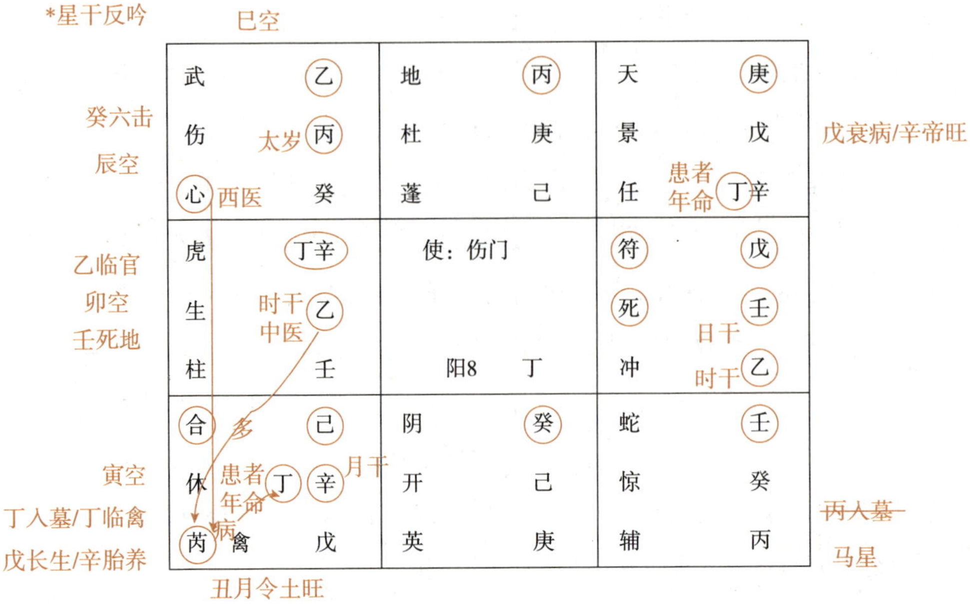

图7.31 ［实例031］奇门遁甲局

八成信息读取与分析：

1.在图7.31中标注问事局的四干、日空、时空，再标注癸六击、丁入墓、丙入墓（丙入墓被马星冲掉），发现星干反吟。

2.选择断病的主要参数

（1）病况（天芮星）；（2）患者年命丁

（3）西医（天心星）；（4）中医（乙奇）；（5）病事（时干乙）

3.主要分析以上参数的落宫情况及相互关系

天芮病星与患者年命丁奇均位艮土宫，该宫土旺，宫内丁临禽也旺，戊处长生之地为旺、辛处胎养之地，病症的信息为消化系统之疾（土宫，戊土及丁奇）血阻（丁火遇戊土、辛金）、乳阻（丁乳房遇戊土、辛金）。患者地盘年命丁位坤土宫属妇科宫，宫内庚与辛为以往的手术之象，西医（天心）临伤门在辰巳填实之年克患者地盘年命丁易手术。该宫临六合，表明患者病症不止一种而是数种，临休门、逢空，病况不大凶。暗干已为息肉，可能消化系统有息肉。时干乙落宫参数尚可，不以病论。

4.患者的治疗方法

西医（天心）与中医（乙奇）均在木宫而弱克天芮病星之艮土宫，中西医皆可治疗患者。

＊ 大夫反馈：怀疑患者为结肠息肉或肿瘤，该患者曾做过妇科大手术。

［实例032］ 某大夫问测某中年女子的病况（2017年1月15日问）

患者生辰：1976年11月17日 3：26

时间干支：丙辰年己亥月癸酉日甲寅时（日空戌亥，时空子丑）

*星门干伏吟，天显时格

乙胎养　　马星

年干/双壬长生
双壬临禽
双丙衰病

双癸六击

符 丁 杜 癸 辅 癸	天 己 景 戊 英 戊	地 乙 死 壬 丙 芮 病 禽 壬 丙
蛇 丙 伤 丁 冲 丁	使：杜门 癸 阴9 壬	武 辛 惊 庚 柱 庚
阴 庚 生 月干 己 任 己	合 戊 休 中医 乙 蓬 乙	虎 壬 开 辛 心 西医 辛

~~双己入墓~~　　戌空

丑空　　子空　　亥月令水旺/~~亥空~~

图7.32 ［实例032］奇门遁甲局

患者终身局的八成信息读取与分析：

1.在图7.32中标注患者终身局的四干、日空、时空（亥月旺，亥不为真空），再标注双癸六击、双已入墓（被马星冲掉），发现星门干伏吟、天显时格。

2.选择断病的主要参数

（1）病况（天芮星）；（2）患者日干癸（生命的核心）

（3）西医（天心星）；（4）中医（乙奇）；（5）病事（时干癸）

3.主要分析以上参数的落宫情况及相互关系

天芮病星位坤土宫而旺相，宫内双壬处长生之地并临禽而旺、双丙处衰病之地、暗干乙为管道、颈部，可能的病症为消化道炎症（土宫乙木壬水为消化道、丙火为炎症）或淋巴之疾（壬水乙木）。疾病易在未年、申年填实时发作。患者日干癸与时干癸位巽木宫，宫内双癸六击，易有水木管道之疾，因宫内其他参数吉为主，故命主不易有重病。

4.患者的治疗方法

天芮病宫生西医（天心）之乾金宫但弱克中医（乙奇）之坎水宫，故中西医均可考虑用以辅助治疗。

＊大夫反馈：患者近来消瘦、多痰、纳差、胃脘痛，怀疑患十二指肠溃疡。

[实例033] 某大夫问测某中年女子的病况

问测时间：2017年1月17日 12:50

时间干支：丙申年辛丑月甲辰日庚午时（日空寅卯，时空戌亥）

患者年命：1979己未年生

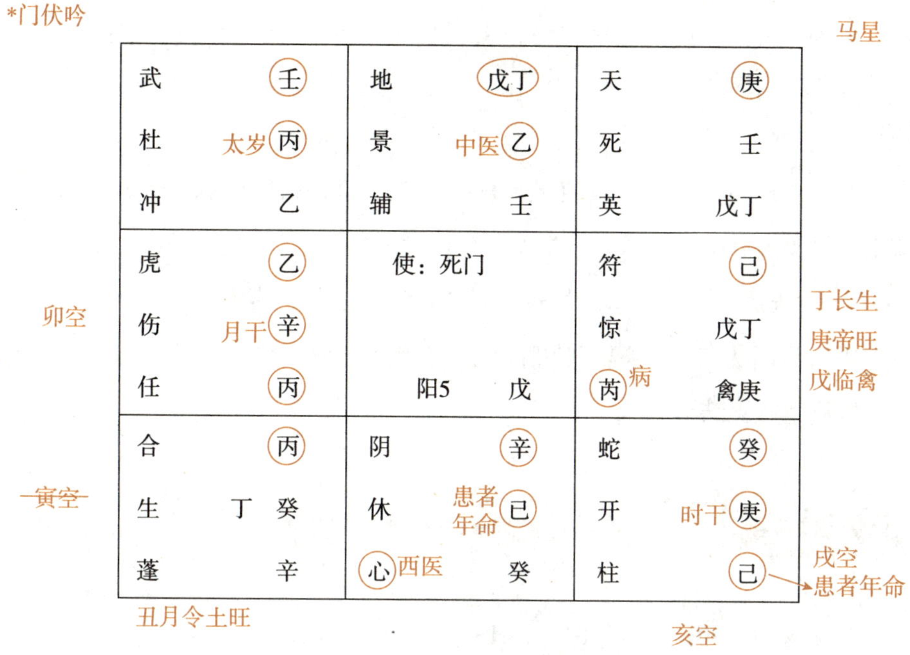

图7.33　［实例033］奇门遁甲局

八成信息读取与分析：

1.在图7.33中标注问事局的四干、日空、时空（其中寅空为马星所冲掉），发现门伏吟。

2.选择断病的主要参数

（1）病况（天芮星）；（2）患者年命已

（3）西医（天心星）；（4）中医（乙奇）；（5）病事（时干庚）

3.主要分析以上参数的落宫情况及相互关系

天芮病星位兑金宫为旺相，宫内丁处长生之地为旺相、戊临禽为旺、庚处帝旺之地也旺，临惊门之凶但临值符之吉。病症当为乳阻块（丁为女性乳房，戊土、庚金为阻块）或血阻（丁为心血、戊土、庚金为阻），也可能呼吸系统之疾（庚金）。

4.患者的治疗方法

中医（乙奇）之离火宫克天芮病星之兑金宫，故中医利于治病；天芮病宫生西医（天心）之坎水宫，故西医也可辅助治疗。

★ **大夫反馈：**西医诊断怀疑患者左肾实性结节、错构瘤。

中医诊断为乳癖、瘿、肝/脾/胃三经受阻，而手诊为右侧乳腺增生伴肿块、双侧甲状腺结节。

［实例034］ 某群内学员问测某中年男子的重病

问测时间：2017年1月18日 14:13 ［实例034a］

时间干支：丙申年辛丑月乙巳日癸未时（日空寅卯，时空申酉）

患者生辰：1970年9月8日 4:37［实例034b］

生辰干支：庚戌年甲申月辛卯日庚寅时（时空午未，时空午未）

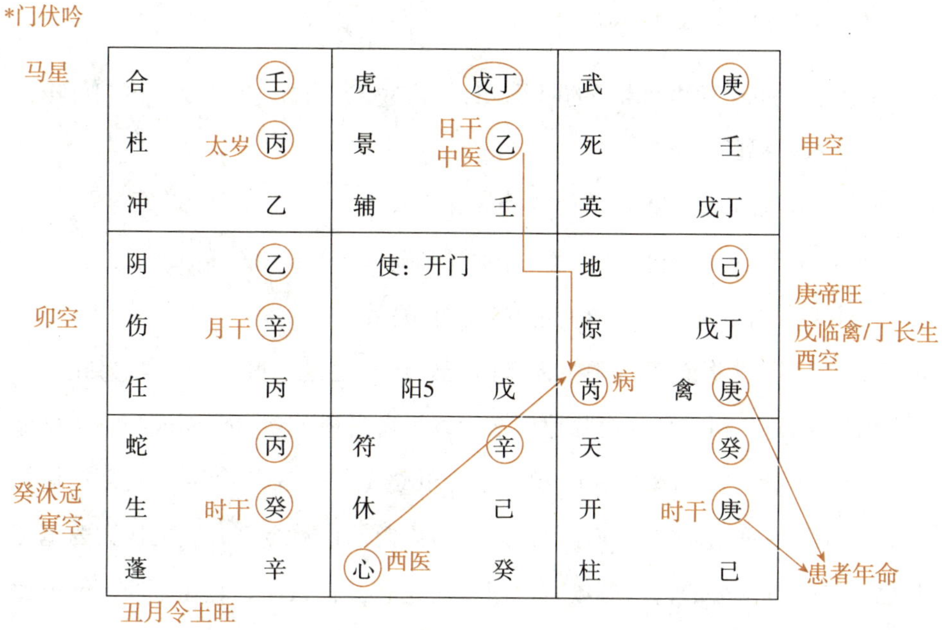

图7.34a ［实例034a］奇门遁甲问事局

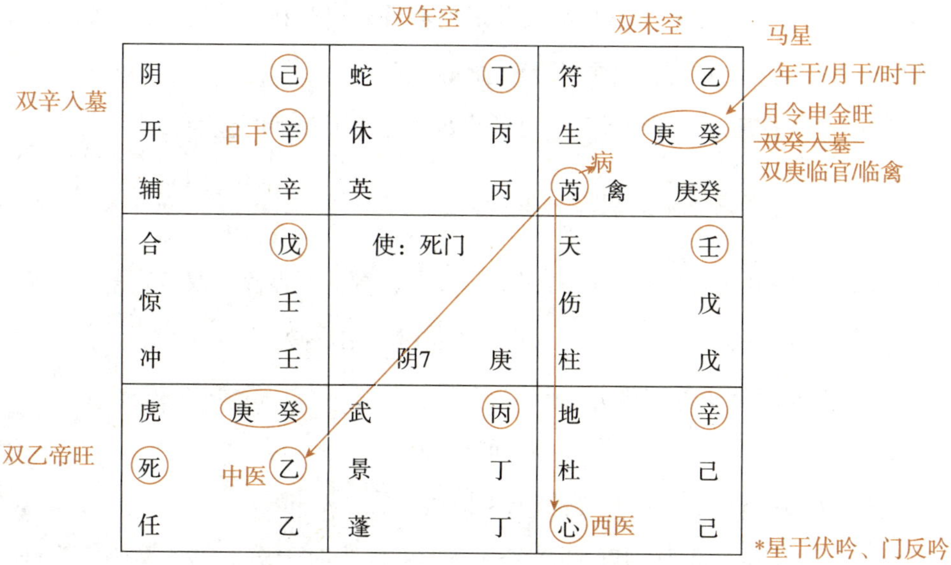

图7.34b ［实例034b］奇门遁甲终身局

问事局的八成信息读取与分析：

1.在图7.34a中标注问事局的四干、日空、时空，再标注马星，发现门反吟。

2.选择断病的主要参数

（1）病况（天芮星）；（2）患者年命庚

（3）西医（天心星）；（4）中医（乙奇）；（5）病事（时干癸）

3.主要分析以上参数的落宫情况及相互关系

天芮病星位兑金宫为旺相，宫内庚处帝旺之地为旺、戊临禽为旺、丁处长生之地为旺相，且天芮临惊门之凶，患者易患肺疾重病而成肺癌（兑金宫、庚金主肺，戊加惊门为肿物、丁为低烧）。患者年命庚位乾金宫临开门、天柱、为手术之象。地盘年命庚又与天芮同位兑金宫，金之疾大凶也，且已久矣。时干癸的宫内参数有生门但逢空，又临天蓬、螣蛇之凶，又癸加辛为测病大凶。患者之病令人十分担忧。

4.患者的治疗方法

中医（乙奇）之离火宫可克天芮之兑金宫，中医利于治病；天芮病宫生西医（天心）之坎水宫，西医可以辅助治疗。

★ **大夫反馈：**患者患肺癌，已低烧数月，每天曾抽两包烟。

终身局的八成信息读取与分析：

1.在图7.34b中标注终身局的四干、日空、时空，再标注双辛入墓、双癸入墓（双癸入墓被马星冲掉），发现星干伏吟、门反吟。

2.选择断病的主要参数

类同问事局，但患者取日干辛、时干为庚。

3.主要分析以上参数的落宫情况及相互关系

天芮病星位坤土宫为旺相，宫内双庚（也为时干庚）临禽又临官为旺相，土也旺金，金之疾为重。该宫临值符与生门，利抗病，惜逢空而无力。

坤土宫逢空而参考对宫即艮土宫信息，该宫也临暗干庚，双乙帝旺为管道之疾，临死门之旺，大凶之兆。综合分析也为肺与呼吸道之大凶之疾。

4.患者的治疗方法

中医（乙奇）之宫对冲天芮病星，中医利于治病；天芮病宫生西医（天心）之宫，西医可以辅助治疗。方法与问事局信息同步。

★ **问测者反馈：** 同问事局。

[实例035] 某大夫问测某中年男性的重病

问测时间：2017年1月18日　15:00后 [实例035a]

时间干支：丙申年辛丑月乙巳日甲申时（日空寅卯，时空午未）

患者生辰：1975年2月6日（农1974.12.26）寅时 [实例035b]

生辰干支：乙卯年戊寅月癸未日甲寅时（日空申酉，时空子丑）

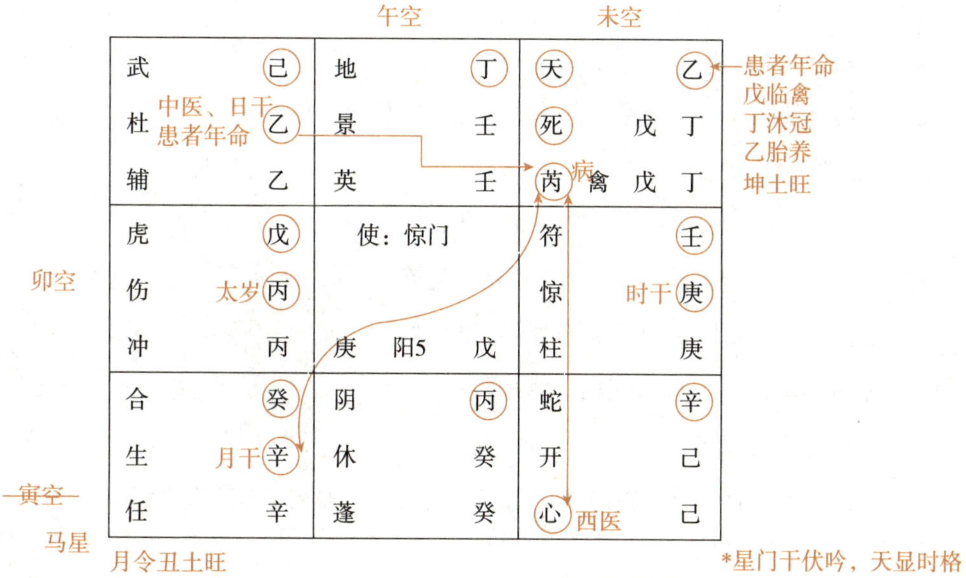

图7.35a　[实例035a] 奇门遁甲问事局

*星门干伏吟，天显时格　　马星

双癸六击 八字日干　　双丁临禽 双辛帝旺　　~~申空~~　　酉空　　月令寅木旺　　双丙入墓

符　壬 杜　日干 时干　癸 辅　癸	蛇　戊 景　己 英　己	阴　庚 死　丁　辛 芮　病　禽　丁　辛
天　辛 伤　壬 冲　壬	使：杜门 癸　阳8　丁	合　丙 惊　年干 中医　乙 柱　乙
地　乙 生　月干　戊 任　戊	武　己 休　庚 蓬　庚	虎　丁 开　丙 心　西医　丙

丑空　　子空

图7.35b　［实例035b］奇门遁甲终身局

问事局的八成信息读取与分析：

1.在图7.35a中标注问事局的四干、日空、时空（其中寅空被马星冲掉），再标注马星，发现星门干伏吟，天显时格（甲申时）。

2.选择断病的主要参数

（1）病况（天芮星）；（2）患者年命乙

（3）西医（天心星）；（4）中医（乙奇）；（5）病事（时干庚）

3.主要分析以上参数的落宫情况及相互关系

天芮病星位坤土宫为旺相，宫内戊临禽为旺，丁处沐冠之地、暗干乙处胎养之地（乙为患者年命）；天芮病星临死门、九天之大凶，病危之兆。综合分析，患者当有严重的腹部消化系统之疾，另有血阻，处在危险之中。

4.患者的治疗方法

中医（乙奇）与患者年命乙均位巽木宫，宫内参数尚可，且该宫克天芮病宫，故中医利于患者的治疗。天芮病宫生西医（天心）之乾金宫，西医可以辅助治疗。

★ **大夫反馈：** 浙江瑞安市人民医院诊断患者患结核性腹膜炎，不规则纤维、血管、脂肪组织。北京协和医院诊断为腹膜间皮瘤，恐来日不多。当前患者高烧不退，经中医治疗，高烧下退，已由38.5度下降至37.8度。

终身局的八成信息读取与分析：

1.在图7.35b中标注终身局的四干、日空、时空（申空被马星所冲），再标注双癸六击、双丙入墓、马星，发现星门干伏吟、天显时格。

2.选择断病的主要参数

患者日干癸、时干癸，其他参数与问事局相同。

3.主要分析以上参数的落宫情况及相互关系

天芮病星位坤土宫为旺相，宫内双辛处帝旺之地为旺、双丁临禽为旺，天芮病星临死门、太阴之凶，易有大病之兆。命主易患腹部之疾（坤土）、肺部之疾（双辛金）及发烧（双丁火）。患者日干癸与时干癸均位巽木宫处六击、亦有凶象（木宫纤维），临值符该宫易消灾。命主在未、申之时或丑、寅之时，当十分注意身体问题。

4.患者的治疗方法

天芮病宫分别生中医（乙奇）之兑金宫及西医（天心）之乾金宫，中西医皆可辅助治疗。

★ **大夫反馈：** 同问事局。

[实例036] 群内某学员问测某男性重病者的手术

问测时间：2017年1月18日 20:57 [实例036a]

时间干支：丙申年辛丑月乙巳日丙戌时（日空寅卯，时空午未）

患者年命：1969己酉年生（1969.12.16 22:00）［实例036b］

患者八字：己酉年丙子月乙丑日丁亥时（日空戌亥，时空午未）

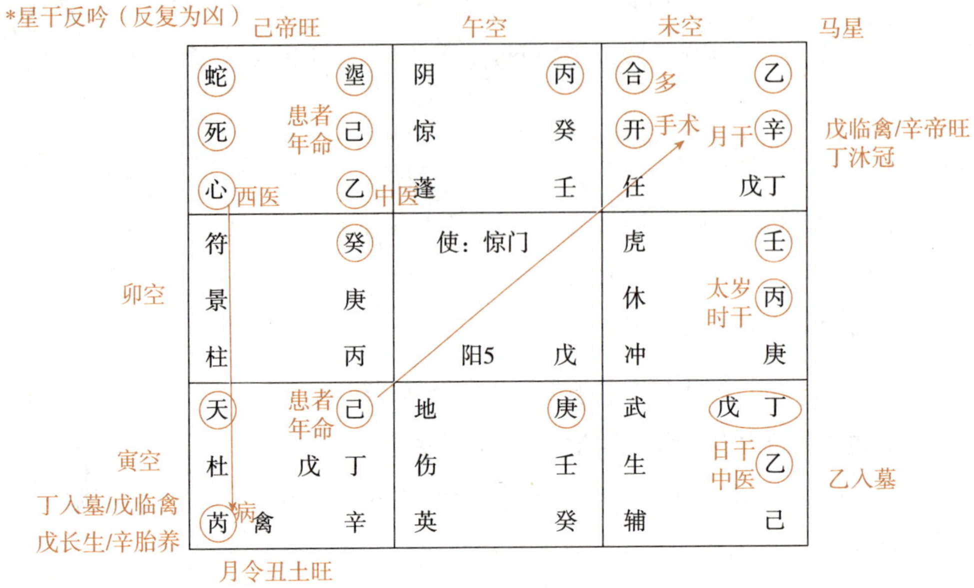

图7.36a ［实例036a］奇门遁甲问事局

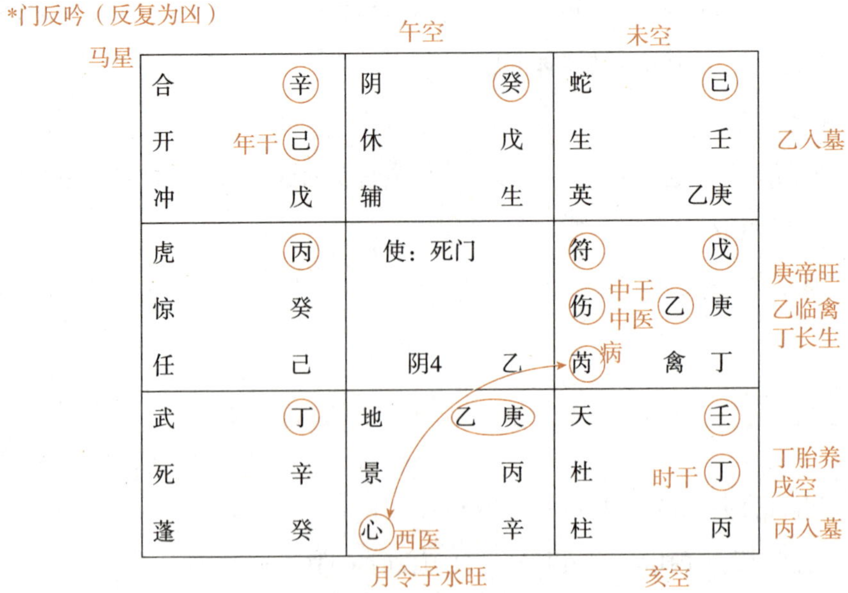

图7.36b ［实例036b］奇门遁甲终身局

问事局的八成信息读取与分析：

1.在图7.36a 中标注问事局的四干、日空、时空，再标注丁入墓、乙入墓（丁入墓被马星冲掉）、马星，发现星干反吟。

2.选择断病的主要参数

（1）病况（天芮星）；（2）患者年命已

（3）西医（天心星）；（4）中医（乙奇）；（5）病事（时干丙）

3.主要分析以上参数的落宫情况及相互关系

天芮病星位艮土宫为旺相，宫内戊处长生之地且临禽为旺、辛处胎养之地、丁入墓、暗干已为患者年命；患者病宫逢空而由对宫坤土宫补充信息，坤土宫内戊处衰病之地、辛处帝旺之地、丁处沐冠之地，宫内有开门为手术之象（未空被冲或填实时）、六合为多种疾病。巽木宫内的天心（西医）克天芮病宫，且天心与患者年命已同宫，西医手术抢救患者。病况应有消化系统（戊土、艮土、坤土）之疾，血阻或血病（丁火遇戊土、辛金），手术可以成功，但病情会有反复。

4.患者的治疗方法

西医（天心）之宫克天芮之坤土宫，西医利患者治疗；天芮病宫生中医（乙奇）之乾金宫，中医可以辅助治疗。

★ 问测者反馈：该患者正在做主动脉瘤手术，大夫告知手术成功。患者有多种疾病，除了主动脉瘤以外，还有冠心病、糖尿病与痛风病。

终身局的八成信息读取与分析：

1.在图7.36b中标注终身局的四干、日空、时空，再标注乙入墓、丙入墓（丙入墓被马星冲掉），发现门反吟。

2.选择断病的主要参数

患者日干乙、时干丁，其他参数与问事局相同。

3.主要分析以上参数的落宫情况及相互关系

天芮病星位兑金宫为旺相，宫内乙临禽为旺、庚处帝旺之地、丁处长生之地，均为旺相；天芮临伤门为凶，临值符为患者有助力。以上表明命主易有肺疾（兑金宫加庚金）、心血管之疾及纤维或风疾（丁火、乙木），临伤门加庚为重大手术之象，临值符为手术成功之象。时干丁位乾金宫，临天柱、杜门为血阻或血瘤。

4.患者的治疗方法

天芮病星与中医（乙奇）同位兑金宫而生西医（天心）之坎水宫，表明中西医均可辅助治疗而难以治愈。

★ 问测者反馈：参见问事局。

[实例037] 群内某学员问测某中老年男性的重病

问测时间：2017年1月19日 19:37

时间干支：丙申年辛丑月丙午日戊戌时（日空寅卯，时空辰巳）

患者年命：1957丁酉年生

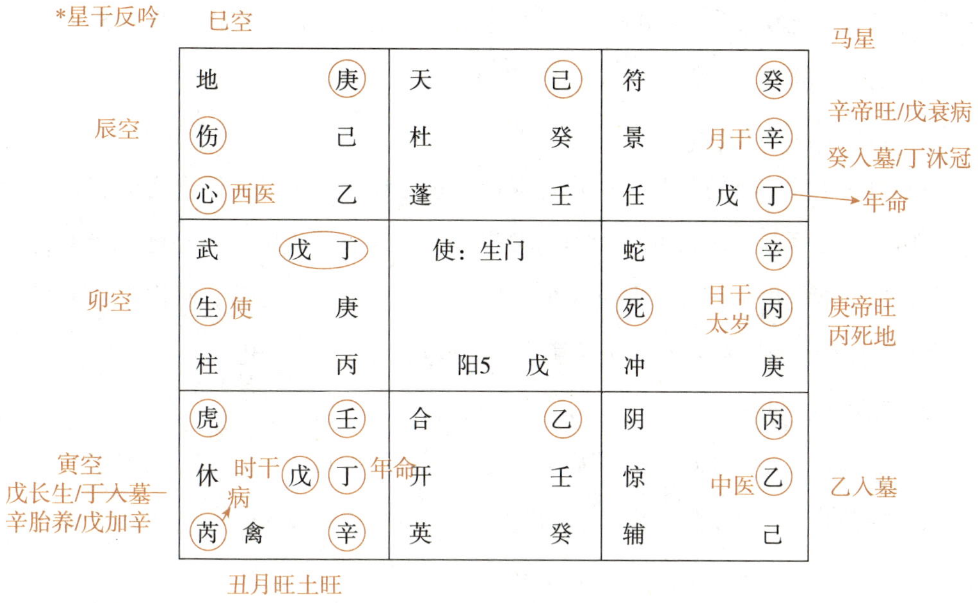

图7.37　［实例037］奇门遁甲局

八成信息读取与分析：

1.在图7.37中标注问事局的四干、日空、时空，再标注丁入墓、乙入墓（丁入墓被马星冲掉），发现星干反吟。

2.选择断病的主要参数

（1）病况（天芮星）；（2）患者年命丁

（3）西医（天心星）；（4）中医（乙奇）；（5）病事（时干戊）

3.主要分析以上参数的落宫情况及相互关系

天芮病星、患者年命丁与时干戊均位艮土宫，信息集中；天芮病星为旺相，宫内戊处长生之地为旺相、辛处胎养之地、丁入墓，故患者易患消化系统之疾（戊土、丑土为旺为消化系统）、心脑血阻（丁火遇戊土、辛金之阻）及肺部之疾（辛金趋旺）。戊加辛为青龙折足，体表可能出现左腿出事（艮土宫的体表为左腿）。

4.患者的治疗方法

西医（天心）之巽木宫虽可克天芮病星之艮土宫，惜西医之宫逢空且天芮病星之土宫旺，故西医已无力治愈患者；天芮病宫生中医（乙奇）之乾金宫，也只能辅助治疗。病是危重的，死讯（死门）位兑金宫，宫内庚处帝旺之地、丙处死地，死讯与肺炎（庚金）、发热（丙火）、相关。

5.命坎应期

当前丑月月令土旺，天芮病星位丑土之宫（即艮土之宫），大凶之兆，丑月为命坎；若熬过丑月，寅月仍处艮土宫仍为命坎。如果熬过丑、寅之月，就可稍延生命至未月、申月对冲病宫而出大凶。

★ 问测者反馈：患者因发热及肺炎入院，2016年2月患者曾患左腿偏瘫，曾有医院按脑梗治疗但无效。现入住的该院诊断患者患脑胶质瘤，当前患者昏迷呈病危之现象，病情重且反复。

2017年1月25日 20:00（丙申年辛丑月壬子日庚戌时）患者去世。

[实例038] 新闻报道：著名导演何群因病去世（61岁）

去世时间：2016年12月31日凌晨3:00

时间干支：丙申年庚子月丁亥日壬寅时（日空午未，时空辰巳）

患者年命：男，1955年乙未年生

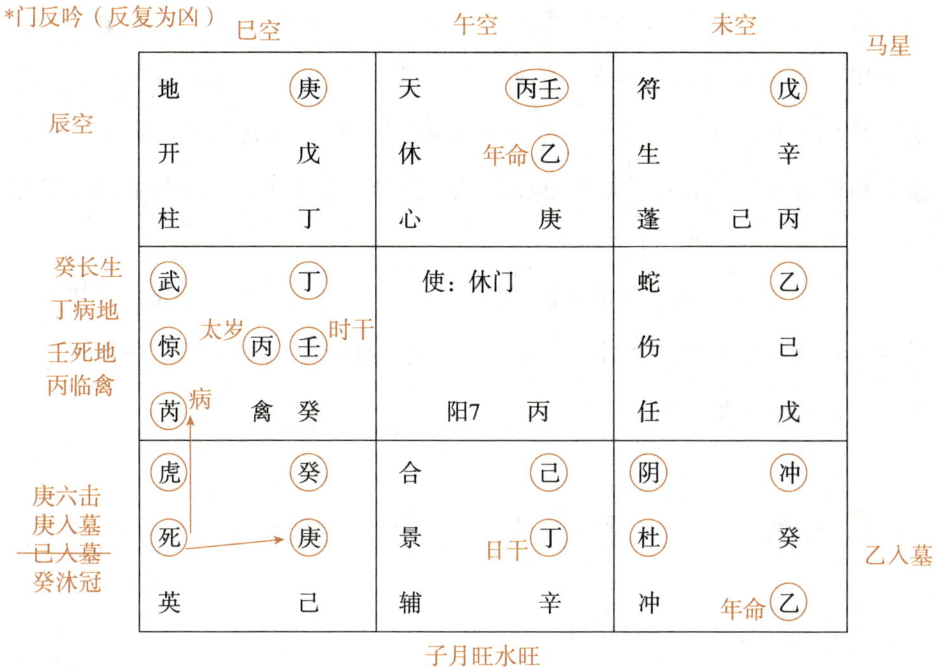

图7.38 ［实例038］奇门遁甲局

八成信息读取与分析：

1.在图7.38中标注死亡局的四干、日空、时空，再标注庚六击、庚入墓、巳入墓、乙入墓（巳入墓被马星冲掉），发现门反吟。

2.选择病亡的主要参数

（1）病况（天芮星）；（2）患者年命乙

（3）死讯（死门）；（4）病亡之事（时干壬）

3.主要分析以上四个主要参数的落宫情况

天芮病星与时干壬同位震木宫，宫内丙临禽为旺、癸处长生之地为旺相、壬处死地、丁处病地，临惊门、玄武之凶，故信息表明患者之病为心血管系统（丙火与丁火主心血管系统，壬水癸水主血液系统）。患者地盘年命乙位乾金宫处入墓而命不吉，临杜门、太阴之凶，乾金宫为肺部与头部之疾。死讯（死门）位艮土宫为旺相，宫内庚六击及白虎猖狂之大凶，庚属金、白虎属金，当最后因肺部与心脑问题引发死亡（西医天心及中医乙奇均不克天芮病宫，中西医无力回天）。

★ 新闻报道： 著名导演何群因肺炎入院，引发心脏衰竭而死亡，其曾以拍戏“较真”而出名，其后期作品《结婚的秘密》与《养父的花样年华》于2014年在央视播出。

［实例039］ 新闻报道：青年演员乔任梁被发现死亡（29岁）

去世时间：2016年9月16日 18:21

时间干支：丙申年丁酉月辛丑日丁酉时（日空辰巳，时空辰巳）

患者年命：男，1987年10月15日生于上海，丁卯年生

八成信息读取与分析：

1.在图7.39中标注死亡局的四干、日空、时空（巳空被马星冲掉而不空），再标注戊六击、辛六击、巳六击，没有发现伏吟、反吟。

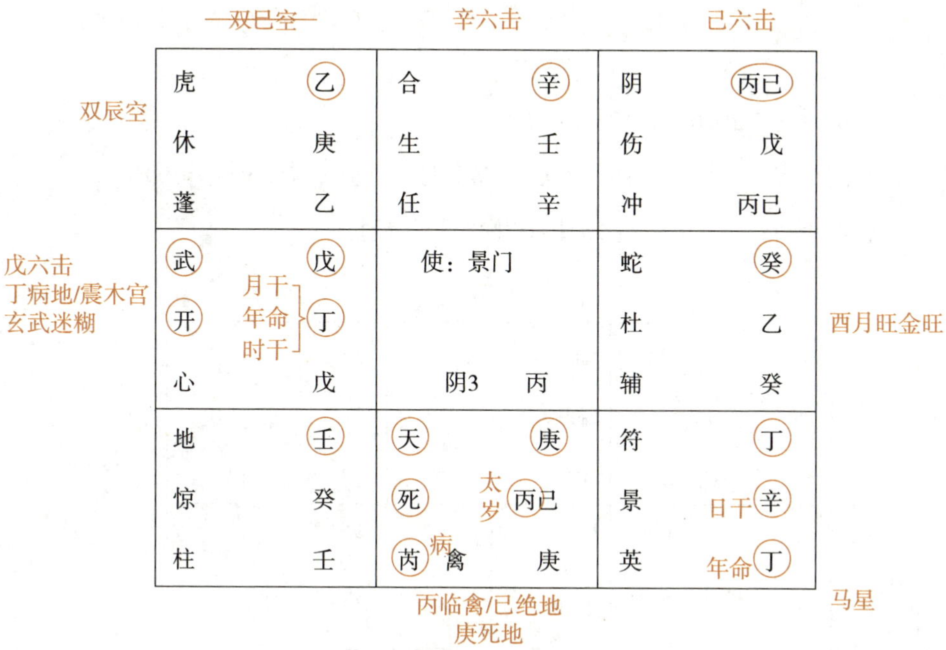

图7.39　［实例039］奇门遁甲局

2.选择病亡的主要参数

（1）病况（天芮星）；（2）患者年命丁

（3）死讯（死门）；（4）病亡之事（时干）；

3.主要分析以上四个主要参数的落宫情况

天芮病星位坎水宫，宫内丙临禽为旺、已处绝地、庚处死地，天芮又临死门、九天（死者升天）之大凶。综合分析，丙火为主疾为头脑部/心血管系统，庚、已均为阻力。患者年命丁与时干丁同位震木宫，丁处病地而命不吉、临六击更为大凶之兆；临玄武为脑神经引发迷糊、抑郁症（丁加木宫为脑神经系统，玄武为自身迷糊或抑郁；临开门有自残之象）（西医天心及中医乙奇均不克天芮病宫，中西医无力回天）。

★ 新闻报道：同事们反映，乔任梁患有抑郁症，身上有自残的迹象，在上海的家中意外死亡。

[实例040] 新闻报道：年轻影视演员徐婷病逝（26岁）

去世时间：2016年9月7日 16:00

时间干支：丙申年丁酉月壬辰日戊申时（日空午未，时空寅卯）

患者年命：女，1990年10月3日生，庚午年生

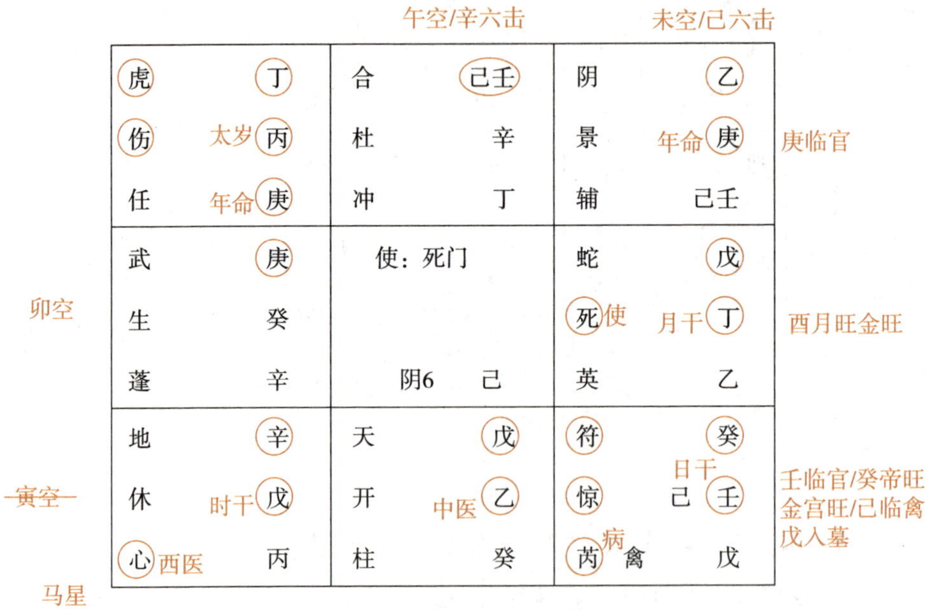

图7.40 [实例040] 奇门遁甲局

八成信息读取与分析：

1.在图7.40中标注死亡局的四干、日空、时空（寅空为马星冲掉而不空），再标注辛六击、己六击、戊入墓，没有发现伏吟、反吟。

2.选择病亡的主要参数

（1）病况（天芮星）；（2）患者年命庚

（3）死讯（死门）；（4）病亡之事（时干戊）；

3.主要分析以上四个主要参数的落宫情况

天芮病星位乾金宫为旺相，宫内壬处临官之地为旺相、癸处帝旺之地、已临禽为旺、戊入墓，易患肺之疾（金宫旺为肺部）、血阻或淋巴阻物（壬水、癸水为血液也为淋巴、已土、戊土为阻物），患者年命庚位坤土宫处临官旺相，利命主但逢六击、逢空而出凶。死门位兑金宫且为值使并临螣蛇而大凶，该宫金旺当与肺疾有关。综合分析，患者易亡于肺疾、血栓或淋巴癌。西医（天心）、中医（乙奇）均不能克天芮病宫，无法治愈患者；患者地盘年命庚位巽木宫，临伤门、白虎之大凶，且又被天芮病宫对冲，生命之大凶。

★ 新闻报道： 年轻演员徐婷死于急性淋巴癌及肺部严重感染，生前为挣钱养家而常熬夜拍戏，不幸过早病逝。

[实例041] 新闻报道：华为高管魏延政英年早逝（41岁）

去世时间：2016年8月8日 22:54

时间干支：丙申年丙申月壬戌日辛亥时（日空子丑，时空寅卯）

患者年命：男，1975年乙卯年生

八成信息读取与分析：

1.在图7.14标注死亡局的四干、日空、时空，再标注庚六击、壬六击、庚入墓、壬入墓（壬入墓被马星冲掉），发现门反吟。

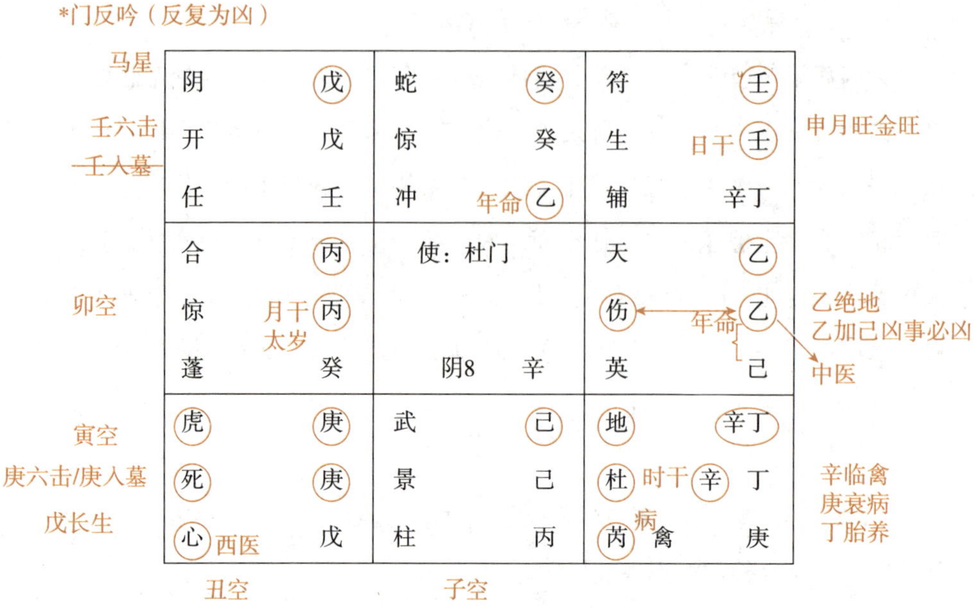

图7.41 ［实例041］奇门遁甲局

2.选择病亡的主要参数

（1）病况（天芮星）；（2）患者年命乙

（3）死讯（死门）；（4）病亡之事（时干辛）；

3.主要分析以上四个主要参数的落宫情况

天芮病星位乾金宫为旺相，宫内辛临禽为旺、丁处胎养之地、庚处衰病之地，临杜门、九地为不吉，门反吟为反复出凶之兆。综合分析，乾金加辛金易成主疾，如在体内则为肺疾，如在体表则为皮肤或右腿及其腿骨，遇庚加九地、杜门易为癌症。年命乙位兑金宫处绝地，命主不吉，又临伤门之凶及乙加已凶事更凶之象，易成重疾。死门位艮土宫，宫内双庚遇六击，易成癌症死亡之大凶，又临白虎旺相，又一凶兆。西医（天心）也在艮土宫，临双庚为手术之象，也在腿骨部，西医（天心）与中医（乙奇）均无力克天芮病宫，命主之疾难以治愈。

★ **新闻报道：**华为高管魏延政于2011年初诊断出右腿无名趾患恶性肿瘤，后截去右腿；经化疗、放疗，未见效果，病情不断变化，终于五年后去世。此事涉及华为，引起社会的高度关注。

[实例042] 新闻报道：著名作家陈忠实病逝（74岁）

去世时间：2016年4月29日　7:40

时间干支：丙申年壬辰月辛巳日壬辰时（日空申酉，时空午未）

患者年命：男，1942年8月壬午年生

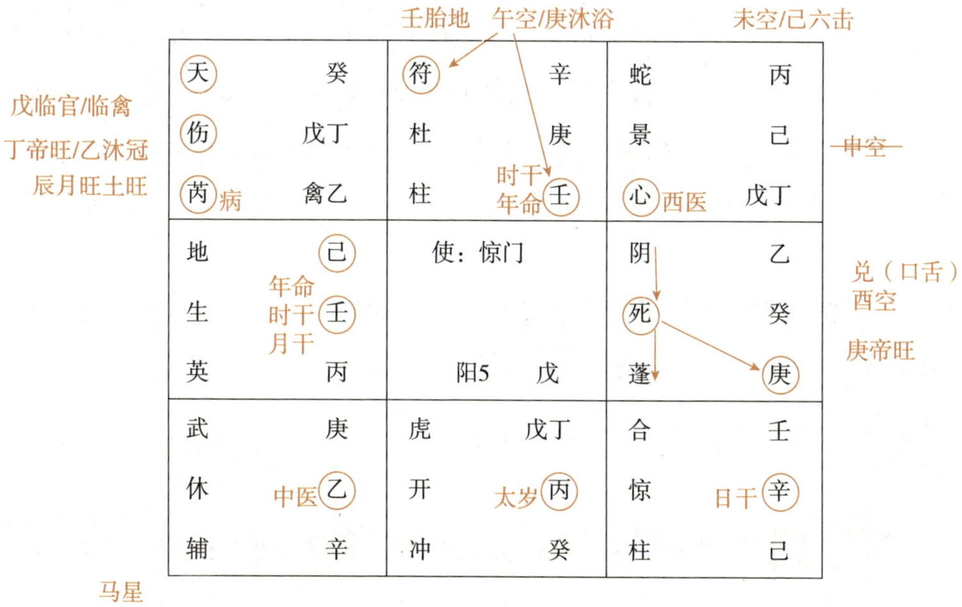

图7.42　[实例042] 奇门遁甲局

八成信息读取与分析：

1.在图7.42中标注死亡局的四干、日空、时空（申空被马星冲掉而不为真空），再标注已六击，没有发现伏吟、反吟。

2.选择病亡的主要参数

（1）病况（天芮星）；（2）患者年命壬

（3）死讯（死门）；（4）病亡之事（时干壬）；

3.主要分析以上四个主要参数的落宫情况

天芮病星位巽木宫，宫内丁处帝旺、戊临官/临禽为旺相、乙处沐冠之地；易患血阻（丁火为心血管，戊为阻力），天芮临伤门为凶。丁火也主舌，舌上火大而凶。患者地盘年命壬、时干壬与值符均位离火宫，三者皆逢午空；古语有云：值符逢空、年命逢空则命不保，乃大凶之兆。死门位兑金宫乃口舌之宫，死门临天蓬、太阴为大凶，庚处帝旺，综合为舌癌或肺癌之兆。天芮病宫均为弱克西医（天心）、中医（乙奇）之宫，患者难以治愈。

★ **新闻报道：**著名作家陈忠实因舌癌于2016年4月29日早晨7:40去世，其作品《白鹿原》为其成名之作，曾获茅盾文学奖；2016年4月30日习近平等中央领导专为其送了花圈。

[实例043] 新闻报道：台湾著名女歌手林良乐因病去世（52岁）

去世时间：2016年3月17日晚21:00后

时间干支：丙申年辛卯月戊戌日癸亥时（日空辰巳，时空子丑）

患者年命：女，1964甲辰年生

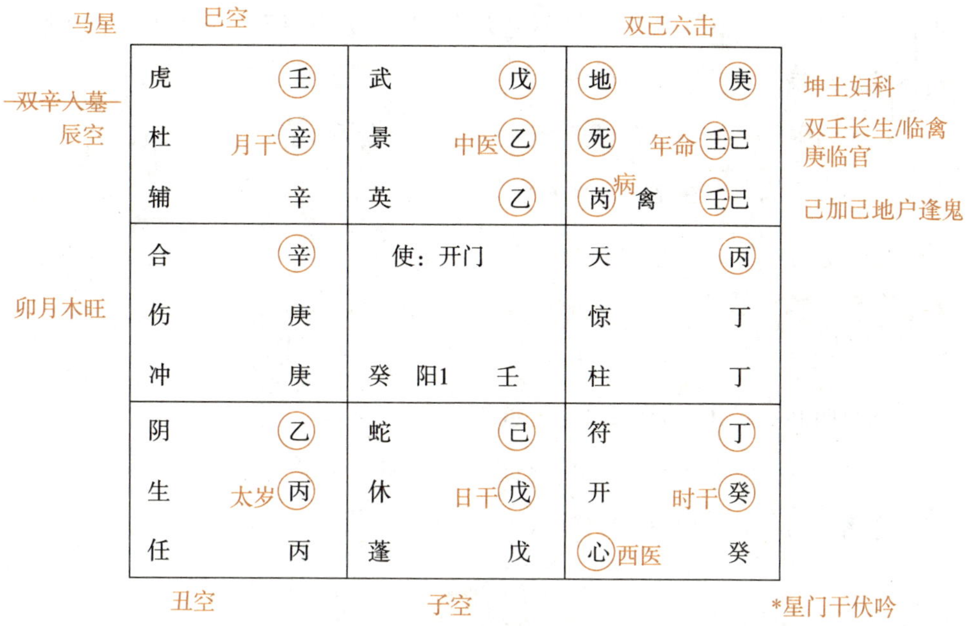

图7.43 ［实例043］奇门遁甲局

八成信息读取与分析：

1.在图7.43中标注死亡局的四干、日空、时空，再标注双已六击、双辛入墓（双辛入墓被马星冲掉），发现星门干伏吟。

2.选择病亡的主要参数

（1）病况（天芮星）；（2）患者年命壬

（3）死讯（死门）；（4）病亡之事（时干癸）

3.主要分析以上四个主要参数的落宫情况

天芮病星、患者年命壬、死讯（死门）均位坤土宫，宫内双已六击、双壬长生而临禽，又天芮星与死门、九地组合为大凶、已加已为地户逢鬼之死亡之兆；故患者水阻（肾阻）、血阻之病（壬水逢已土）危重且难愈易亡。

西医（天心）、中医（乙奇）均不克天芮病宫，无力回天，患者亡于肾或妇科系统之大病。

★ **新闻报道：**台湾著名男性化的女歌手林良乐因肝肾衰竭去世，其个性像男生、爱拼酒，中性化，终身未嫁。

［实例044］ 新闻报道：音乐制作人刘天健因病去世（53岁）

去世时间：2016年3月12日中午11:50

时间干支：丙申年辛卯月癸巳日戊午时（日空午未，时空子丑）

患者年命：男，1963年1月20日壬寅年生

		丙帝旺 午空/己临官	未空	马星
癸六击	符 戊 景 日干 癸 英 戊	蛇 癸 太岁 死 己 丙 芮 病 禽 癸	阴 己丙 惊 月干 辛 柱 己丙	己六击
戊六击 卯月旺木旺	天 乙 杜 时干 戊 辅 乙	使：景门 阳4 己	合 庚 开 庚 心 西医 辛	
	地 壬 伤 中医 乙 冲 年命 壬	武 丁 生 年命 壬 任 丁	虎 庚 休 丁 蓬 庚	
	丑空	子空		

图7.44 ［实例044］奇门遁甲局

八成信息读取与分析：

1.在图7.44中标注死亡局的四干、日空、时空（未空被马星冲掉而不为真空），再标注戊六击、癸六击、已六击，没有发现伏吟、反吟。

2.选择断病的主要参数

（1）病况（天芮星）；（2）患者年命壬

（3）死讯（死门）；（4）病亡之事（时干戊）

3.主要分析以上四个主要参数的落宫情况

天芮病星位离火宫，宫内丙处帝旺之地、已处临官之地、癸处绝地，天芮加死门、螣蛇以及已加癸均为病重而亡之兆。病在头脑、心脏之心脑血管系统（离火宫、丙火、癸水加已土）。地盘年命壬临伤门、九地之凶且年命逢空也作凶；西医（天心）、中医（乙奇）均不克天芮病宫，患者之病无法治愈，病重而亡。

★ 新闻报道：著名音乐制作人刘天健因心脏病去世，极安详地离开了我们，其曾担任过索尼、华纳唱片总经理，制作过上百张专辑。

［实例045］ 新闻报道：香港艺人卢大伟因病去世（71岁）

去世时间：2016年3月4日早晨 6:49

时间干支：丙申年庚寅月乙酉日已卯时（日空午未，时空申酉）

患者年命：男，1945年6月12日乙酉年生

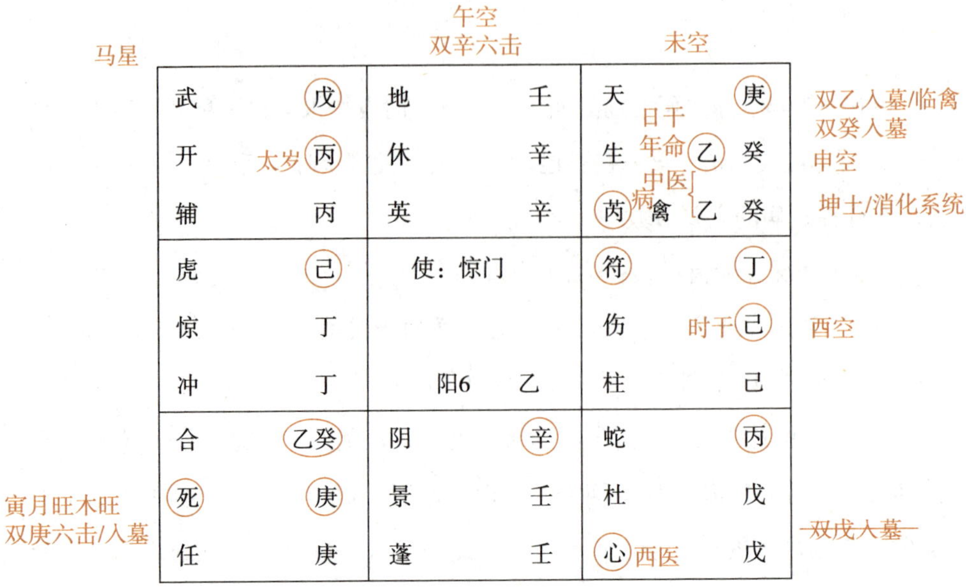

图7.45 ［实例045］奇门遁甲局

八成信息读取与分析：

1.在图7.45中标注死亡局的四干、日空、时空，再标注双庚六击、双辛六击、双庚入墓、双乙入墓、双癸入墓、双戊入墓（双戊入墓被马星冲掉），发现星干伏吟、门反吟。

2.选择病亡的主要参数

（1）病况（天芮星）；（2）患者年命乙

（3）死讯（死门）；（4）病亡之事（时干已）；

3.主要分析以上四个主要参数的落宫情况

天芮病星、患者年命乙均位坤土宫为土凶，宫内乙临禽为旺、癸入墓，年命乙在该宫逢未空、申空，加上值符在兑金宫逢酉空，乃患者之大凶兆。患者易患消化系统管道之疾（坤土宫主消化，乙木主管道），易成癌症（暗干庚处临官之旺相为肿瘤）；又西医（天心）、中医（乙奇）均不克天芮病宫，消化道癌症无法治愈而死亡。

★ **新闻报道：**香港名艺人卢大伟因肠癌去世，两日后香港无线电视播放特备节目《别了Gag王卢大伟》。

［实例046］ 新闻报道：香港影星冯克安因病去世（66岁）

去世时间：2016年3月2日早晨6:00多

时间干支：丙申年庚寅月癸未日乙卯时（日空申酉，时空子丑）

患者年命：男，1950庚寅年生

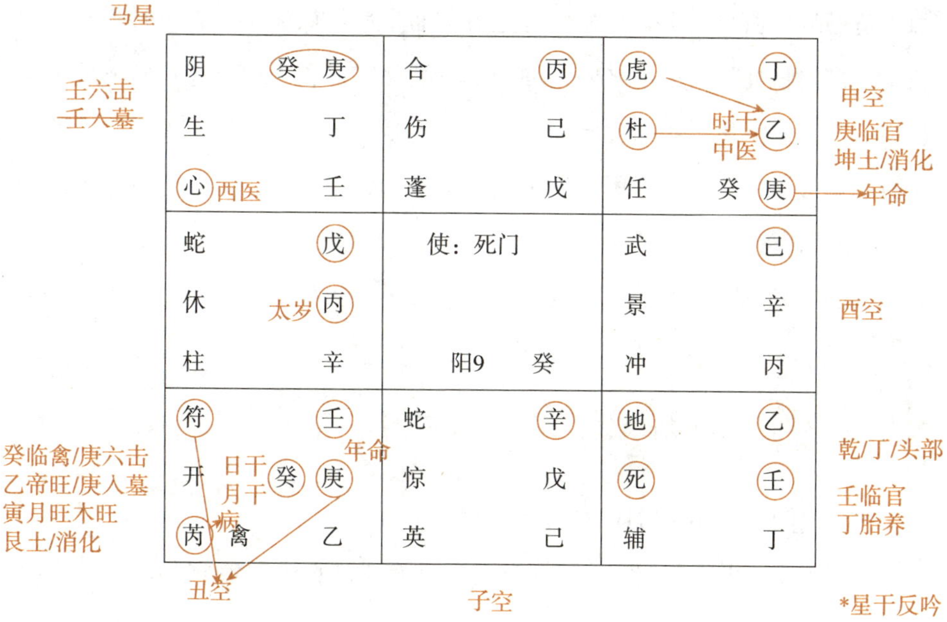

图7.46 ［实例046］奇门遁甲局

八成信息读取与分析：

1.在图7.46中标注死亡局的四干、日空、时空，再标注庚六击、壬六击、庚入墓、壬入墓（壬入墓被马星冲掉），发现星干反吟。

2.选择病亡的主要参数

（1）病况（天芮星）；（2）患者年命庚

（3）死讯（死门）；（4）病亡之事（时干乙）

3.主要分析以上四个主要参数的落宫情况

天芮病星、患者年命庚与值符均位艮土宫，天芮病星为旺相、年命庚遇六击、值符旺相而逢空，宫内癸为沐冠而临禽之旺，均为病重之兆。病在土行消化系统、乙为消化道、庚为癌症之兆、癸为水系统有疾；综合之，乃消化道癌症，值符、患者年命庚皆逢丑空而生命不保之象。病事时干乙位坤土宫，宫内临杜门、白虎之凶，坤为土行消化宫、乙为消化道且坐下患者地盘年命庚，故消化系统癌症已为时不短，也是大凶之兆。西医（天心）处死地而空克天芮病宫，且西医遇六击而难有作为，中医（乙奇）也不克天芮病宫，治愈无望。

★ **新闻报道：**香港著名影星冯克安因食道癌去世。

［实例047］ 新闻报道：延边小童星全敏宇因病去世（12岁）

去世时间：2016年2月9日凌晨零点后

时间干支：丙申年庚寅月辛酉日戊子时（日空子丑，时空午未）

患者年命：男，2004甲申年生

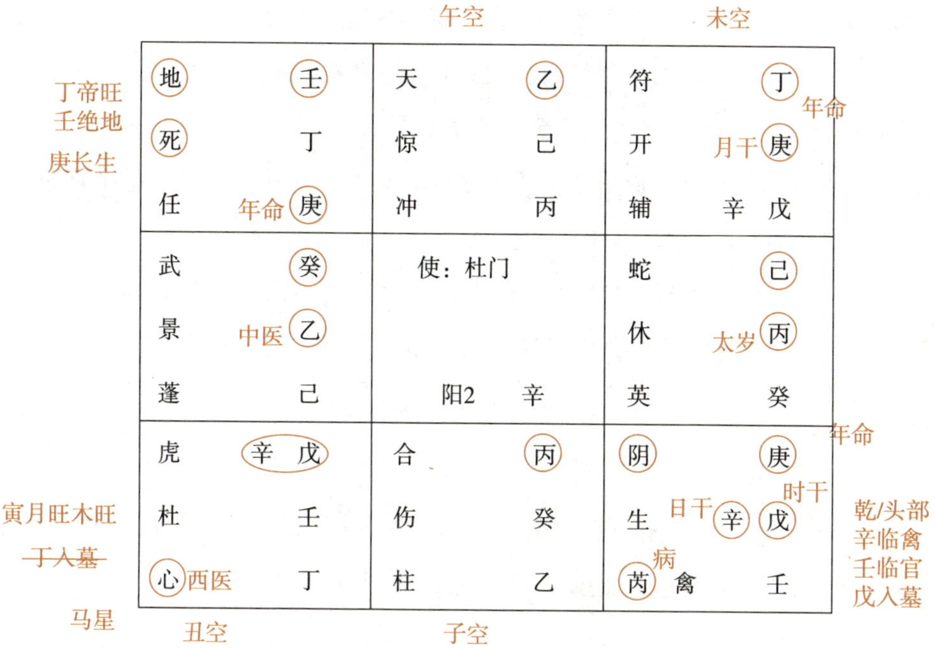

图7.47　［实例047］奇门遁甲局

八成信息读取与分析：

1.在图7.47中标注死亡局的四干、日空、时空，再标注丁入墓、戊入墓（丁入墓被马星冲掉），没有发现伏吟、反吟。

2.选择病亡的主要参数

（1）病况（天芮星）；（2）患者年命庚

（3）死讯（死门）；（4）病亡之事（时干戊）；

3.主要分析以上四个主要参数的落宫情况

天芮病星、暗干年命庚、时干戊均位乾金宫，宫内天芮病星为旺相，辛临禽、壬临官也为旺相，戊为入墓，临生门为吉但临太阴出凶；综合分析，患者头脑部血阻（乾宫为头脑部，壬水为血，辛金、戊土为阻），易患头脑部肿瘤且为胶质（壬水之作用）。死门位巽木宫，地盘患者年命庚同宫，死门临九地为大凶；宫内丁处帝旺、庚处长生、壬处绝地；综合之，也为心脑部位有肿物（丁火、壬水遇庚金）而大凶致死。西医（天心）、中医（乙奇）均不克天芮病宫，此男孩患不治之症而病亡。此外，天芮之乾金宫对冲患者地盘年命庚之巽木宫，也是病亡之兆。

★ 新闻报道：小童星全敏宇于2014年（10岁）患脑瘤，赴韩接受治疗，未手术只放疗，但不见病情好转，终于在2016年2月9日因脑胶质瘤不治而亡。

[实例048] 新闻报道：台湾演员孟庭丽于2016年1月26日因昏迷休克送院抢救（后续报道2月5日18:41死亡）（50岁）

病发时间：2016年1月26日下午13:00后

时间干支：乙未年己丑月丁未日丁未时（日空寅卯，时空寅卯）

患者生辰：1966年4月18日

生辰干支：丙午年壬辰月丁未时，年命为丙

八成信息读取与分析：

1.在图7.48中标注病发局的四干、日空、时空，再标注庚六击、辛六击、庚入墓、乙入墓、癸入墓、戊入墓（其中乾宫之乙入墓被马星冲掉），没有发现伏吟、反吟。

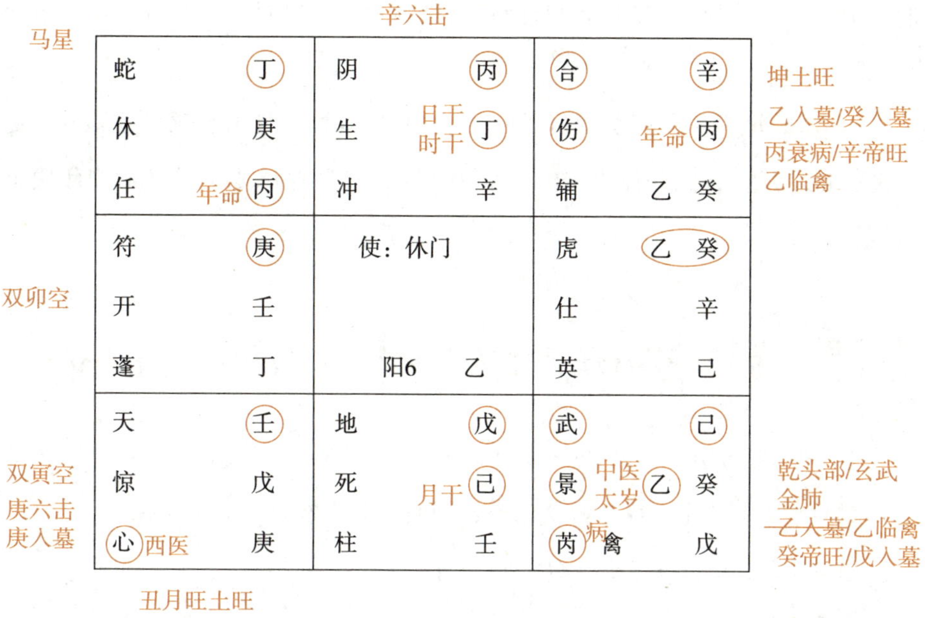

图7.48 ［实例048］奇门遁甲局

2.选择断病的主要参数

（1）病况（天芮星）；（2）患者年命丙

（3）西医（天心星）；（4）中医（乙奇）；（5）病事（时干丁）

3.主要分析以上参数的落宫情况及相互关系

天芮病星位乾金宫为旺相，该宫金旺、乙临禽为旺、癸处帝旺、戊入墓，临玄武之不吉、临景门之热症；综合分析，命主发热（景门之热）、肺炎（乾金宫旺主肺部）、晕眩（乾为头部、玄武为晕眩）、血阻（癸水为旺为血，遇戊土）。天芮星之乾金宫对冲命主地盘年命丙之巽木宫，大凶之兆。

4.患者的治疗方法

西医（天心）之宫生天芮病宫，中医（乙奇）与天芮病星同宫，均为辅助治疗，难以治愈患者；当辰、巳冲动天芮病宫时或戊、亥填实天芮病宫时，命主生命难保（如2016年2月4日辰日、2月5日巳日等，时日恰逢交节变动之时）。

★ 新闻报道：台湾女演员孟庭丽于2016年1月26日由流感导致肺炎，仍坚持拍摄新片，昏倒并休克送医，于2016年2月5日晚18:41死亡（丙申年庚寅月丁巳日死亡）。

[实例049] 新闻报道：香港著名演员邝佐辉因病去世（59岁）

去世时间：2015年12月20日下午17:00

时间干支：乙未年戊子月庚午日乙酉时（日空戌亥，时空午未）

患者年命：男，生于1956年7月11日丙申年

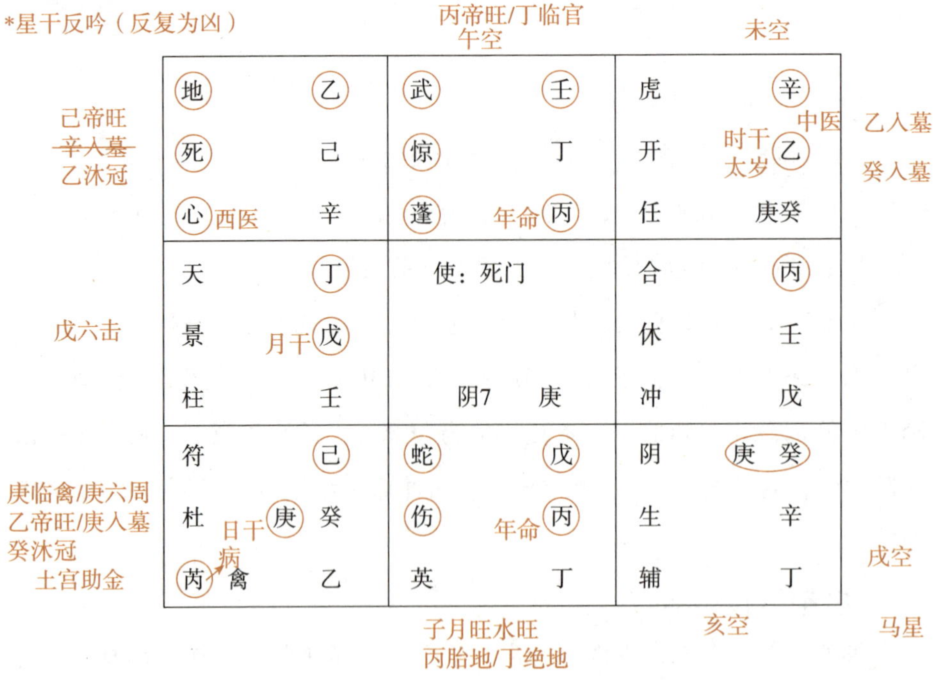

图7.49 [实例049] 奇门遁甲局

八成信息读取与分析：

1.在图7.49中标注死亡局的四干、日空、时空，再标注庚六击、庚入墓、辛入墓、乙入墓、癸入墓（辛入墓被马星冲掉），发现星干反吟。

2.选择病亡的主要参数

（1）病况（天芮星）；（2）患者年命丙

（3）死讯（死门）；（4）病亡之事（时干乙）；

3.主要分析以上四个主要参数的落宫情况

天芮病星位艮土宫为旺相，宫内乙处帝旺之地、庚临禽为旺、癸处沐冠之地，土宫助金；患者天盘年命丙位坎水宫，临伤门、螣蛇之凶，丙、丁为心血管系统，也为小肠；患者地盘年命丙位离火宫处帝旺而逢空，临天蓬、惊门、玄武之凶，也存在丙丁火引发之病。天芮病宫克患者天盘年命丙之落宫，为大凶之兆；时干乙逢空且入墓、也为凶兆。综合上述信息可知，患者易患消化道（如小肠）之癌症（艮土、丙丁火、庚金）及肝脏之疾（乙木）；西医（天心）之巽木宫本可克天芮病星之艮土宫，惜西医临死门、九地及已加辛游魂入墓之凶而无力回天，而中医（乙奇）不克天芮病宫，也无法治愈患者。

★ 新闻报道：香港著名演员邝佐辉因肠癌不治而去世，其曾在2012年6月被证实患上肠癌第四期，癌细胞扩散至肝脏；于2014年9月实施手术，但不敌病魔于2015年12月20日病逝。邝佐辉曾育有三名女儿，于2013年与比他年轻19岁的内地女子再婚，惜病发而后亡故。

［实例050］　新闻报道：著名主持人方静病逝（44岁）

去世时间：2015年11月18日上午10:26

时间干支：乙未年丁亥月戊戌日丁巳时（日空辰巳，时空子丑）

患者年命：女，1971年6月辛亥年生

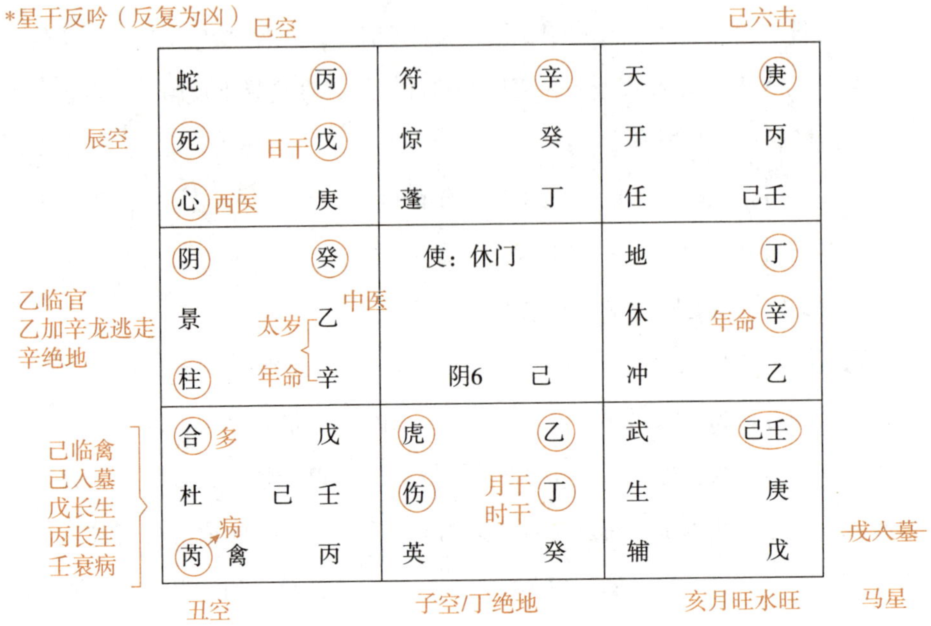

图7.50 ［实例050］奇门遁甲局

八成信息读取与分析：

1.在图7.50中标注死亡局的四干、日空、时空，再标注已六击、已入墓、戊入墓（戊入墓被马星冲掉），发现星干反吟。

2.选择病亡的主要参数

（1）病况（天芮星）；（2）患者年命辛

（3）死讯（死门）；（4）病亡之事（时干丁）；

3.主要分析以上四个主要参数的落宫情况

天芮病星位艮土宫为旺相，宫内临六合为有多种疾病，戊处长生之地为旺相、已临禽为旺、丙处长生之地为旺相、壬处衰病之地，患者易患土行之疾（艮土、戊土、已土）即脾胃/消化系统之疾及血阻（丙火为心血管、壬水为血液、戊土、已土为阻物）。患者地盘年命辛位震木宫，年命辛处绝地而不吉，临天柱、太阴之凶兆，又乙加辛为龙逃走之凶兆；乙为临官为旺相，患者也易患木行（肝胆）之疾。死门位巽木宫逢双空，空被冲或填实时，死门发凶，即戊戌日冲辰、丁巳时填巳，双空消失，死门为实为大凶。时干丁位坎水宫而处绝地，临伤门、白虎之凶。总之患者易患脾胃及肝胆之疾，逢戌辰、亥巳、丑未时为大凶，因为病宫落实、死门落实。

*** 新闻报道：**著名主持人方静因胃癌，并发肝癌而死，在台湾病逝。

［实例051］新闻报道："年画娃娃"童星邓鸣贺因病发作而去世（9岁）

去世时间：2015年4月28日戌时

时间干支：乙未年庚辰月甲戌日甲戌时（日空申酉，时空申酉）

患者年命：男，2006年6月8日丙戌年生

*星门干伏吟，天显时格　　坤土旺　　马星

双癸六击　辰月旺土旺

天　戊（圈） 杜　癸 辅　癸	符　癸（圈） 景　己（日干） 英　己（时干）	蛇（圈）　丙（圈） 死（圈）　丁辛 芮（圈）病 禽　丁辛
地　乙（圈） 伤　壬 冲　壬	使：景门 己　阳8　丁	阴　辛（圈） 惊　太岁 中医　乙（圈） 柱　乙
武　壬（圈） 生　戊 任　戊	虎　丁（圈） 休　月干　庚（圈） 蓬　庚	合　庚（圈） 开　丙（圈）（年命） 心（圈）西医　丙（年命）

双丁临禽　双辛帝旺　~~双申空~~　双酉空　双丙入墓

图7.51　［实例051］奇门遁甲局

八成信息读取与分析：

1.在图7.51中标注死亡局的四干、日空、时空（双申空被马星冲掉而不为真空），再标注双癸六击、双丙入墓，发现星门干伏吟，天显时格（甲戌时）。

2.选择病亡的主要参数

（1）病况（天芮星）；（2）患者年命丙

（3）死讯（死门）；（4）病亡之事（时干已）

3.主要分析以上四个主要参数的落宫情况

天芮病星与死门同位坤土宫为旺相，暗干年命丙也位坤土宫却为衰病，宫内又临螣蛇，大凶死亡之兆；宫内双丁临禽为旺、双辛处帝旺。信息表明，患者易患血阻（双丁主心血管，双辛主阻力），也易患肺疾（双辛主肺部）或消化系统之疾（坤土主消化系统），而使年幼者死亡的话可能是白血病即血癌。患者天地盘年命双丙位乾金宫而入墓为不吉之象，天地盘时干已位离火宫而已加已为地户逢鬼死亡之兆，天显时格于人之生死几无助也。

★ 新闻报道：“年画娃娃”邓鸣贺于2013年2月患上白血病接受化疗，2015年4月28日因白血病发作不幸死亡。

［实例052］ 新闻报道：香港女明星王敏明因淋巴癌去世（50岁）

去世时间：2015年4月7日晚18:30

时间干支：乙未年庚辰月癸丑日辛酉时（日空寅卯，时空子丑）

患者年命：女，1965年9月14日乙巳年生

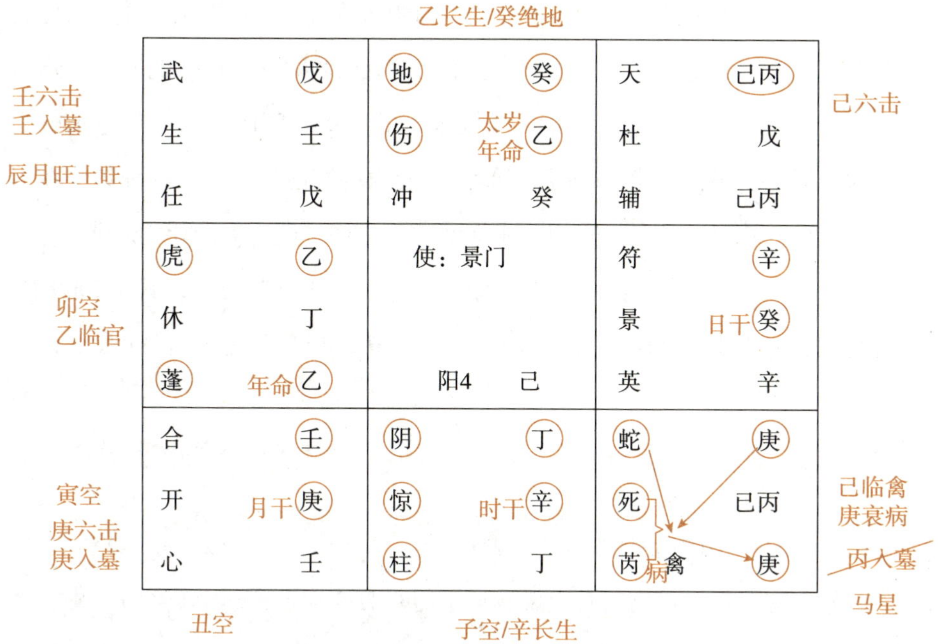

图7.52　[实例052] 奇门遁甲局

八成信息读取与分析：

1.在图7.52中标注死亡局的四干、日空、时空，再标注庚六击、壬六击、已六击、庚入墓、壬入墓、丙入墓（丙入墓被马星冲掉），没有发现伏吟、反吟。

2.选择病亡的主要参数

（1）病况（天芮星）；（2）患者年命乙

（3）死讯（死门）；（4）病亡之事（时干辛）；

3.主要分析以上四个主要参数的落宫情况

天芮病星与死门同位乾金宫，天芮为旺相，宫内已临禽也为旺相，临双庚处衰病之地，马星在宫内促动；综合分析，表明患者易患癌症（天芮、死门、螣蛇加双庚），病在土金五行即消化系统与呼吸系统。天盘年命乙位离火宫为长生，命主生命力为强，惜临伤门、九地而受挫；地盘年命乙位震木宫，乙处临官之地为旺相，也表明命主生命力曾为强，惜宫内临天蓬、白虎之凶而受挫，且年命逢空不吉。时干辛位坎水宫处长生之地，时干为旺相，惜宫内天柱、惊门、太阴为大凶之兆，即坎水宫的病事旺而凶，命主易患水行之疾（即肾/泌尿系统或淋巴系统之疾），很大的可能性是淋巴癌细胞集中在消化道与呼吸道周围。月令辰旺冲动戌支即死门之地，此乃大凶死亡之兆。

★ 新闻报道：香港明星王敏明曾为武打演员兼舞蹈演员，其于2009年3月证实患上第四期淋巴癌，而于2015年4月7日因淋巴癌复发不治身亡。

[实例053] 新闻报道：著名相声演员笑林因病去世（59岁）

去世时间：2015年3月23日凌晨2:00

时间干支：乙未年己卯月戊戌日癸丑时（日空辰巳，时空寅卯）

患者年命：男，1956年2月2日乙未年生

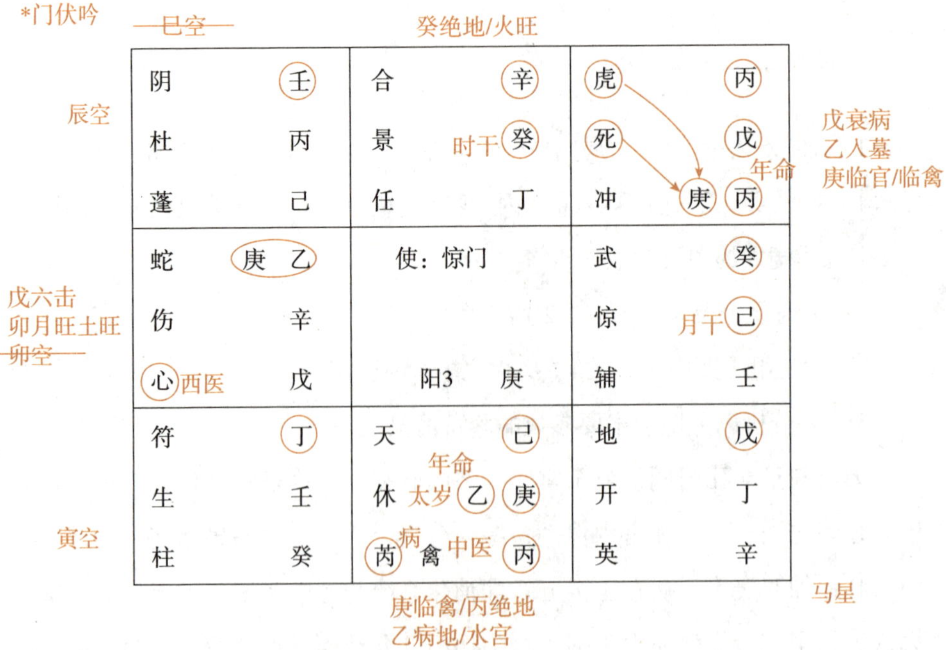

图7.53 [实例053] 奇门遁甲局

八成信息读取与分析：

1.在图7.53中标注死亡局的四干、日空、时空（卯月旺，卯空不为真空；巳空被马星冲掉），再标注戊六击、乙入墓，发现门伏吟。

2.选择病亡的主要参数

（1）病况（天芮星）；（2）患者年命乙

（3）死讯（死门）；（4）病亡之事（时干癸）

3.主要分析以上四个参数的落宫情况

天芮病星位坎水宫，年命乙、太岁乙、中医乙也在坎水宫，信息较为集中，宫内庚临禽、乙处病地、丙处绝地；综合分析，患者易患金水之疾，尤其为水之疾（金生水），即血液、肾/泌尿系统之疾。死门位坤土宫伏吟为旺相，且患者地盘年命乙与死门同宫，又死门临白虎、庚金之凶，当有癌症致死的可能（天芮加白虎加庚金）。时干癸位离火宫处绝地，时干为不吉；该宫火旺（因木旺生火宫旺），又癸加丁为螣蛇夭矫之凶，故又为血液重疾。以上表明，患者主要患血疾，且为癌症。西医（天心）、中医（乙奇）之宫不克天芮病宫，无法治愈患者；且患者年命乙未、太岁乙未大大加强未土之力，且丑时冲未，故死门大旺而动使患者死亡也。

★ 新闻报道：笑林为相声大师马季的弟子，曾被评为“德艺双馨”的艺术家；数月前笑林脸部肿胀入院，后于2015年3月23日凌晨2:00因白血病（血癌）去世。

［实例054］ 新闻报道：歌星姚贝娜因病去世（34岁）

去世时间：2015年1月16日下午16:55

时间干支：甲午年丁丑月壬辰日戊申时（日空午未，时空寅卯）

患者年命：女，1981年9月26日生于武汉，辛酉年生

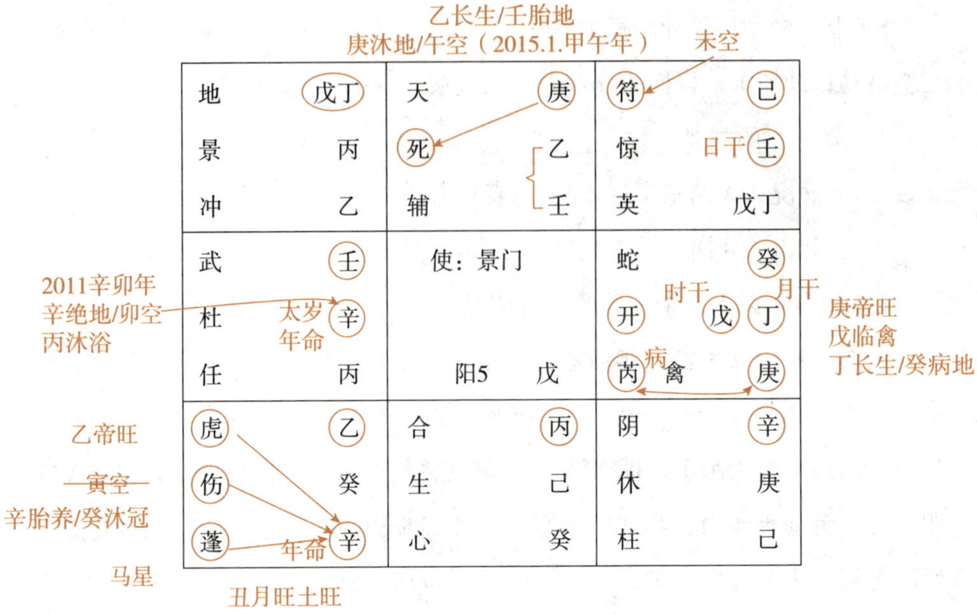

图7.54 ［实例054］奇门遁甲局

八成信息读取与分析：

1.在图7.54中标注死亡局的四干、日空、时空（寅空被马星冲掉而不为真空），没有发现伏吟、反吟。

2.选择病亡的主要参数

（1）病况（天芮星）；（2）患者年命辛

（3）死讯（死门）；（4）病亡之事（时干戊）

3.主要分析以上四个主要参数的落宫情况

天芮病星位兑金宫为旺，时干戊也位该宫临禽也为旺，庚处帝旺、丁处长生均为旺，癸处病地，临螣蛇纠缠之凶；信息表明，患者易患肺疾

（庚帝旺、位兑金宫、主肺部），也易患乳腺之疾（丁长生为旺相，癸水为病地，丁主乳房、癸主乳汁），且二者临庚金与螣蛇为癌症之兆。宫内开门（开刀）加地盘庚金（手术刀具）表示极有可能过去做过大手术。患者年命地盘辛位艮土宫处胎养之地，癸处沐冠之地，暗干乙处帝旺之地，宫内天蓬、伤门、白虎逞大凶，伤门加辛又为手术之象，年命辛属地盘表明过去做过大手术。死门位离火宫为旺相，宫内乙处长生之地，壬处养地且庚（暗干）处沐冠之地，死门加九天为凶兆，故患乳腺癌（癸水、乙木加庚金逢凶时为乳腺癌）；该宫又为头脑部、庚金又主肺部，故乳腺癌转移至头脑部与肺部而去世。离火宫又为甲午年，午火旺死门旺而患者大凶应时而亡。

★ 新闻报道：著名歌星姚贝娜曾于2011年发现患乳腺癌，实施乳房切除、再造手术，并化疗医治，在2014年12月发现癌细胞转移到脑部与肺部，终在2015年1月16日下午病逝于深圳，临终前做出捐献眼角膜的决定。她曾于两天后（1月18日）被授予“中国年度最具人气歌手”奖杯，并在2015年4月9日被国际天文学联合会以其名命名第41981号小行星为“姚贝娜星”。

[实例055] 新闻报道：香港影星司马燕因病去世（52岁）

去世时间：2015年1月10日凌晨寅时

时间干支：甲午年丁丑月丙戌日庚寅时（日空午未、时空午未）

患者年命：女，1963癸卯年生

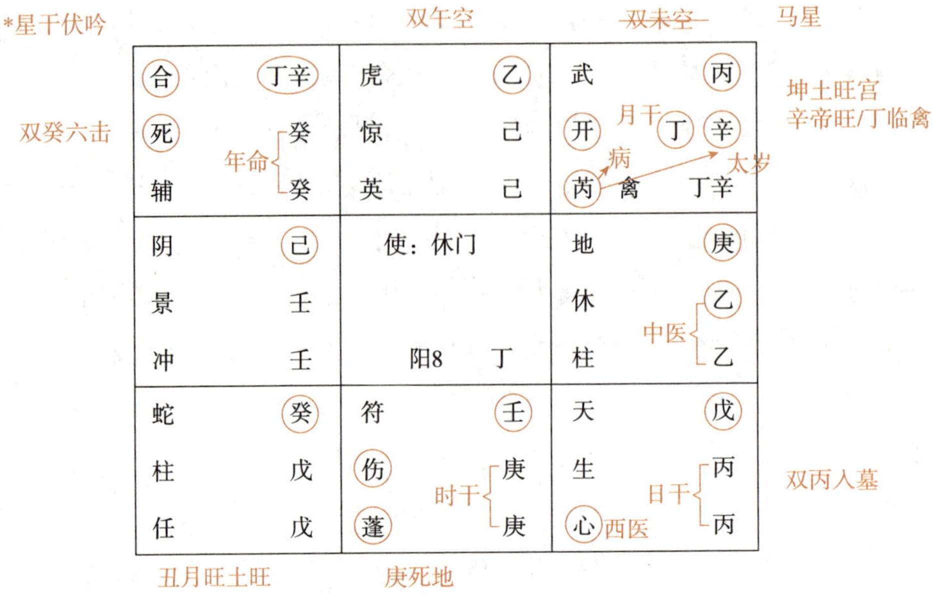

图7.55 ［实例055］奇门遁甲局

八成信息读取与分析：

1.在图7.55中标注死亡局的四干、日空、时空（双未空被马星冲掉而不为真空），再标注双癸六击、双丙入墓，发现星干伏吟。

2.选择病亡的主要参数

（1）病况（天芮星）；（2）患者年命癸

（3）死讯（死门）；（4）病亡之事（时干庚）；

3.主要分析以上四个主要参数的落宫情况

天芮病星位坤土宫为旺相、宫内辛处帝旺、丁临禽为旺相，宫内天芮临开门（开刀）、临双辛（手术刀具）主手术且多次之象。综合分析，患者易患脾胃之疾（坤土旺、主脾胃）及妇科之疾（坤土宫，为妇科宫），且至少两次手术（开门主开刀，双辛主两次动用手术刀具）。患者年命癸与死门同位巽木宫，双癸年命遇六击之凶，临六合易亡于多种疾病，双癸尤其表示女性阴部与肾之疾，时干庚金位坎水宫处死地，临天蓬、伤门之大凶，又伤门加庚金又为手术之象，坎水宫加暗干壬水帝旺，更实显病亡之事涉妇科及肾之疾。

★ 新闻报道： 香港影星司马燕于2012年10月被确诊患胃癌，实施整个胃部切除手术，后经多次化疗。在2014年3月后，发现其又患尿管闭塞、膀胱之疾及肾之疾，再次实施手术；后病情恶化，终于2015年1月10日病逝。据了解，其有家族遗传病史。

［实例056］ 新闻报道：著名导演袁牧女因病去世（57岁）

去世时间：2014年2月22日早晨7:58

时间干支：甲午年丙寅月甲子日戊辰时（日空戌亥，时空戌亥）

患者年命：女，1957生于宁波，丁酉年生

*星干伏吟

戊帝旺/离火旺

双壬六击

双壬入墓

丙衰病

~~双癸入墓~~

双庚临官

天 戊 景 壬 辅 壬	符 癸庚 死 日干 戊 英 时干 戊	蛇 丙 惊 癸庚 芮 病 禽 癸庚
地 壬 杜 太岁 辛 冲 辛	使：景门 阳9 癸	阴 丁 开 月干 丙 柱 丙
武 辛 伤 中医 乙 任 乙	虎 乙 生 己 蓬 己	合 己 休 年命 丁 心 西医 丁

寅月旺木旺

马星

双戌空

丁胎养

双亥空

图7.56 ［实例056］奇门遁甲局

八成信息读取与分析：

1.在图7.56中标注死亡局的四干、日空、时空，再标注双壬六击、双壬入墓、双癸入墓（双癸入墓被马星冲掉），发现星干伏吟。

2.选择病亡的主要参数

（1）病况（天芮星）；（2）患者年命丁

（3）死讯（死门）；（4）病亡之事（时干戊）；

3.主要分析以上四个主要参数的落宫情况

天芮病星位坤土宫为旺相，宫内双庚处临官为旺相而双癸入墓被冲、暗干丙处衰地，天芮病星临惊门（突发）、螣蛇（纠缠）之凶。据此，患者易患肺之疾（双庚为旺相、主肺部）、心血之阻（丙火主心血管、双庚主大阻力）。患者年命双丁位兑金宫，宫内参数为吉，惜逢双戌空、双亥空而不落实。死门与时干戊同位离火旺宫而为旺相，戊又为帝旺，故患者极易患心血大阻之疾，如心脑病等。西医（天心）、中医（乙奇）之宫均不克天芮病宫，故急病难以抢救治愈。

★ 新闻报道：著名女导演袁牧女系原著名导演袁牧之与昆曲演员朱世藕所生长女，袁牧女擅拍古装电视剧，曾多次获大奖，其父袁牧之曾是当年家喻户晓的电影《马路天使》之导演。

袁牧女因心源性心脏病猝发于2014年2月22日去世。

［实例057］ 新闻报道：著名导演路学长因病去世（50岁）

去世时间：2014年2月20日下午申时

时间干支：甲午年丙寅月壬戌日戊申时（日空子丑，时空寅卯）

患者年命：男，生于1964年6月25日、北京，甲辰年生

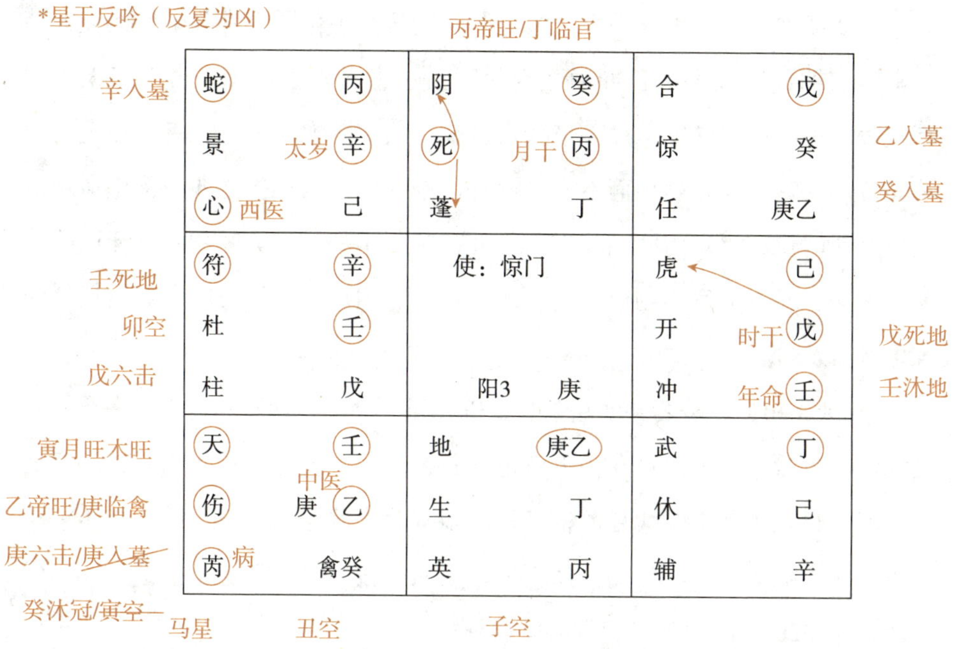

图7.57　［实例057］奇门遁甲局

八成信息读取与分析：

1.在图7.57中标注死亡局的四干、日空、时空（寅月旺寅空不为空），再标注庚六击、庚入墓、辛入墓、乙入墓、癸入墓（庚入墓被马星冲掉），发现星干反吟。

2.选择病亡的主要参数

（1）病况（天芮星）；（2）患者年命壬

（3）死讯（死门）；（4）病亡之事（时干戊）；

3.主要分析以上四个主要参数的落宫情况

天芮病星位艮土宫为旺相，宫内乙处帝旺、庚临禽为旺、癸为沐冠，又天芮临伤门、九天、庚六击之大凶。据此，患者易患水木之疾即肝肾之疾，天芮临伤门加庚金又为大手术之象。西医（天心）位巽木宫临辛，其克天芮病宫，表明西医以手术曾冲动丑空而医治过患者。中医（乙奇）与天芮同宫，表明中医可以辅助治疗。惜病宫逢空，治疗落实不够。患者年命壬与值符同位震木宫，壬处死地而不吉，该宫逢空又六击为大凶之兆，为生命难保之象。死门位离火宫为旺相，宫内丙处帝旺、丁处临官为旺相，又死门临天蓬、太阴，易有突发心脑血管之疾而病亡。奇门局为星干反吟，病魔反复纠缠患者而发凶。

★ 新闻报道：著名导演路学长下午在讨论会之后回家的途中，在车上突发疾病，抢救的医护人员在街上就地施救，但回天无力，抢救未果，患者病逝。路学长是中国第六代导演，其作品多次获大奖，由其编导的电影《卡拉是条狗》影响颇大。其作品虽然不多，但质量很高。患者曾于上世纪90年代换肾，终在2014年2月20日突发心脏病身亡。

[实例058] 新闻报道：香港资深演员苏杏璇（璇姐）因病去世（61岁）

去世时间：2013年6月12日下午16:00

时间干支：癸巳年戊午月己酉日壬申时（日空寅卯，时空戌亥）

患者年命：女，1951年10月10日辛卯年生

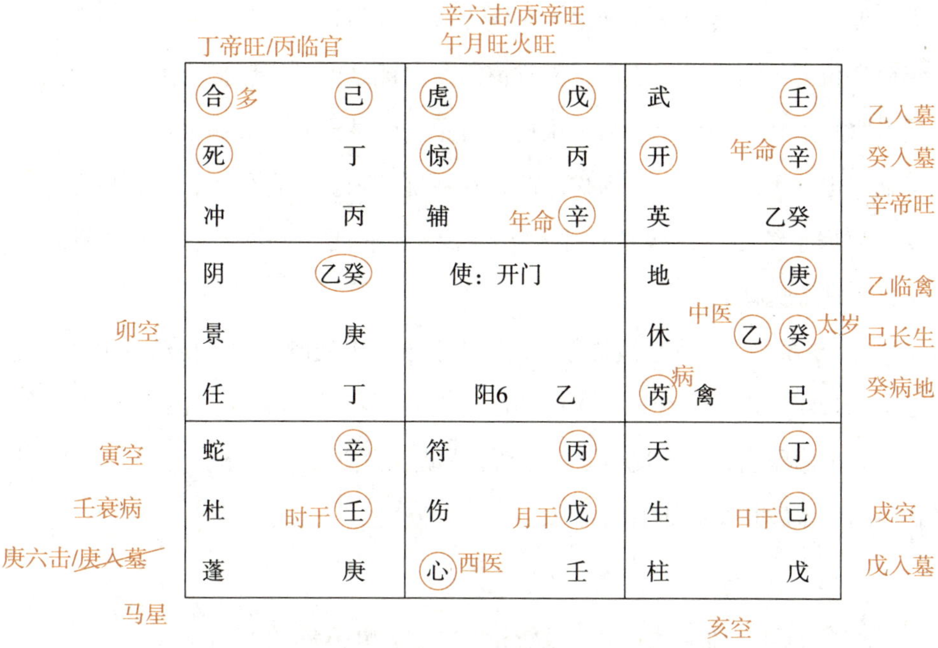

图7.58 ［实例058］奇门遁甲局

八成信息读取与分析：

1.在图7.58中标注死亡局的四干、日空、时空，再标注庚六击、辛六击、庚入墓、乙入墓、癸入墓、戊入墓（庚入墓被马星冲掉），没有发现伏吟、反吟。

2.选择病亡的主要参数

（1）病况（天芮星）；（2）患者年命辛

（3）死讯（死门）；（4）病亡之事（时干壬）；

3.主要分析以上四个主要参数的落宫情况

天芮病星位兑金宫为旺相，宫内乙临禽为旺、巳处长生为旺相、癸处病地，患者易患水木阻力之疾；患者天盘年命辛位坤土宫处帝旺，患者有抗力；但乙入墓、癸入墓又现水木之疾，该宫开门加辛为手术之象。患者地盘年命辛位离火宫为六击之凶，又临惊门、白虎之凶，头脑部为大凶。死门位巽木宫临六合，表示死于数种疾病，时干壬位艮土宫处衰病之地而不吉，且又临六击、天蓬、杜门、螣蛇之凶，水系统为凶。综合分析，患者易患肝、肾、泌尿系统之疾，病发时并发头脑部之疾而死亡，体表且当有腿脚之疾（艮土宫主腿脚）。

★ 新闻报道：香港演员苏杏璇曾出演多部电视剧，主要扮演主角之母，曾于2012年因电影《夺命金》中的出色表演而获得香港“最佳女配角”金像奖。后患糖尿病，致使皮肉溃烂而切去脚趾，做过四次手术。终于2013年6月12日因糖尿病并发脑部中风而死亡。

[实例059] 新闻报道：青年演员宋汶霏因病去世（27岁）

去世时间：2013年3月3日 0:30

时间干支：癸巳年甲寅月戊辰日壬子时（日空戌亥，时空寅卯）

患者年命：女，1985年5月30日生于广东增城，乙丑年生

八成信息读取与分析：

1.在图7.59中标注死亡局的四干、日空、时空（寅月旺，寅空不为真空），再标注双壬六击、双壬入墓、双癸入墓（双癸入墓被马星冲掉），发现星干伏吟。

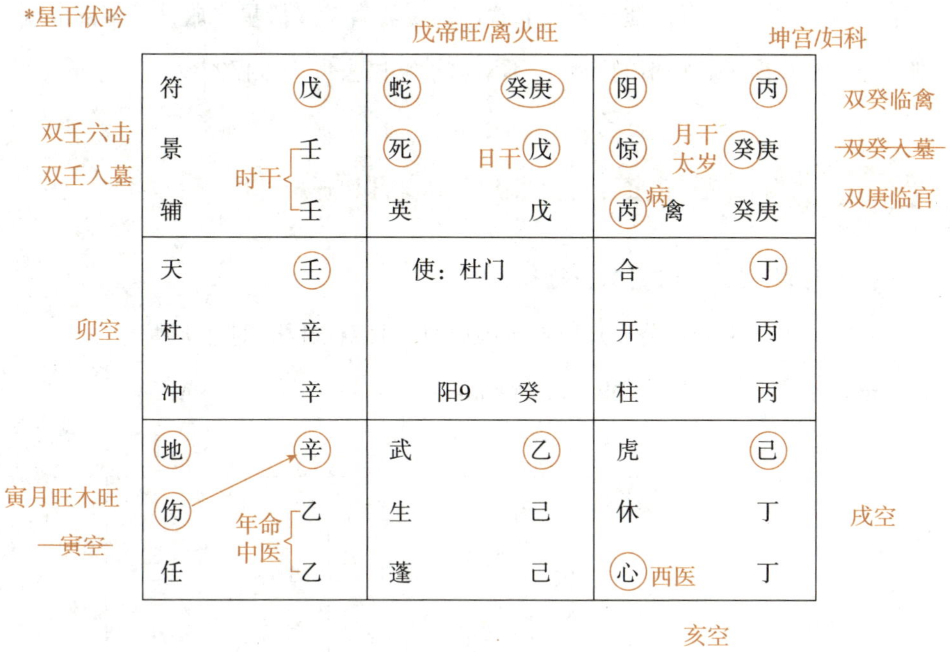

图7.59 ［实例059］奇门遁甲局

2.选择病亡的主要参数

（1）病况（天芮星）；（2）患者年命乙

（3）死讯（死门）；（4）病亡之事（时干壬）；

3.主要分析以上四个主要参数的落宫情况

天芮病星位坤土宫为旺相，宫内双癸临禽、双庚临官也为旺相，又天芮临惊门、太阴之凶，病况堪忧。信息表明，患者易患妇科子宫之癌症（坤宫为妇科，癸水为阴部为子宫，庚为肿瘤）。患者年命乙位艮土宫，临伤门加暗干辛，当有手术之可能；寅月旺而对冲天芮病宫，故寅月既是手术之象又是病凶之象。死门位离火旺宫为旺，临螣蛇之纠缠，当引发心脑阻力病情（离宫主心脑，戊土主阻力），故易病逝于子宫癌同时引发心脑衰竭之大病。

* **新闻报道：** 青年演员宋汶霏曾出演《舞者》《摘星之旅》等多部电视剧，为了拍戏误了其病情的治疗，不幸患子宫癌去世，年仅27岁。

［实例060］ 新闻报道：台湾歌星潘安邦因病去世（52岁）

去世时间：2013年2月3日早晨8:57

时间干支：壬辰年癸丑月庚子日庚辰时（日空辰巳，时空申酉）

患者年命：男，1961年9月1日辛丑年生

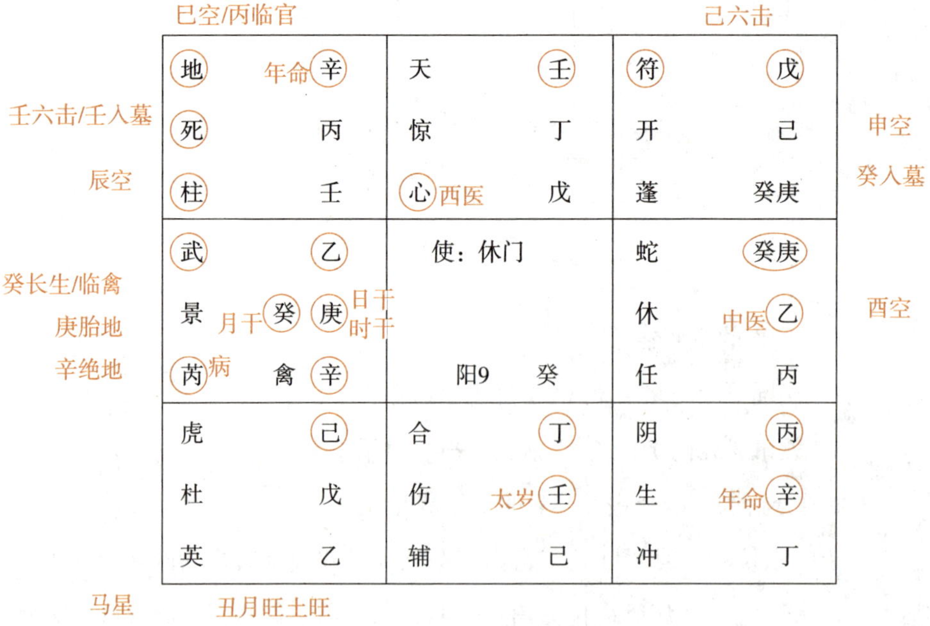

图7.60 ［实例060］奇门遁甲局

八成信息读取与分析：

1.在图7.60中标注死亡局的四干、日空、时空，再标注壬六击、己六击、壬入墓、癸入墓（癸入墓被马星冲掉），没有发现伏吟、反吟。

2.选择病亡的主要参数

（1）病况（天芮星）；（2）患者年命辛

（3）死讯（死门）；（4）病亡之事（时干庚）；

3.主要分析以上四个主要参数的落宫情况

天芮病星、患者地盘年命辛、时干庚均位震木宫，信息高度集中；宫内癸临禽并处长生之地为旺相，庚处胎地、辛处绝地，天芮临玄武而不吉，综合分析判断患者易患肾之重疾或血液重疾（癸水为肾水，也为血液、庚、辛为大小肿瘤）。死门位巽木宫，宫内丙处临官旺相、壬处六击与入墓之地，且死门临天柱、九地之大凶，患者易患血脉、肾水之疾（丙火为心血管，巽宫主血脉，壬水为血液也为肾水）。患者年命暗干辛在巽木宫逢辰空、巳空，值符在坤土宫逢申空，患者生命不保之兆。西医（天心）之宫不克天芮病星，中医（乙奇）之宫本可克天芮病宫，惜中医之兑金宫逢酉空而无力或尚未实施而无用。

★ 新闻报道：台湾歌手潘安邦活跃于上世纪80年代，素有“台湾”民歌王之称，曾演唱《外婆的澎湖湾》《乡间小路》等脍炙人口的歌曲。在2008年初，潘安邦患主动脉之疾，在2013年2月3日因肾脏癌引发肾衰竭而病逝。

[实例061] 新闻报道：台湾歌星凤飞飞因病去世（59岁）

去世时间：2012年1月3日凌晨3:19在香港去世

时间干支：辛卯年庚子月癸亥日甲寅时（日空子丑，时空子丑）

患者年命：女 1953年8月20日生于台湾桃园，癸巳年生

八成信息读取与分析：

1.在图7.61中标注死亡局的四干、日空、时空（双丑空被马星冲掉，子

月旺双子空也不为真空），再标注双已六击，发现星门干伏吟，为天显时格（甲寅时）。

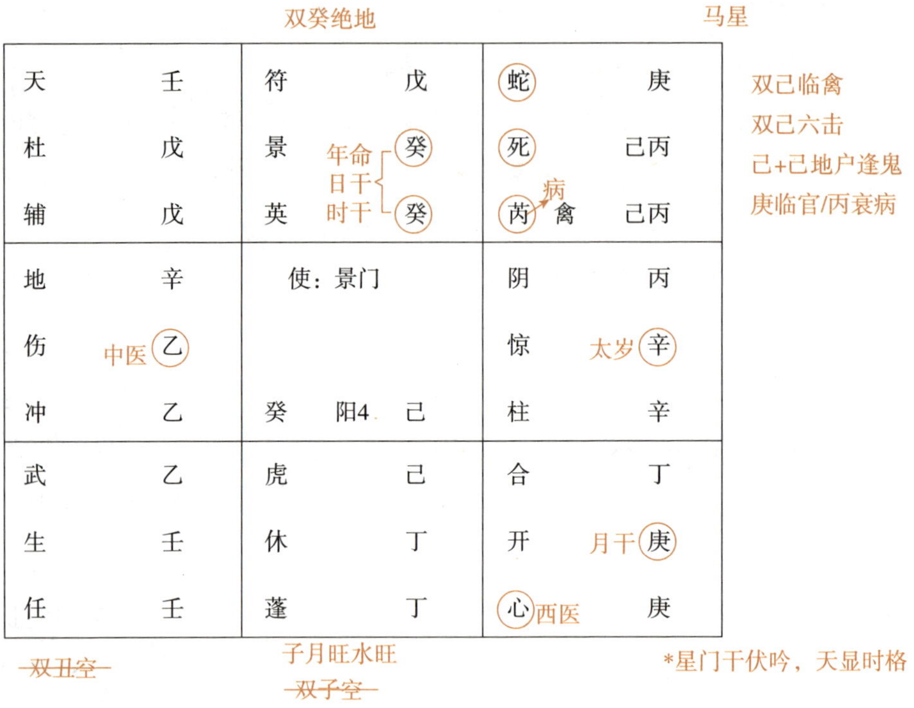

图7.61 ［实例061］奇门遁甲局

2.选择病亡的主要参数

（1）病况（天芮星）；（2）患者年命癸

（3）死讯（死门）；（4）病亡之事（时干癸）

3.主要分析以上四个主要参数的落宫情况

天芮病星位坤土宫为旺相，宫内双已临禽为旺、双已六击、已加已为地户逢鬼之大凶、庚处临官为旺相、丙处衰病之地，又遇死门、朧蛇之大凶，故患者易患不治之症。综合分析判断，患者易患脾胃/消化系统之重疾（坤土，已土）或肺部/呼吸系统之重疾（庚金），病已入晚期临死门，恐生命难保。患者年命癸、时干癸同位离火宫处绝地，生命垂危之象。西医（天心）之宫不克天芮病宫，西医已无力回天；中医（乙奇）之宫可克天芮病宫，惜伏吟未动，患者无法越过鬼门关。

*** 新闻报道：**著名台湾歌星凤飞飞被誉为“帽子歌后”，在华语歌坛影响巨大，曾获奖无数；其从上世纪70年代初开始歌唱生涯，大量歌曲传遍华人世界，如《我是一片云》《月朦胧鸟朦胧》《掌声响起来》等等。可惜于2011年5月患上肺腺癌，后于2012年初因肺癌病逝。

[实例062] 新闻报道：著名女播音员张培因病去世（55岁）

去世时间：2011年5月29日子夜0:33

时间干支：辛卯年癸巳月甲申日甲子时（日空午未，时空戌亥）

患者年命：女，1956年3月6日生于上海，丙申年生

巳月旺火旺　　双丙帝旺 午空　　未空

地 乙 杜 日干 庚 辅 庚	天 壬 景 年命 丙 英 丙	符 丁 死 太岁 辛戊 时干 芮 病 禽 辛戊
武 丙 伤 己 冲 己	使：死门 戊 阳2 辛	蛇 庚 惊 月干 癸 柱 癸
虎 辛 生 丁 任 丁	合 癸 休 中医 乙 蓬 乙	阴 己 开 壬 心 西医 壬

右侧：双辛帝旺　双辛临禽　双戊衰病；戌空

左侧：2011辛卯年；2010年庚寅年　~~双干入墓~~

马星　　亥空　　*星门干伏吟，天显时格

图7.62 [实例062] 奇门遁甲局

八成信息读取与分析：

1.在图7.62中标注死亡局的四干、日空、时空，再标注双丁入墓（双丁入墓被马星冲掉），发现星门干伏吟，天显时格（甲子时）。

2.选择病亡的主要参数

（1）病况（天芮星）；（2）患者年命丙

（3）死讯（死门）；（4）病亡之事（时干戊）

3.主要分析以上四个主要参数的落宫情况

天芮病星、死门、时干戊均位坤土宫为旺相，信息高度集中，宫内双辛处帝旺且临禽为旺相、双戊处衰病之地；天芮星临值符之吉，惜值符逢空又加上患者年命也逢空，乃重病、生命难保之象。综合分析判断，患者易患肺之重疾（双辛主肺部而位大凶之宫）。2010年庚寅年对冲天芮病宫、患者大病爆发；2011年辛卯年之太岁辛填补双辛之坤土宫，死门填实而病亡。西医（天心）、中医（乙奇）不克天芮病宫，疾病无法治愈。

＊ 新闻报道：上海著名女播音员张培于上世纪70年代中开始播音生涯并参与电视主持，她的嗓音与风格深为听众与观众所爱，曾被誉为“上海之声”。在2010年年底时被查出患有“肺癌”，半年后不幸因肺癌去世。

［实例063］ 新闻报道：香港著名演员兼制片人邓光荣病发而去世（65岁）

去世时间：2011年3月29日酉时

时间干支：辛卯年辛卯月癸未日辛酉时（日空申酉，日空子丑）

患者年命：男，1946年1月24日乙酉年生

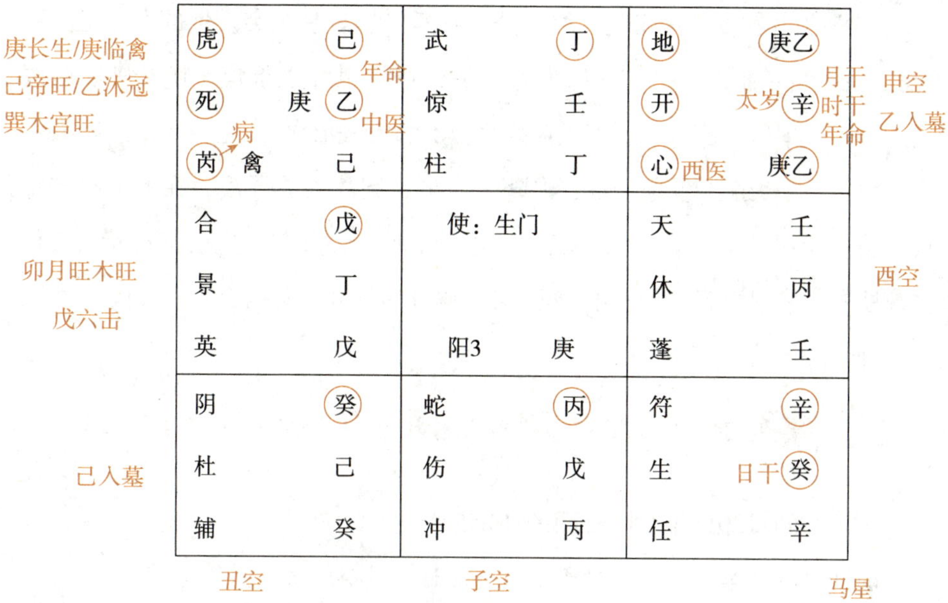

图7.63　［实例063］奇门遁甲局

八成信息读取与分析：

1.在图7.63中标注死亡局的四干、日空、时空，再标注戊六击、己入墓、乙入墓，没有发现伏吟、反吟。

2.选择病亡的主要参数

（1）病况（天芮星）；（2）患者年命乙

（3）死讯（死门）；（4）病亡之事（时干辛）

3.主要分析以上四个主要参数的落宫情况

天芮病星、患者年命乙、死门同位巽木宫，宫内庚处长生且临禽为旺、己处帝旺、乙处沐冠、暗干己加地盘己为地户逢鬼即死亡之兆；又天芮临死门、白虎为突亡之兆。巽木宫旺（因月令卯月旺），马星在亥位对冲巽木宫，突亡之病当与巽宫相关。综合分析判断，患者易患突发性的血脉阻力而死亡（巽宫主血脉，庚、辛均为阻力），也易患肺之重疾（庚金）。西医（天心）、中医（乙奇）不克天芮病宫，疾病无法治愈。

*** 新闻报道：** 邓光荣系香港著名演员、制片人兼导演，在上世纪60年代其曾与秦汉、秦祥林并称“三大文艺片小生”；其曾多次获奖；其为人仗义，朋友众多，声名远扬。不幸于2011年3月29日因心脏病突发而去世。

［实例064］ 新闻报道：台湾著名作曲家陈志远因病去世（61岁）

去世时间：2011年3月16日下午13:55

时间干支：辛卯年辛卯月庚午日癸未时（日空戌亥，时空申酉）

患者年命：男，生于1950年2月16日，庚寅年生

马星/庚长生/丁帝旺

癸六击 癸胎养	蛇 庚 杜 时干 癸 冲 禽 丁	阴 丙壬 景 丁 辅 庚	合 多 戊 死 年命 日干 庚 英 丙壬	庚临官 申空/2004甲申年 壬长生/丙衰病
卯月旺木旺 2011辛卯年 辛卯月	符 丁 伤 己 任 癸	使：生门 阳7 丙	虎 乙 惊 丙壬 芮 病 禽 戊	壬沐浴 丙死地/戊死地 酉空
己入墓	天 癸 生 太岁 月干 辛 蓬 己	地 己 休 中医 乙 心 西医 辛	武 辛 开 戊 柱 乙	戌空 ~~乙入墓~~/戊入墓

亥空　　　　*门伏吟

图7.64 ［实例064］奇门遁甲局

八成信息读取与分析：

1.在图7.64中标注死亡局的四干、日空、时空，再标注癸六击、已入墓、乙入墓、戊入墓（乙入墓被马星冲掉），发现门伏吟。

2.选择病亡的主要参数

（1）病况（天芮星）；（2）患者年命庚

（3）死讯（死门）；（4）病亡之事（时干癸）

3.主要分析以上四个主要参数的落宫情况

天芮病星位兑金旺相，其临惊门、白虎旺相乃金行大凶，宫内壬处沐浴之地、丙与戊均处死地，患者易患金行之疾，即肺部或大肠之疾。患者年命庚与死门同位坤土宫，宫内庚处临官旺相、壬处长生旺相、丙处衰病之地，死门又上临六合；综合分析判断，患者易死于肺部或大肠、肾／血之大病（庚金为旺相主肺部或大肠、壬水为旺相主肾或血液、丙主心血），死门临六合为死于多种疾病，时干癸位巽木宫，癸遇六击、庚处长生之地、丁为帝旺，马星冲动，病情类同。西医（天心）、中医（乙奇）均不克天芮病宫，疾病无法治愈。在2004甲申年，位于坤宫的申空被填补，该宫反映的病况成现实，发肠大肠癌；在2011年3月即辛卯年辛卯月，卯酉旺冲，酉空被冲而不为真空，该宫病发作，患者病逝。

★ 新闻报道：台湾著名作曲家陈志远于上世纪70年代投身于“民歌运动”，后从事流行音乐；其曾创作大量优秀歌曲，多次获大奖。其曾创作的《梅花三弄》《再回首》《月满西楼》《庭院深深》《昨夜星辰》《一剪梅》《时间的滋味》《一无所有》《跟着感觉走》《高山青》等等优秀作品为华人世界所传唱。在2004年被诊断为大肠癌，终于2011年3月16日因大肠癌不幸去世。

[实例065] 新闻报道：香港影星成奎安因病去世（54岁）

去世时间：2009年8月27日深夜 23:45

时间干支：己丑年壬申月乙巳日丙子时（日空寅卯，时空申酉）

患者年命：男，生于1955年2月1日甲午年

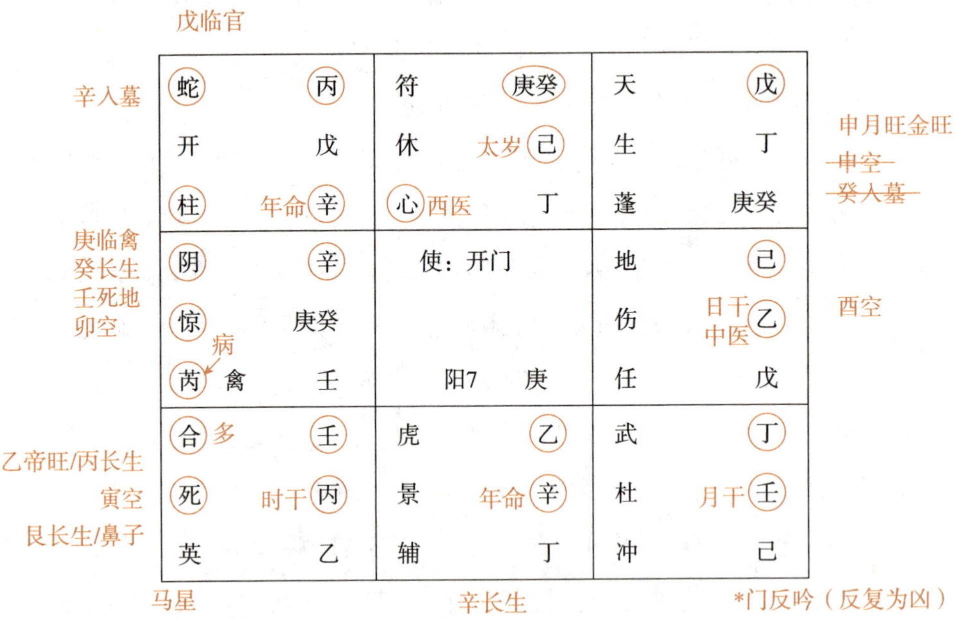

图7.65 [实例065] 奇门遁甲局

八成信息读取与分析：

1.在图7.65中标注死亡局的四干、日空、时空（申月旺，申空不为真空），再标注辛入墓、癸入墓（癸入墓被马星冲掉），发现门反吟。

2.选择病亡的主要参数

（1）病况（天芮星）；（2）患者年命辛

（3）死讯（死门）；（4）病亡之事（时干丙）

3.主要分析以上四个主要参数的落宫情况

天芮病星位震木宫，宫内庚临禽为旺相、癸处长生之地也为旺相、壬处死地；该宫内天芮临惊门、太阴金之凶，故患者易患肺部/呼吸系统之疾与肾水之疾。患者地盘年命辛位巽木宫处入墓之地而不吉，年命辛临天柱、螣蛇之凶而又不吉，辛主呼吸系统、巽宫主管道。

患者易患呼吸道之重疾，时干丙位艮土宫，宫内乙处帝旺、丙处长生之地为旺；且死门也位该宫，上临六合；综合分析判断，患者易患鼻呼吸道之重疾（艮土为鼻子，金行为呼吸系统，巽木、乙木皆主管道）。西医（天心）之宫不克天芮病宫，表明西医不能治愈患者；中医（乙奇）之宫可克天芮病宫，惜两宫分逢酉空、卯空为空克无果或未实施中医治疗。

★ 新闻报道：香港影星成奎安擅演武打片，曾主演过动作片《英雄本色》等。在2004甲申庚年患上鼻咽癌（庚金为凶），后于2009年8月因病去世。

[实例066] 新闻报道：著名主持人罗京因病去世（48岁）

去世时间：2009年6月5日早晨：6:40

时间干支：己丑年己巳月辛巳日辛卯时（日空申酉，时空午未）

患者年命：男，1961年5月29日辛丑年生

八成信息读取与分析：

1.在图7.66中标注死亡局的四干、日空、时空，再标注庚六击、癸六击、辛六击、庚入墓，没有发现伏吟、反吟。

2.选择病亡的主要参数

（1）病况（天芮星）；（2）患者年命辛

（3）死讯（死门）；（4）病亡之事（时干辛）

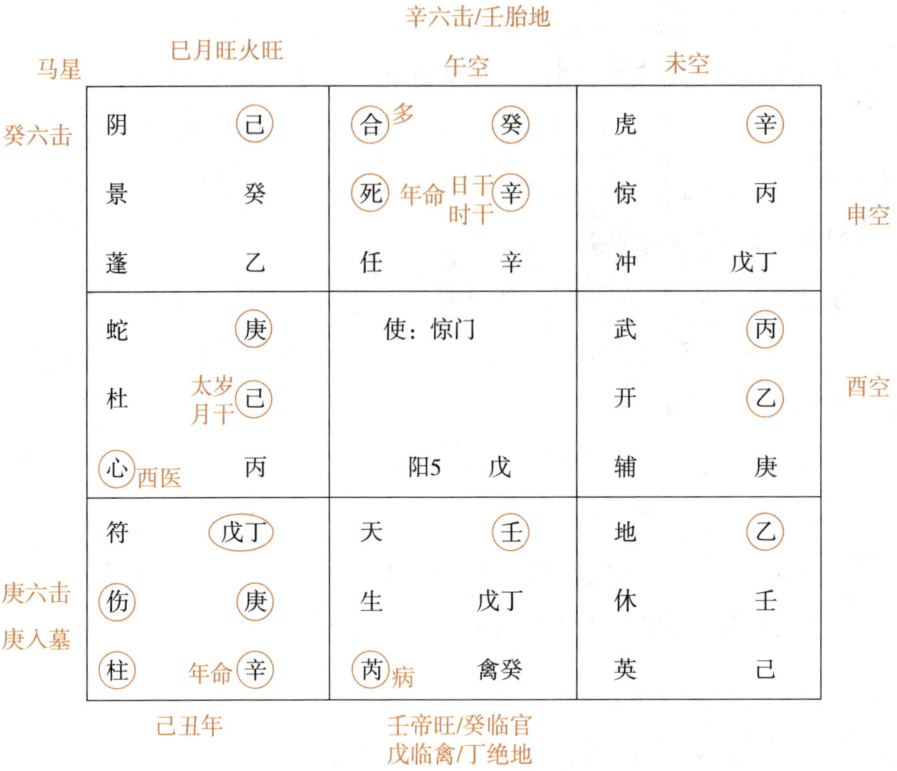

图7.66 ［实例066］奇门遁甲局

3.主要分析以上四个主要参数的落宫情况

天芮病星位坎水宫，宫内癸处临官之地为旺相、暗干壬处帝旺之地，一片水凶，戊临禽之旺为阻力，因此患者易患水阻、血阻之疾或淋巴系统、泌尿系统之疾。患者年命辛、死门及时干辛均位离火宫，宫内辛六击大凶、壬处胎地并由辛金助之，患者易患水阻、血阻；离宫为心血管系统，该宫临六合，表明患者死于多种疾病。西医（天心）、中医（乙奇）之宫不克天芮病宫，又中医之宫逢空、故中西医难以治愈患者。己丑年时，年命辛金与伤门、庚金及天柱金同位艮土宫乃手术之象。

★ 新闻报道：著名主持人罗京于2008年（戊子年位天芮病宫）7月被确

诊患淋巴癌，后于2009年2月9日实施干细胞移植，病情缓解后又恶化，终于2009年6月15日因心脏衰竭而死亡。

[实例067]　新闻报道：台湾歌手阿桑因病去世（34岁）

去世时间：2009年4月6日早晨：8:30

时间干支：己丑年戊辰月辛巳日壬辰时（日空申酉，时空午未）

患者年命：女，1975年2月28日乙卯年生

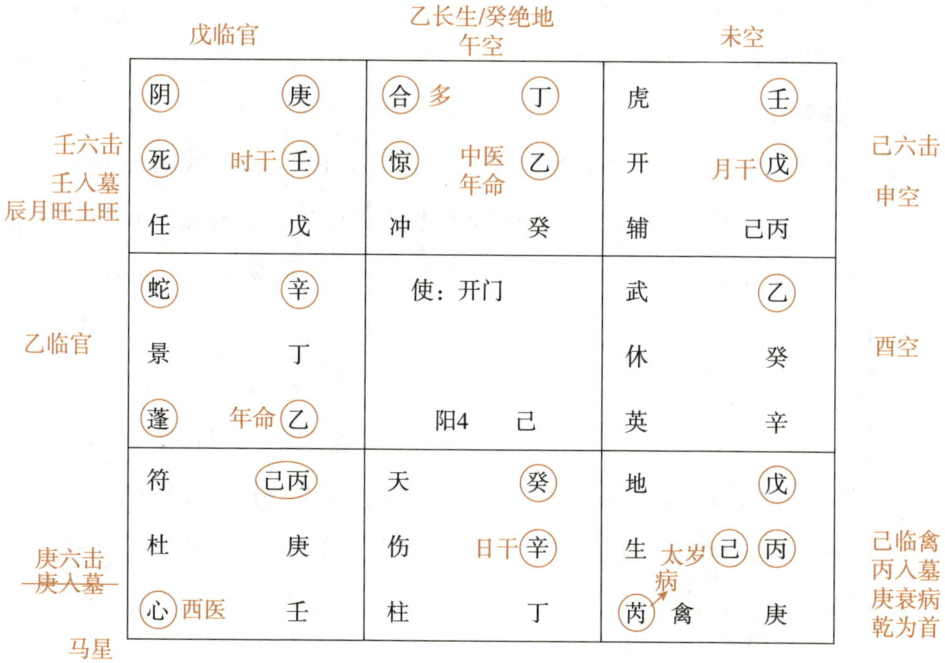

图7.67　[实例067] 奇门遁甲局

八成信息读取与分析：

1.在图7.67中标注死亡局的四干、日空、时空，再标注庚六击、壬六击、己

六击、庚入墓、壬入墓、丙入墓（庚入墓被马星冲掉），没有发现伏吟、反吟。

2.选择病亡的主要参数

（1）病况（天芮星）；（2）患者年命乙

（3）死讯（死门）；（4）病亡之事（时干壬）

3.主要分析以上四个主要参数的落宫情况

天芮病星位乾金宫为旺相，宫内已土临禽也为旺相，庚处衰病之地、丙处入墓之地，临生门为吉、临九地为凶。据此，患者易患脑部之肿物（乾宫为头脑部，已、庚为肿物），也可能肺部出问题（乾金宫旺加庚金）。患者天盘年命乙位离火宫处长生之地，易有抗力，但临惊门之凶、六合之多而不吉；宫内见癸水处绝地而不吉，患者易有水木之疾且在头颈部（癸水、乙木、离宫组合的结果）。地盘年命乙位震木宫处临官之地为吉，易有抗力，但临天蓬、螣蛇之大凶，患者易患腺病。死门与时干壬同位巽木宫，宫内壬遇六击、入墓、太阴之凶，戊处临官而旺相；据此，患者易患水木加肿物之疾（壬水，巽木，戊肿物）。综合分析判断，患者极易患淋巴与乳腺之重疾。西医（天心）之宫不克天芮病宫，西医无法治愈患者；中医（乙奇）之宫可克天芮病宫，惜中医之宫逢午空而无力或未实施，无益于患者。

★ **新闻报道：**台湾流行音乐女歌手阿桑以《叶子》一歌而登上歌坛，个人专辑《受了点伤》受到听众欢迎。在2007年（丁亥年位天芮病宫）被诊断患淋巴癌，后在2008年10月扩散而患乳腺癌晚期，终于2009年4月6日病逝。

[实例068] 新闻报道：著名影星李钰因病去世（33岁）

去世时间：2009年3月14日夜 22:30

时间干支：己丑年丁卯月戊午日癸亥时（日空子丑，时空子丑）

患者年命；女，1976年12月20日丙辰年生

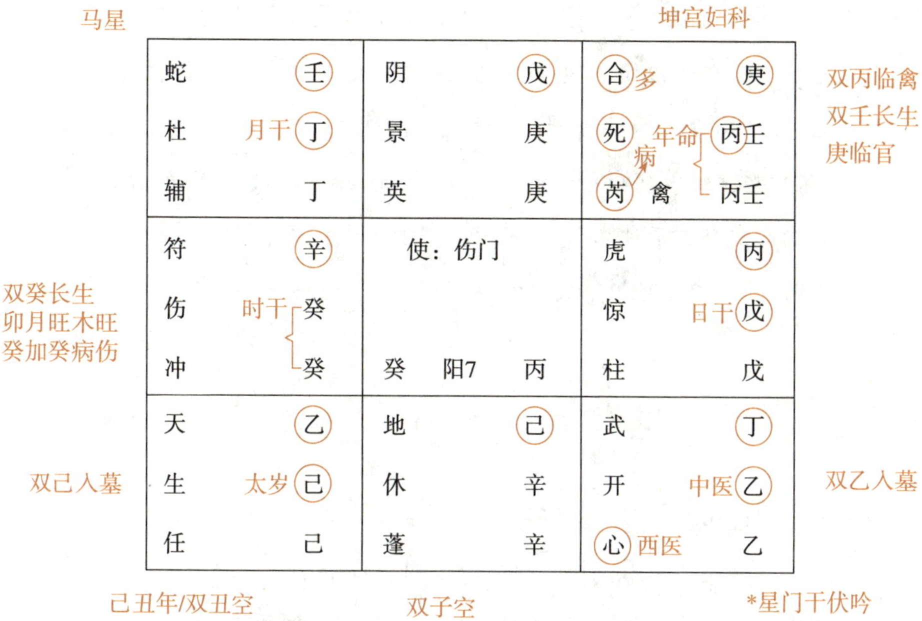

图7.68　［实例068］奇门遁甲局

八成信息读取与分析：

1.在图7.68中标注死亡局的四干、日空、时空，再标注双已入墓、双乙入墓（双乙入墓被马星冲掉），发现星门干伏吟。

2.选择病亡的主要参数

（1）病况（天芮星）；（2）患者年命丙

（3）死讯（死门）；（4）病亡之事（时干癸）

3.主要分析以上四个主要参数的落宫情况

天芮病星、患者天地盘年命丙（双丙临禽）、死门均位坤土宫，三者均为旺相状态；宫内双壬处长生之地为旺相，临六合主多，临庚金处临官之地主肿物；故患者易患多种疾病，主病为肾水或妇科之重疾，如肾脏癌、淋巴癌或子宫癌。时干癸水位震木宫，宫内临伤门之凶，又癸加癸为因病而伤，病在水木（腺病或淋巴）。综合分析判断，患者易患淋巴癌或妇科疾病。西医（天心）、中医（乙奇）之宫不克天芮病宫，中西医均难以治愈患者。己丑年冲动对宫即坤宫，天芮加死门被启动而病亡。

★ 新闻报道： 著名影星李钰（女）于2001年在电视剧《情深深雨濛濛》中饰演方瑜而成名，后来参演《末代皇妃》等电视剧，在《末代皇妃》一剧中饰演川岛芳子，2009年3月14日因淋巴癌病逝于协和医院。

［实例069］ 新闻报道：香港影星沈殿霞因病去世（62岁）

去世时间：2008年2月19日早晨8:38

时间干支：戊子年甲寅月己丑日戊辰时（日空午未，时空戌亥）

患者年命：女，生于1945年7月21日，上海，乙酉年生

午空　　未空/坤宫

地 丁 生 庚 辅 庚	天 己 伤 丙 英 丙	符 庚 杜 太岁→辛戊（时干） 芮 禽 辛戊
武 乙 休 日干 己 冲 己	使：死门 阳2 辛	蛇 丙 景 月干 癸 柱 癸
虎 壬 开 丁 任 丁	合 多 癸 惊 年命 乙 蓬 中医 乙	阴 辛戊 死 壬 心 西医 壬

双辛帝旺　双戊衰病　时干

寅月旺木旺　~~双干入墓~~

戌空　双壬临官

马星　乙衰病/癸临官　亥空　*星干伏吟

图7.69 ［实例069］奇门遁甲局

八成信息读取与分析：

1.在图7.69中标注死亡局的四干、日空、时空，再标注双丁入墓（被马星冲掉），发现星干伏吟。

2.选择病亡的主要参数

（1）病况（天芮星）；（2）患者年命乙

（3）死讯（死门）；（4）病亡之事（时干戊）

3.主要分析以上四个主要参数的落宫情况

天芮病星位坤土宫为旺相，宫内时干戊处衰病之地、辛处帝旺并临禽为旺相；该宫临值符本吉，惜逢空而不吉。据此，患者易患肺之疾（辛金）及妇科之疾（坤宫）。患者年命乙位坎水宫处衰病之地而不吉，宫内临天蓬、惊门之凶、六合之多、暗干癸处临官为旺相；据此，患者易患水木之疾，即患泌尿系统及肝胆之疾等多种疾病（癸水妇科泌尿系统，乙木肝胆，六合多种）。死门位乾金宫，临太阴之凶、双壬之纠缠，宫内双壬处临官之地为旺相，再次显现泌尿系统之疾。西医（天心）、中医（乙奇）之宫均不克天芮病宫，中西医无力治愈患者。

＊新闻报道：香港明星沈殿霞（昵称肥肥、肥姐、开心果）自1960年（15岁）起开始演艺生涯，当年参演电影《一树桃花千朵红》，1987起开始参演《富贵逼人》系统电影而走红，后出演过上百部电影。其长期患有糖尿病，2006年做过胆管手术且患上肝癌，终于2008年（戊子年分别处于天芮病宫及患者年命宫）2月19日因肝癌病逝。其在香港等地家喻户晓，颇受大众的喜爱与尊敬。

[实例070] 新闻报道：香港影星陈思思因病去世（69岁）

去世时间：2007年10月7日夜21:30

时间干支：丁亥年己酉月甲戌日乙亥时（日空申酉，时空申酉）

患者年命：女，1938年12月28日戊寅年生

马星　戊临官/辛死地

~~辛入墓~~　~~丁入墓~~

阴 戊 休 辛 蓬 年命戊	蛇 壬 生 癸 任 壬	符 乙庚 伤 日干 月干 己 冲 乙庚
合 己 开 丙 心 己	使：伤门 阴4 乙	天 丁 杜 年命戊 辅 丁
虎 癸 惊 太岁丁 柱 癸	武 辛 死 时干乙 庚 芮病 禽辛	地 丙 景 壬 英 丙

己六击　乙入墓　双申空

酉月旺金旺　~~双酉空~~

丙入墓

乙临禽/辛长生

庚死地/乙加辛人亡

图7.70 [实例070] 奇门遁甲局

八成信息读取与分析：

1.在图7.70中标注死亡局的四干、日空、时空，再标注已六击、丁入墓、辛入墓、乙入墓、丙入墓（辛入墓被马星冲掉），没有发现伏吟、反吟。

2.选择病亡的主要参数

（1）病况（天芮星）；（2）患者年命戊

（3）死讯（死门）；（4）病亡之事（时干乙）

3.主要分析以上四个主要参数的落宫情况

天芮病星、死门、时干乙均位坎水宫，信息集中，宫内乙临禽为旺相、辛处长生之地也为旺相，临玄武为不吉，乙加辛为人亡之兆。据此，患者易患水阻、血阻之疾及腺之疾（坎水宫水血遇庚、辛为阻，乙木为腺性病）。患者年命地盘戊位巽木宫，宫内戊处临官之旺相（戊主消化系统）、年命临天蓬、太阴之凶、辛加戊为年命被伤之凶；据此，患者易患消化系统之腺疾（戊土主消化系统，乙木、巽木主腺疾）。综合分析判断，患者以消化系统腺疾为主，另有肾血之疾。

★ 新闻报道：香港著名影星陈思思被誉为“香港长城影业三公主”，其在1957年因参演《红灯笼》而成名，在1963年因主演《三笑》而引起轰动，之后参演过许多电影，因胰头癌不治而于2007年10月7日在上海病逝。

［实例071］ 新闻报道：著名演员文兴宇因病去世（66岁）

去世时间：2007年7月30日清晨5:15

时间干支：丁亥年丁未月乙丑日已卯时（日空戌亥，时空申酉）

患者年命：男，1941年8月6日辛巳年生

八成信息读取与分析：

1.在图7.71中标注死亡局的四干、日空、时空，再标注双辛入墓、双癸入墓（双辛入墓被马星冲掉），发现星干伏吟。

2.选择病亡的主要参数

（1）病况（天芮星）；（2）患者年命辛

（3）死讯（死门）；（4）病亡之事（时干已）

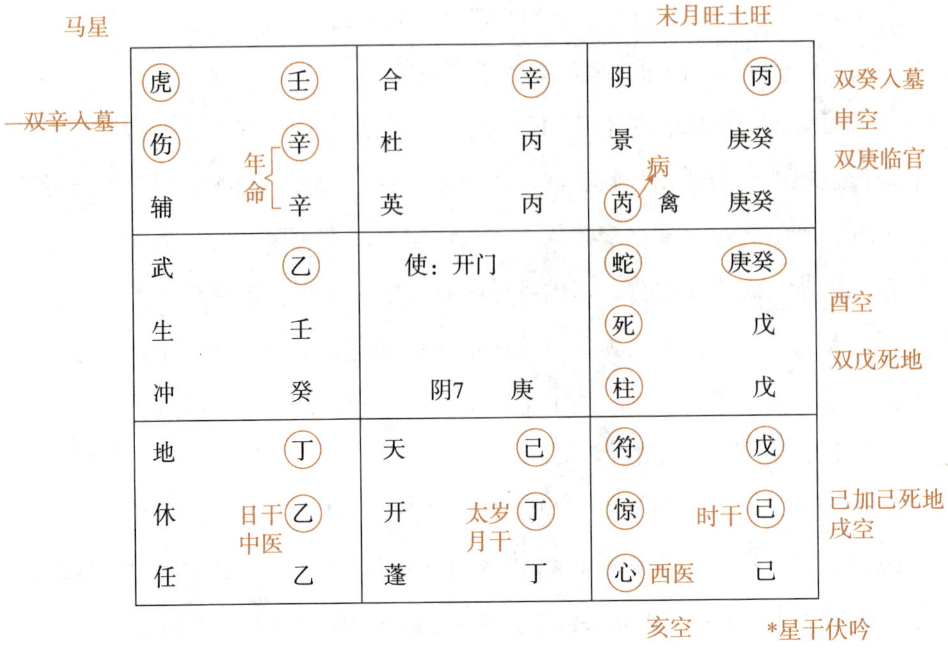

图7.71 [实例071]奇门遁甲局

3.主要分析以上四个主要参数的落宫情况

天芮病星位坤土宫为旺相，宫内双庚处临官之地且临禽也为旺相，未月土旺金更旺，宫内临太阴之凶；据此，患者易患肺部之疾且易成肺癌（庚金为肺部，又一庚金为肺癌）。患者年命辛位巽木宫，临伤门、白虎之大凶，年命辛入墓而无力抗病，大凶之兆，辛金也主肺部之疾，信息同步。死门位兑金宫，临天柱、螣蛇之大凶，金行再次作凶，又主肺疾。时干己位乾金宫，临惊门之凶；但临值符之吉，惜逢戌空、亥空，又己加己为地户逢鬼，为死亡之兆。综合分析判断，患者易患肺癌；丁亥年之亥冲动患者虚弱的年命辛（亥巳冲），丁未月乙丑日冲动对宫的天芮病星（丑未冲），己卯时形成卯酉冲而冲动死门并冲掉酉空而成实，皆为生命不保之象。西医（天心）与中医（乙奇）的落宫均不克天芮病宫，此肺癌无法治愈。

★ **新闻报道：** 著名导演兼演员文兴宇曾任中央实验话剧院副院长，参演过多部电影与电视剧，由其主演的《我爱我家》电视剧深受观众喜欢，因肺癌而不幸于2007年7月30日病逝。

［实例072］ 新闻报道：著名相声演员侯耀文因病去世（59岁）

去世时间：2007年6月23日晚 18:30

时间干支：丁亥年丙午月戊子日辛酉时（日空午未，时空子丑）

患者年命：男，1948年7月17日戊子年生

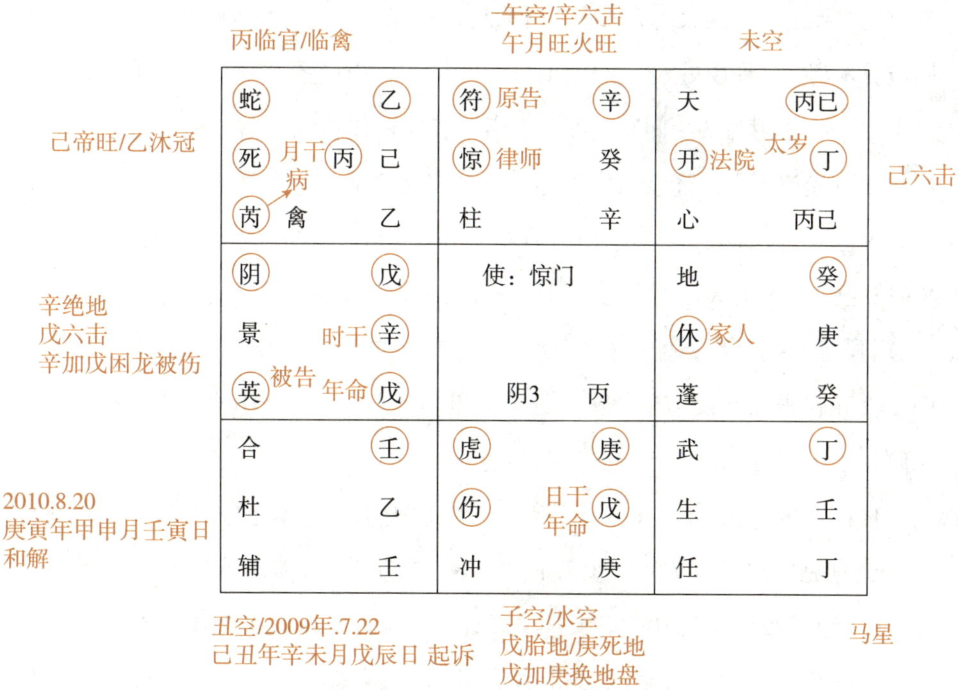

图7.72　［实例072］奇门遁甲局

八成信息读取与分析：

1.在图7.72中标注死亡局的四干、日空、时空，再标注戊六击、辛六击、已六击；没有发现伏吟、反吟。

2.选择病亡的主要参数

（1）病况（天芮星）；（2）患者年命戊

（3）死讯（死门）；（4）病亡之事（时干辛）

3.主要分析以上四个主要参数的落宫情况

天芮病星与死门同位巽木宫受制，宫内丙处临官之地并临禽为旺相、已处帝旺之地也为旺相，天芮临死门、螣蛇之大凶。据此，患者易患心血管之阻塞如心肌梗死之疾（丙火为心血管，已为阻物与阻力）。患者地盘年命戊与时干辛同位震木宫，年命戊处六击之地而大凶、辛加戊为困龙被伤之凶，时干辛处绝地而不吉，临太阴为“阴间”之兆。患者天盘年命戊位坎水宫，临伤门、白虎之大凶，且逢空不吉；逢空对宫即离火宫补充信息又为心血管临天柱、惊门大凶（离火宫也主心血管）。综合分析判断，患者易患心肌梗死之疾而出大凶，丁亥年时亥巳冲，冲动天芮病宫与死门、午月火旺为心血管大凶之兆，故病发作。

*侯耀文病逝后，家庭内部发生“遗产风波”；2009年7月22日，死者的两个女儿状告伯父侯耀华“擅自处分大量遗产”，后于2010年8月20日在法院和解。以上“奇门局”已暗含这些信息：

休门为家人位兑金宫，时干辛为子女位震木宫，辛下临戊为子女关注遗产。金宫克木宫，家人克子女克遗产，意味着家人对遗产分配处掌控地位。在2009年7月22日即己丑年辛未月戊辰日，丑未冲，未空被冲掉而不为真空，法院（开门）落实即接到两女儿诉状。原告（值符，两个女儿）与被告（天英星，伯父侯耀华）为木生火的关系，即被告生原告，原告与法院的关系也为火生土，支持法院，被告与法院的关系为木克土，说服法院，且被告临遗产（戊）六击，愿意让出部分遗产。双方与律师关系为原告与律师同宫而观点一致，被告生律师即同意律师的意见，故可和解。2010年8月20日即庚寅年甲申月壬寅日，寅申冲而动，法院值申时而动，同意申月和解结案。

★ 新闻报道：著名相声演员侯耀文系相声大师侯宝林的三子，其曾于1960年（12岁）即登台表演，从艺47年，生前曾为中国铁路文工团总团副团长兼说唱团团长。曾在央视春晚出演十届，两次获得“中国十大笑星”之称号，他也是相声演员郭德纲的师傅，不幸于2007年6月23日因心肌梗死而突然去世。

[实例073] 新闻报道：著名女演员陈晓旭因病去世（41岁）

去世时间：2007年5月13日夜 22:51

时间干支：丁亥年乙巳月丁未日辛亥时（日空寅卯，时空寅卯）

患者年命：女，1965年10月29日乙巳年生

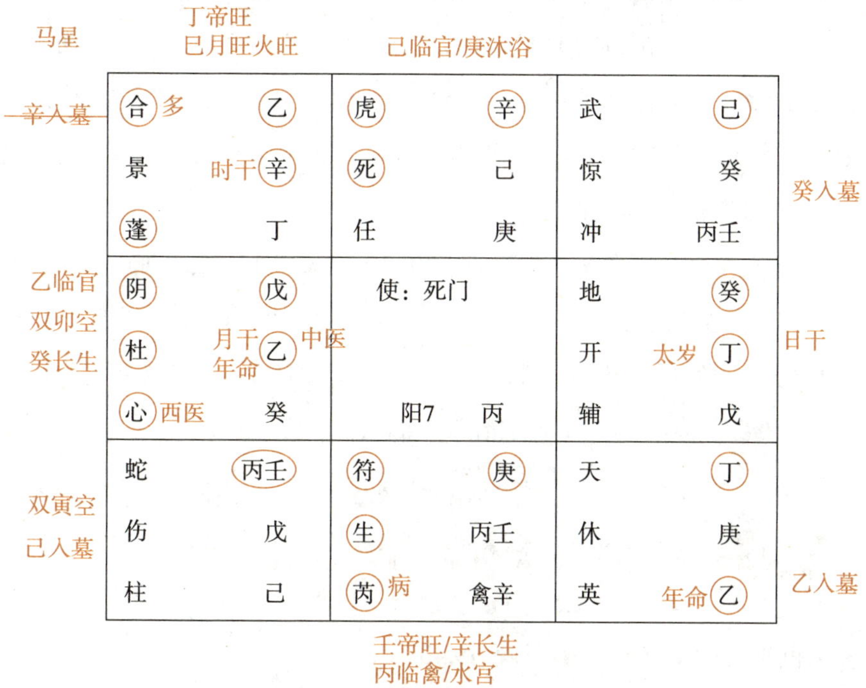

图7.73 [实例073] 奇门遁甲局

八成信息读取与分析：

1.在图7.73中标注死亡局的四干、日空、时空，再标注已入墓、辛入墓、癸入墓、乙入墓（辛入墓被马星冲掉），没有发现伏吟、反吟。

2.选择病亡的主要参数

（1）病况（天芮星）；（2）患者年命乙

（3）死讯（死门）；（4）病亡之事（时干辛）

3.主要分析以上四个主要参数的落宫情况

天芮病星位坎水宫，宫内壬处帝旺之地、辛处长生之地、丙临禽，这三者为旺相；天芮临生门、值符为吉。据此，患者当注意肾水、乳腺之疾（壬水主肾水、乳腺、辛金为阻物阻力且生水）。患者年命天盘乙位震木宫处临官旺相之地，当有抗力，癸处长生之地；但年命乙临杜门之阻力、太阴之凶兆。据此，患者当注意水木之疾即乳腺之疾（癸水加乙木临杜门、太阴）。死门位离火宫为旺相，临白虎为凶兆。时干辛位巽木宫处入墓之地而不吉，巽宫也主腺疾。综合分析判断，患者易患乳腺之疾且需防心脑血管并发症（丙火临禽，死门在离火宫）。西医（天心）、中医（乙奇）落宫均不克天芮病宫，一旦染疾便难于医治。

★ 新闻报道：著名演员陈晓旭于1982年（17岁）首演电视剧《家风》，后于1987年因主演电视剧《红楼梦》，成功塑造林黛玉而家喻户晓。自1991年下海经商，2007年确诊患乳腺癌，于当年2月23日在长春兴隆寺落发出家，法号“妙真”，但不久于5月13日在深圳病逝。

[实例074] 新闻报道：演员柴云清因病去世（76岁）

去世时间：2007年4月21日晚 19:40

时间干支：丁亥年甲辰月乙酉日丙戌时（日空午未，时空午未）

患者年命：男，1931年3月1日辛未年生

双午空　双未空　马星

辰月旺土旺

天　乙 开　己 冲　庚	符　丁 休　庚 辅　丙	蛇　己 生▲　时干 丙 英　辛戊
地　壬 惊　太岁 丁 任　己	使：杜门 阳2　辛	阴　庚 伤　年命 辛戊 芮病禽　癸
武　癸 死　日干 中医 乙 蓬　丁	虎　辛戊 景　壬 心西医　乙	合　丙 杜　癸 柱　壬

辛帝旺　丙衰病　戊衰病

辛临官/临禽　癸病地　戊死地

乙帝旺　~~丁入墓~~

*门反吟（反复为凶）

图7.74　[实例074] 奇门遁甲局

八成信息读取与分析：

1.在图7.74中标注死亡局的四干、日空、时空，再标注丁入墓（被马星冲掉），发现门反吟。

2.选择病亡的主要参数

（1）病况（天芮星）；（2）患者年命辛

（3）死讯（死门）；（4）病亡之事（时干丙）

3.主要分析以上四个主要参数的落宫情况

天芮病星位兑金宫，患者年命辛也在此宫处临官之地为旺相且临禽为旺，宫内癸处病地、戊处死地，天芮临伤门、太阴之凶。据此，患者易患肺部之疾（辛金之肺部）。死门位艮土宫为旺相，宫内乙处帝旺之地、丁入墓；死门临天蓬、玄武之大凶。据此，患者易危于颈部之血脉（乙木为颈部，丁火为血脉）。时干丙位坤土宫，宫内辛处帝旺之地、丙与戊处衰病之地；时干丙临螣蛇之凶又逢空，当然临生门主吉但也逢空。据此，患者病亡当与肺部有关（辛金为肺部）。综合分析判断，患者易患肺部之疾，病危时当引发头颈部血脉之疾。西医（天心）、中医（乙奇）之落宫不克天芮病宫，中西医无力治愈患者。

★ 新闻报道：著名演员柴云清兼编剧与演员一身，是扮演“周恩来总理的特型演员”，曾在20多部影视剧中成功扮演“周总理”，被评为“优秀演员”，于2007年4月21日因肺心病引发脑梗而病逝。

［实例075］ 新闻报道：亚洲女首富龚如心（小甜甜）因病去世（70）岁

去世时间：2007年4月3日晚戌时

时间干支：丁亥年癸卯月丁卯日庚戌时（日空戌亥，时空寅卯）

患者年命：女，1937年9月29日丁丑年生

八成信息读取与分析：

1.在图7.75中标注死亡局的四干、日空、时空（卯月旺，卯空不为真空），再标注戊六击、乙入墓、丙入墓（乙入墓被马星冲掉），没有发现伏吟、反吟。

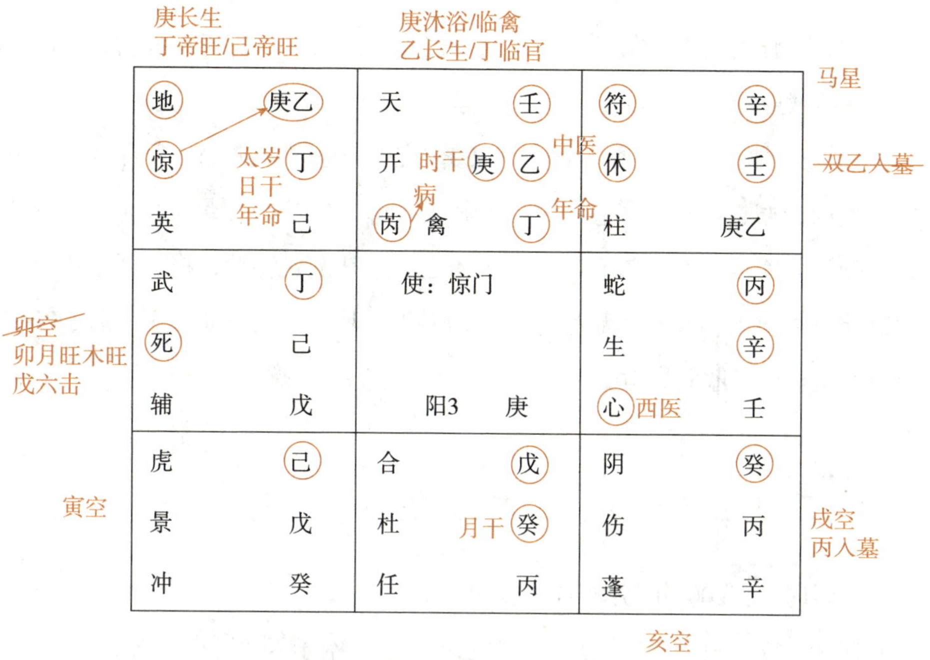

图7.75　［实例075］奇门遁甲局

2.选择病亡的主要参数

（1）病况（天芮星）；（2）患者年命丁

（3）死讯（死门）；（4）病亡之事（时干庚）

3.主要分析以上四个主要参数的落宫情况

天芮病星、患者地盘年命丁、时干庚同位离火旺宫，信息集中；宫内乙处长生之地、丁处临官之地、庚临禽均为旺相状态。据此，患者易患心血管之阻（丁火主心血管，庚金为阻力为肿瘤）及管道之阻（乙木为管道，庚金为阻力为肿瘤）。患者天盘年命丁位巽木宫，宫内丁、己皆处帝旺之地为旺相，暗干庚处长生之地，宫内临惊门、九地之凶。据此，患者易患排卵管之阻（巽宫为排卵管，庚金为阻力为肿瘤）及心血管之阻（丁火主心血管，己、庚均为阻力，庚为肿瘤）。死门位震木宫临戊六击之地为大凶，患者在病危时脾胃也出现大问题。综合分析判断，患者易患排卵管肿瘤、心血管阻塞及脾胃之疾。西医（天心）、中医（乙奇）之落宫不克天芮病宫，中西医皆无法治愈患者。

★ **新闻报道：**知名香港女企业家龚如心曾为亚洲女首富，早年与其夫王德辉共同创办、经营“华懋集团”；其夫被绑架失踪后，龚如心亲自管理公司，使该集团成为香港最有实力的集团之一。其发式特殊，梳成两个小辫，以微笑见人，人称其“小甜甜”。在2004年，其被诊断患卵巢癌，后于2007年癌细胞全面扩散而病逝。

[实例076] 新闻报道：演员赵本山的徒弟李正春因病去世（45岁）

去世时间：2007年1月29日早晨6:50

时间干支：丙戌年辛丑月癸亥日乙卯时（日空子丑，时空子丑）

患者年命：男，1962壬寅年生

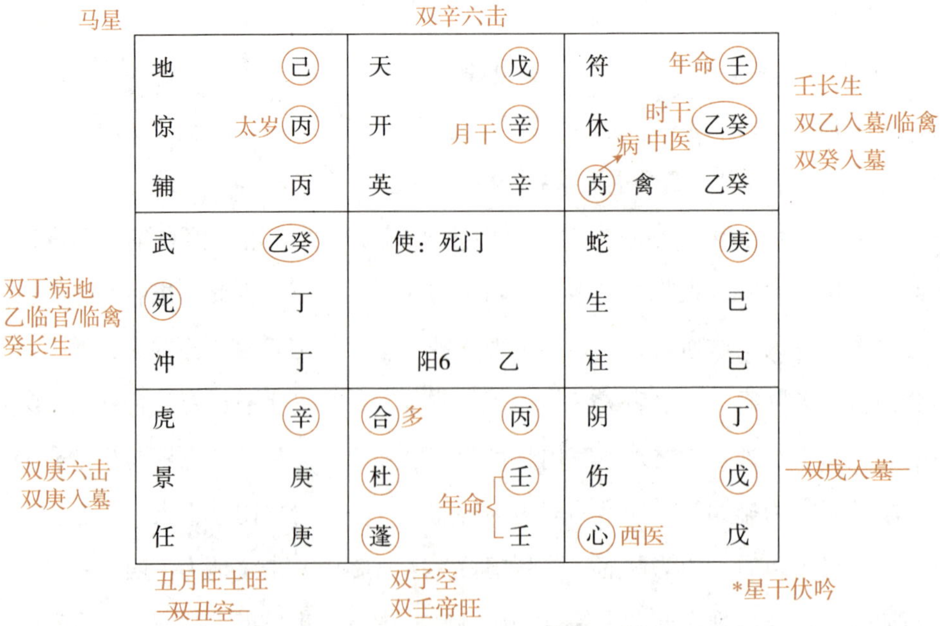

图7.76 ［实例076］奇门遁甲局

八成信息读取与分析：

1.在图7.76中标注死亡局的四干、日空、时空（丑月旺，丑空不为真空），再标注双庚六击、双辛六击、双庚入墓、双乙入墓、双癸入墓、双戊入墓（双戊入墓被马星冲掉），发现星干伏吟。

2.选择病亡的主要参数

（1）病况（天芮星）；（2）患者年命壬

（3）死讯（死门）；（4）病亡之时（时干乙）

3.主要分析以上四个主要参数的落宫情况

天芮病星位坤土宫为旺相，宫内时干乙临禽也为旺相、双癸入墓、暗干年命壬处长生之地为旺相，天芮临休门、值符为吉但逢双乙入墓、双癸入墓又不吉。据此，患者易患水木之疾即淋巴、肝胆之疾（壬水、癸水主淋巴、乙木主肝胆）。患者天地盘年命壬处坎水宫，宫内双壬处帝旺之地，天芮临天蓬、杜门之凶又临六合病多；该宫逢双子空，由对宫补充信息，对宫离火宫内双辛六击。据此，患者易患淋巴与血液之疾（双壬水旺，主淋巴并血液），也易患肺部之疾（双辛六击肺部）。死门位震木宫，宫内乙临官、临禽之旺、癸处长生之旺、双丁处病地，病亡之际当有淋巴、血液、肝胆之疾（癸水主淋巴、血液，丁火主心血管，乙木主肝胆）。西医（天心）、中医（乙奇）之落宫皆不克天芮病宫，患者无法被治愈。

★ 新闻报道：小品演员李正春是赵本山的大弟子，曾在电视剧中成功饰演乡长，而得到观众的普遍赞扬。在2006年8月因病住院，被诊断为淋巴癌；2007年1月发现全身皮肤发黄并消化道出血，后于1月29日病逝。

［实例077］ 新闻报道：著名相声演员马季因病去世（72岁）

去世时间：2006年12月20日上午10:25

时间干支：丙戌年庚子月癸未日丁巳时（日空申酉，时空子丑）

患者年命：男，1934年8月2日甲戌年生

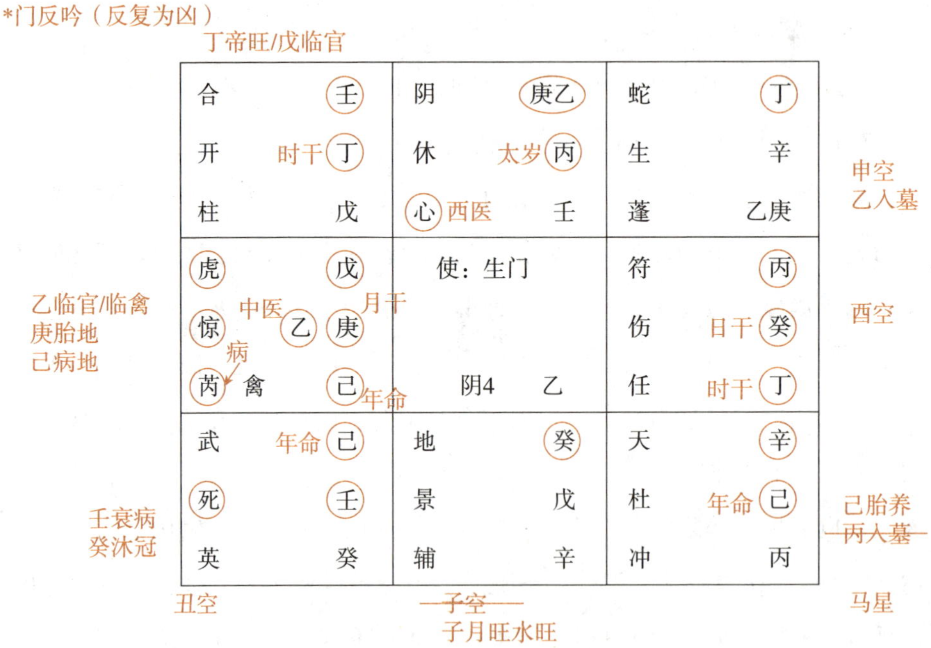

图7.77 ［实例077］ 奇门遁甲局

八成信息读取与分析：

1.在图7.77中标注死亡局的四干、日空、时空（子月旺，子空不为真空），再标注乙入墓、丙入墓（丙入墓被马星冲掉），发现门反吟。

2.选择病亡的主要参数

（1）病况（天芮星）；（2）患者年命己

（3）死讯（死门）；（4）病亡之时（时干丁）

3.主要分析以上四个主要参数的落宫情况

天芮病星、地盘患者年命已均位震木宫，宫内乙处临官之地并临禽为旺相、庚处胎地、已处病地，天芮临惊门、白虎之突凶。据此，患者易突发肝胆之病（乙木主肝胆）或管道之疾（乙木也主管道）。患者天盘年命已位乾金宫，已处胎养之地尚吉惜临杜门之阻力，宫内丙入墓不吉；据此，患者易心血管不吉（丙火主心血管）。死门及暗干年命已位艮土宫，已入墓为不吉，宫内壬处衰病之地、癸处沐冠之地；据此，病危之际病发血液之阻（壬水、癸水主血液，已土主阻力）。时干丁位巽木宫处帝旺之地为吉，但临天柱突发之凶，戊处临官为旺相为阻力；据此，患者易突发血脉之阻力（巽宫主血脉，丁火主心血管，戊土为阻力）。综合分析判断，患者易患突发性的心血管重疾或肝胆之疾。西医（天心）、中医（乙奇）之落宫不克天芮病宫，中西医皆难以治愈患者。

★ 新闻报道：著名相声演员马季师从相声大师侯宝林，日后也成为相声大师；其从艺生涯中，曾创作、出演过大量的相声作品，在2006年9月其获得牡丹奖项“终身成就奖”。其曾培养了一大批相声演员，如姜昆、冯巩、笑林等等。2006年12月20日，其心脏病复发，不治去世。

[实例078]　新闻报道：演员苏林因病去世（68岁）

去世时间：2005年12月1日凌晨 3:00

时间干支：乙酉年丁亥月己未日丙寅时（日空子丑，时空戌亥）

患者年命：男，1937丁丑年生

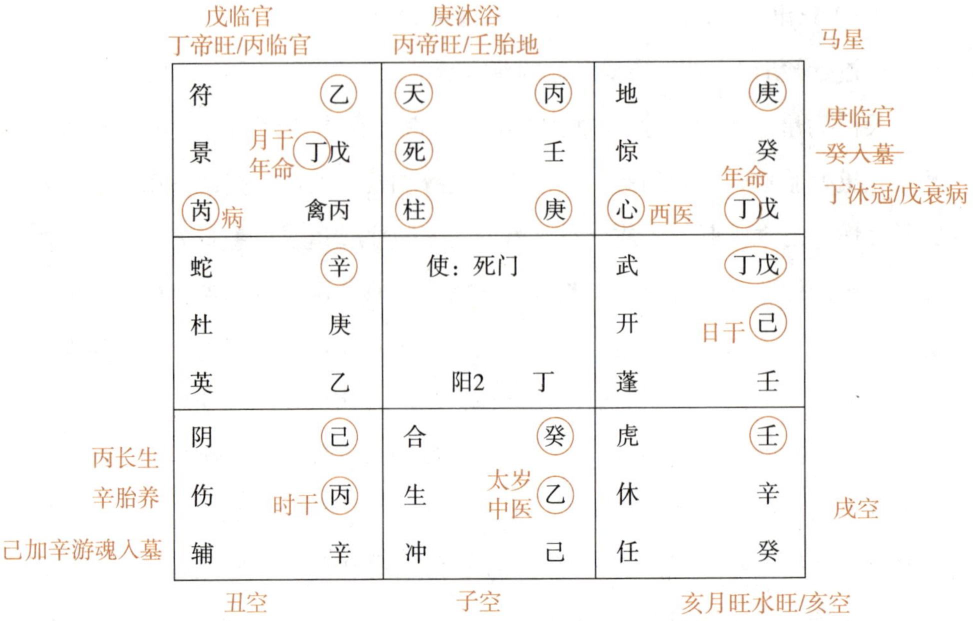

图7.78 ［实例078］奇门遁甲局

八成信息读取与分析：

1.在图7.78中标注死亡局的四干、日空、时空（亥月旺，亥空不为真空），再标注癸入墓（被马星冲掉），没有发现伏吟、反吟。

2.选择病亡的主要参数

（1）病况（天芮星）；（2）患者年命丁

（3）死讯（死门）；（4）病亡之事（时干丙）

3.主要分析以上四个主要参数的落宫情况

天芮病星、患者天盘年命丁位巽木宫，宫内丁处帝旺之地、丙处临官之地、戊也处临官之地，三者皆为旺相，天芮临值符为吉。据此，患者易患心血管阻塞之病（丁火、丙火、巽宫主心血管脑，戊土为阻物为阻力）。患者地盘年命丁位坤土宫处沐冠之地，宫内癸入墓、戊衰病，年命丁临惊门、九地之凶；据此，患者易患心血管阻塞突发之病（丁火心血管，戊为阻力及阻物，惊门主突发）。死门位离火宫为旺相，宫内壬处胎地、庚处沐浴之地，死门临天柱、九天之凶；据此，患者易患心脑血管之重疾（离火宫主心脑，壬水主血液，庚金为重阻）。时干丙位艮土宫处长生之地为吉惜逢空，时干丙临伤门、太阴之凶，更有已加辛游魂入墓之死兆；据此，患者易患心血管阻力之死疾（丙火主心血管，辛为阻力与阻物，已加辛为死兆）。西医（天心）、中医（乙奇）之落宫均不克天芮病宫，患者无法被治愈。

★ 新闻报道：演员苏林，原广西话剧团团长，国家一级演员。其作为特型演员在数十部影视剧中出演“周恩来”，其出演的《巍巍昆仑》《大决战》曾获金鸡奖、百花奖；也曾获得过其他奖项。在2005年12月1日因心梗而病逝。

[实例079]　新闻报道：著名演员傅彪因病去世（42岁）

去世时间：2005年8月30日上午9:25

时间干支：乙酉年甲申月丙戌日癸巳时（日空午未，时空午未）

患者年命：男，1963年9月27日癸卯年生

八成信息读取与分析：

1.在图7.79中标注四干、日空、时空，再标注庚六击、辛六击、庚入墓、乙入墓、癸入墓、丙入墓、戊入墓（丙入墓被马星冲掉），发现星干反吟、门伏吟。

2.选择病亡的主要参数

（1）病况（天芮星）；（2）患者年命癸

（3）死讯（死门）；（4）病亡之事（时干癸）

*星干反吟（反复为凶），门伏吟

辛六击
双午空　　　　双未空

地　丙 杜　日干 丙 心 西医　戊	武　辛 景　辛 蓬　壬	虎　癸 死　时干 年命 癸 任　乙庚
天　丁 伤　丁 柱　已	使：死门 阴4　乙	合　己 惊　己 冲　丁
符　乙庚 生　太岁 乙庚 月干 芮 病 禽　年命 癸	蛇　壬 休　壬 英　辛	阴　戊 开　戊 辅　丙

庚临官
癸入墓
乙入墓
申月旺金旺

庚六击/庚入墓
乙帝旺/癸沐冠

~~丙入墓~~
戊入墓
马星

图7.79　［实例079］奇门遁甲局

3.主要分析以上四个主要参数的落宫情况

天芮病星位艮土宫为旺相，患者地盘年命癸也位艮土宫处沐冠之地，宫内乙处帝旺之地且临禽为旺相、庚处六击之地为凶、癸处酝酿状态。据此，患者易患肝胆重疾如肝癌（乙木主肝胆，庚金主肿瘤）。天芮临生门、值符为吉，惜逢六击、入墓而转凶，患者天盘年命癸、死门、时干癸均位坤土宫，信息更集中，宫内乙临禽为旺相、庚处临官之地也为旺相，又是肝癌之兆。死门为白虎为大凶，患者天盘年命癸逢双未空又为凶，患者危急也。西医（天心）之巽木宫可以克天芮之艮土宫，惜申月月令金旺木囚，克力为小；又西医临杜门、九地之不吉，恐难以治愈之重症；中医（乙奇）与天芮同位艮土宫，仅辅助治疗而已。

★ 新闻报道：著名演员傅彪参演过多部电影与电视剧，在2001年因成功出演《押解的故事》而被评为金鸡奖最佳男配角，2002年在北京大学生电影节上被评为“最佳男演员”，2005年被评为“十佳演员”。在2004年8月被查出肝癌晚期，然后接受了两次肝脏移植手术，但还是在2005年8月30日不治而亡。

［实例080］ 新闻报道：著名小品演员高秀敏因病去世（46岁）

去世时间：2005年8月18日凌晨4:00

时间干支：乙酉年甲申月甲戌日丙寅时（日空申酉，时空戌亥）

患者年命：女，1959年1月28日戊戌年生

辛六击/临禽
乙长生/丁临官

壬六击
壬入墓
乙沐冠

马星
~~申空~~
申月旺金旺
己六击

酉空

戌空
丙入墓

亥空

武 乙 死 太岁中医 乙 英 壬	虎 辛丁 惊 辛丁 芮 病 禽 乙	合 己 开 日干 己 柱 辛丁
地 壬 景 壬 辅 癸	使：生门 阴8 辛	阴 庚 休 月干 庚 心 西医 己
天 癸 杜 癸 冲 年命 戊	符 戊 伤 年命 戊 任 丙	蛇 丙 生 时干 丙 蓬 庚

图7.80 ［实例080］奇门遁甲局

八成信息读取与分析：

1.在图7.80中标注四干、日空、时空（申月旺金旺，申空不为真空），再标注壬六击、辛六击、已六击、壬入墓、丙入墓，没有发现伏吟、反吟。

2.选择病亡的主要参数

（1）病况（天芮星）；（2）患者年命戊

（3）死讯（死门）；（4）病亡之事（时干丙）

3.主要分析以上四个主要参数的落宫情况

天芮病星位离火宫，宫内丁处临官之地、乙处长生之地、辛六击并临禽，均为旺凶之兆；又天芮临惊门、白虎之突发之凶，患者易实发大凶之疾。据此，患者易患心血管被阻之大疾（丁火/离火主心血管，辛金主阻力，惊门、白虎主突发）。患者天地盘年命戊未见凶兆，不做病论。时干丙位乾金宫处入墓之地而不吉，逢双空又不吉，宫内显天蓬、螣蛇之大凶，乃病危大凶之兆；丙的部位乃心血管。西医（天心）、中医（乙奇）之落宫均不克天芮病宫，患者重疾无法治愈而亡。

★ 新闻报道： 著名小品、二人转演员高秀敏长期与赵本山大师搭档，出演过大量小品及电视剧，多次获奖，几乎家喻户晓，但在2005年8月18日凌晨突发心脏病而去世。

[实例081] 新闻报道："毛泽东扮演者"古月因病去世（68岁）

去世时间：2005年7月2日夜 23:09

时间干支：乙酉年壬午月戊子日壬子时（日空午未，时空寅卯）

患者年命：男，1937丁丑年生

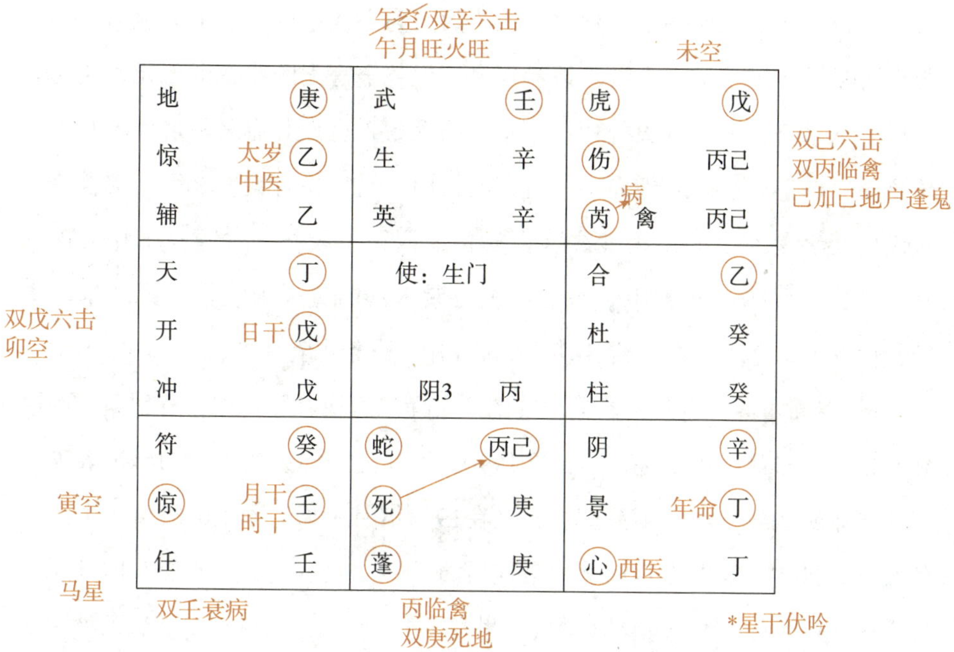

图7.81　[实例081] 奇门遁甲局

八成信息读取与分析：

1.在图7.81中标注死亡局的四干、日空、时空（午月旺，午空不为真空，寅空被马星冲掉），再标注双戊六击、双辛六击、双已六击，发现星干伏吟。

2.选择病亡的主要参数

（1）病况（天芮星）；（2）患者年命丁

（3）死讯（死门）；（4）病亡之事（时干壬）

3.主要分析以上四个主要参数的落宫情况

天芮病星位坤土宫为旺相，宫内双丙临禽也为旺相、双已六击为大凶、已加已为地户逢鬼即死亡之兆，天芮临伤门、白虎为突发之大凶。据此，患者易突发心血之阻如心肌梗死之重疾（丙火为心血系统，已土为阻力，伤门与白虎易重疾突发）。患者天地盘年命丁位乾金宫无凶兆，即无死亡先兆。死门位坎水宫，宫内双庚处死地，暗干丙临禽，也是心血之阻之象。时干壬位艮土宫，壬处衰病之地而事不吉，临惊门、马星易有突发之事。综合分析判断，患者易突发心肌梗死之疾而病亡。西医（天心）之落宫不克天芮病宫，西医恐无力回天；中医（乙奇）之巽木宫弱克天芮病宫（火旺木泄土旺，使木仅弱克旺土），难以短时发挥作用，也于患者无效。

★ 新闻报道： 古月乃家喻户晓的“毛泽东扮演者”，作为特型演员，他在87部影视作品中出演毛泽东。在1990年因在《开国大典》中的出色表现，荣获电影百花奖“最佳男演员”，又在1993年因在《毛泽东的故事》中的出色表现，再次荣获电影百花奖“最佳男演员”，但不幸于2005年7月2日因突发心肌梗死而在广东三水人民医院去世。

[实例082] 新闻报道：著名画家、导演陈逸飞因病去世（59岁）

去世时间：2005年4月10日上午8:44

时间干支：乙酉年庚辰月甲子日戊辰时（日空戌亥、时空戌亥）

患者年命；男，1946年4月14日丙戌年生

八成信息读取与分析：

1.在图7.82中标注死亡局的四干、日空、时空，再标注双已六击，发现星干伏吟。

2.选择病亡的主要参数

（1）病况（天芮星）；（2）患者年命丙

（3）死讯（死门）；（4）病亡之事（时干戊）

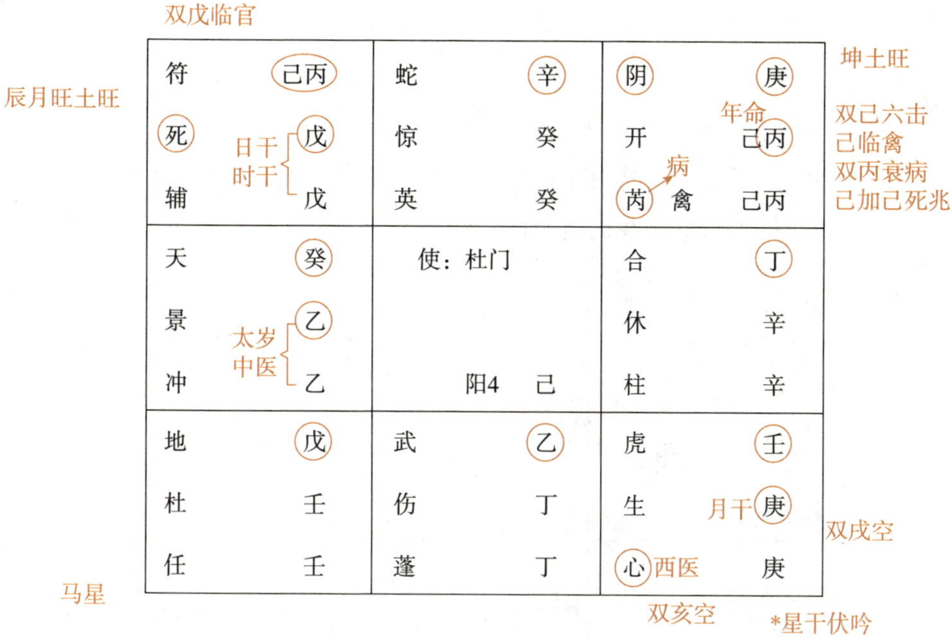

图7.82 ［实例082］奇门遁甲局

3.主要分析以上四个主要参数的落宫情况

天芮病星位坤土宫为旺而凶，患者天地盘年命丙也位坤土宫处衰病之地，年命衰病而不吉，天芮临太阴（阴间）为凶、已加已地户逢鬼为死亡之兆，乃大凶也，又双已六击为凶上加凶。据此，患者易因旺土之疾即脾胃重疾而亡。死门与时干戊同位巽木宫，宫内双戊处临官为旺相，又凸显脾胃重疾而病亡。西医（天心）之落宫不克天芮病宫，故西医无法治愈患者；中医（乙奇）之落宫可克天芮病宫，惜土旺木囚，故囚木无力克旺土，中医难以施力救人。马星在寅位而冲动坤土病宫，患者疾病发作而亡。

★ 新闻报道：著名油画家、导演陈逸飞于1980年旅美，后成为“文化名流”，创作了一系列艺术价值极高的油画作品，如《黄河颂》《周庄》等等，同时，陈逸飞还成为一个成功的“文化实业家”。在2005年4月10日，其不幸因胃穿孔并胃出血而去世。

［实例083］ 新闻报道：著名演员李媛媛因病去世（41岁）

去世时间：2002年10月20日晚 19:40

时间干支：壬午年庚戌月辛酉日戊戌时（日空子丑，时空辰巳）

患者年命：女，1961年6月18日辛丑年生

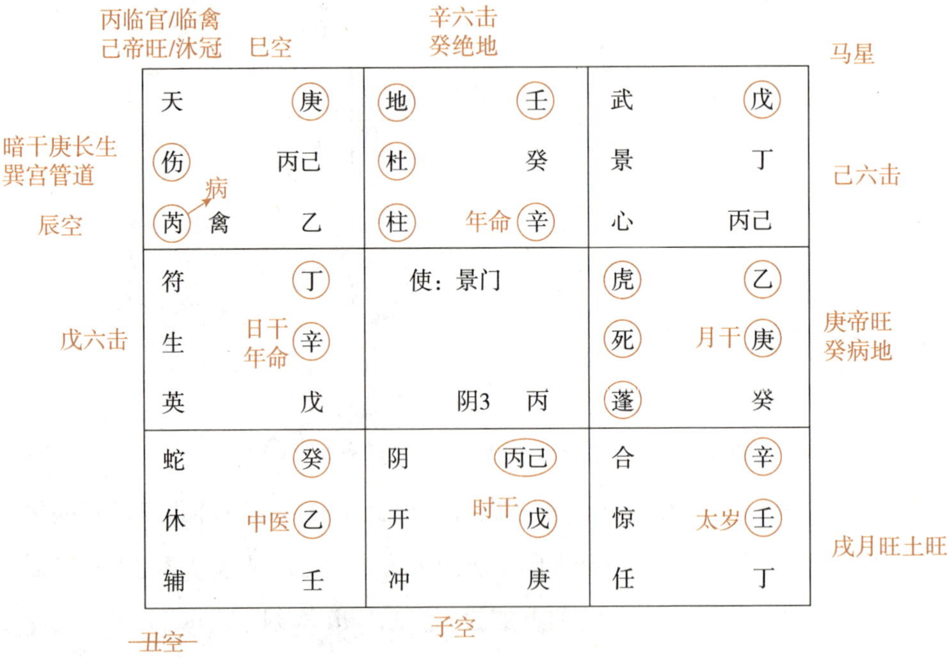

图7.83 ［实例083］奇门遁甲局

八成信息读取与分析：

1.在图7.83中标注死亡局的四干、日空、时空（丑空被马星冲掉而不为真空），再标注戊六击、辛六击、己六击，没有发现伏吟、反吟。

2.选择病亡的主要参数

（1）病况（天芮星）；（2）患者年命辛

（3）死讯（死门）；（4）病亡之事（时干戊）

3.主要分析以上四个主要参数的落宫情况

天芮病星位巽木宫，宫内丙处临官之地又临禽为旺相、已入帝旺之地、暗干庚处长生之地均为旺相、乙处沐冠之地；天芮临伤门、九天之凶。据此，患者易患血阻重疾（丙火为心血管、已与庚为阻力与阻物）或排卵管重疾（巽宫与乙木构成排卵管、庚为肿物）；该宫遇辰空、巳空，在戌、亥之时对冲破空，重病发生（庚戌月、戊戌时）。患者地盘年命辛位离火宫遇六击而凶，又年命辛临天柱、九地、杜门之凶，乃为凶上加凶。癸处绝地而于年命辛为不吉，癸水主女阴部之疾，午旺而凶（壬午年为凶）。死门位兑金宫，宫内庚处帝旺之地为旺相、癸处病地，死门临天蓬、白虎大凶；据此，患者易病危于金水之症，即肺部与女阴部之疾。时干戊位坎水宫逢空，壬午年对冲坎宫，时干戊成实，即病亡之事成实。天芮病宫弱克西医（天心）、中医（乙奇）之落宫，中西医皆难以治愈患者。

★ 新闻报道：著名演员李媛媛曾任教于上海戏剧学院，主演过多部影剧，包括《围城》《上海的早晨》《香港的故事》《世纪人生》等，她曾获电影金鸡奖的最佳女主角、最佳女配角、优秀女演员。令人十分惋惜的是李媛媛于2000年9月产子后发现宫颈癌，后经手术、放疗、化疗，但终不敌病魔而于2002年10月20日病逝。

［实例084］ 新闻报道：歌手高枫因病去世（34岁）

去世时间：2002年9月19日夜 22:28

时间干支：壬午年己酉月庚寅日丁亥时（日空午未，时空午未）

患者年命：男，1968年7月24日戊申年生

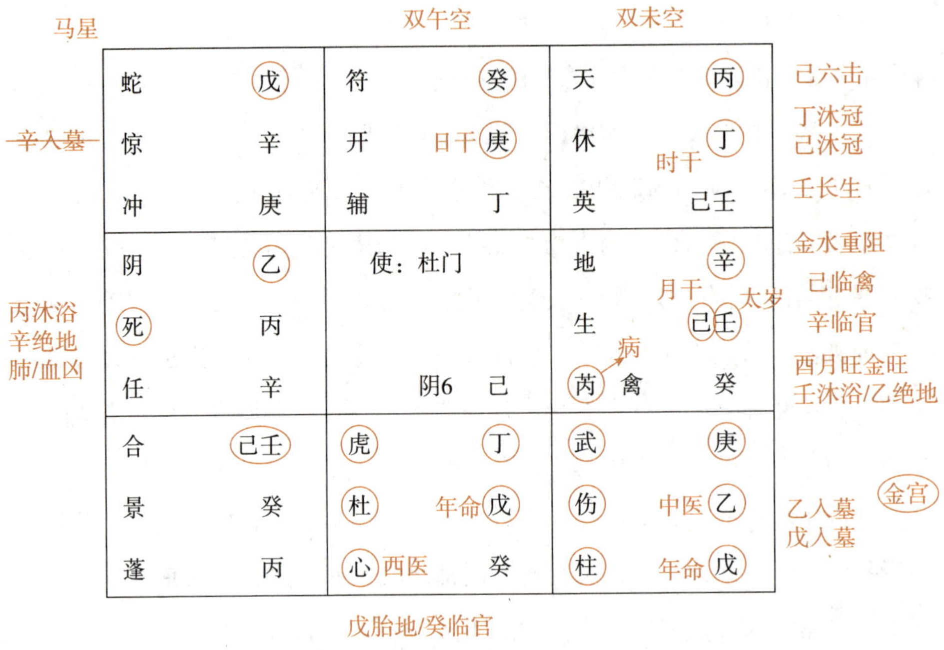

图7.84 ［实例084］奇门遁甲局

八成信息读取与分析：

1.在图7.84中标注死亡局的四干、日空、时空，再标注已六击、辛入墓、乙入墓、戊入墓（辛入墓被马星冲掉），没有发现伏吟、反吟。

2.选择病亡的主要参数

（1）病况（天芮星）；（2）患者年命戊

（3）死讯（死门）；（4）病亡之事（时干丁）

3.主要分析以上四个参数的落宫情况

天芮病星位兑金宫为旺相，宫内已临禽、辛处临官之地皆为旺相，壬处沐浴之地、乙处绝地，故患者易患金水受阻之疾（辛金壬水加已土）即肺部与泌尿系统之疾（辛金主肺部，壬水主泌尿系统）。

患者地盘年命戊位乾金旺宫，宫内乙入墓、戊入墓为不吉，年命戊又临天柱、伤门、玄武之凶，旺金泄年命戊土，患者须防肺部重疾。

患者天盘年命戊位坎水宫处绝地而不吉，癸处临官为旺相而耗年命戊，宫内有白虎、杜门之凶，故患者须防水之疾即泌尿系统之疾。死门位震木宫，宫内丙处沐浴之地、辛处绝地，患者易病危于肺、血之疾（辛主肺部，丙主心血）。时干丁位坤土宫遭六击而凶，其他参数尚吉，惜逢双未之宫，吉凶参半。西医（天心）、中医（乙奇）之落宫均不克天芮病宫，故中西医皆无法治愈患者。

＊新闻报道：著名歌手兼作曲者高枫自1988年（20岁）时便录制唱片并演唱影视插曲，其《大中国》一歌影响深远，不幸因染上PCP病毒性肺炎而于2002年9月19日去世。

[实例085] 新闻报道：著名健美教练马华因病去世（41岁）

去世时间：2001年9月22日 0:09

时间干支：辛巳年丁酉月戊子日壬子时（日空午未，时空寅卯）

患者年命：女，1959己亥年生

八成信息读取与分析：

1.在图7.85中标注死亡局的四干、日空、时空（寅空被马星冲掉而不为真空），再标注双戊六击、双辛六击、双巳六击，发现星干伏吟。

2.选择病亡的主要参数

（1）病况（天芮星）；（2）患者年命已

（3）死讯（死门）；（4）病亡之事（时干壬）

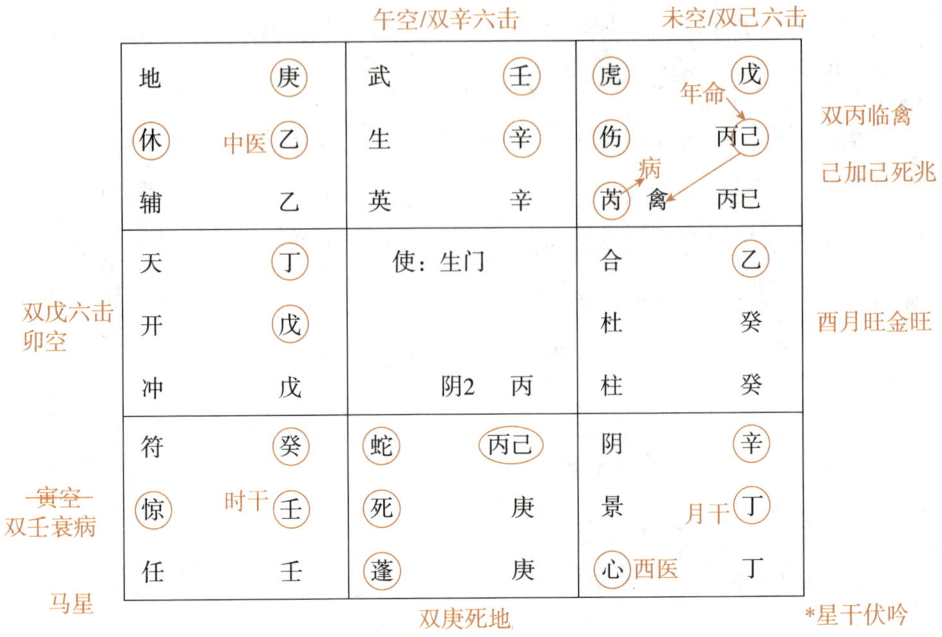

图7.85 ［实例085］奇门遁甲局

3.主要分析以上四个主要参数的落宫情况

天芮病星位坤土宫为旺相，宫内双丙临禽为旺为凶、双已为患者年命遭六击、已加已为地户逢鬼死亡之兆，又天芮临白虎、伤门之大凶，故疾病一旦爆发而成重症；主要病在心血系统（丙火主心血，已土为血阻或阻物）。死门位坎水宫，因金旺而水宫旺，双庚处死地又生水，且死门临天蓬、螣蛇之大凶；病危易发生在水之重疾即血液之重疾，加上庚为癌症之兆，故病危于血癌（白血病）之可能性大。时干壬位艮土宫，宫内见双壬处衰病之地、临惊门之突凶，仍是壬水即血液之重疾。西医（天心）不克天芮病宫，西医已无力回天；中医（乙奇）可克天芮病宫，惜金旺木囚时令不济。如曾在旺春季节抓紧中医治疗并休养（中医乙奇与休门保养同在巽木宫克天芮病宫），健康或许可以挽回。

★ 新闻报道：马华是我国最早的大众健康教练之一，曾被誉为“中国健康第一人”；自1985年（26岁）起涉足健身操，成为著名教练并担任比赛裁判。在过于紧张劳累的情况下，马华于2001年9月22日因白血病不治而病逝。

[实例086] 新闻报道：著名演员赵丽蓉因病去世（72岁）

去世时间：2000年7月17日早晨7:30

时间干支：庚辰年癸未月丙子日壬辰时（日空申酉，时空午未）

患者年命：女，1928年3月11日戊辰年生

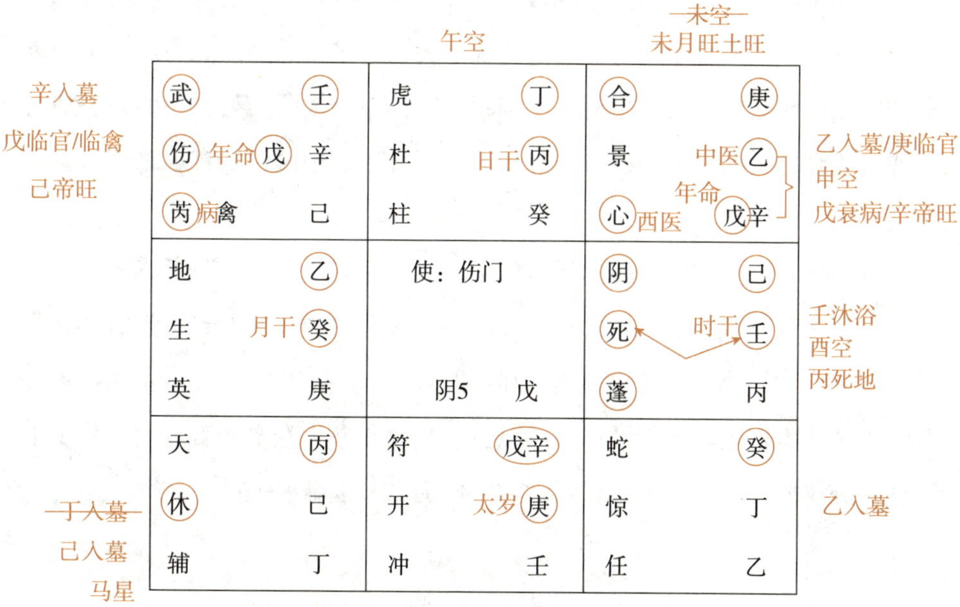

图7.86　[实例086] 奇门遁甲局

八成信息信息读取与分析：

1.在图7.86中标注死亡局的四干、日空、时空（未月旺，未空不为真

空），再标注丁入墓、己入墓、辛入墓、乙/乙入墓（丁入墓被马星冲掉），没有发现伏吟、反吟。

2.选择病亡的主要参数

（1）病况（天芮星）；（2）患者年命戊

（3）死讯（死门）；（4）病亡之事（时干壬）

3.主要分析以上四个主要参数的落宫情况

天芮病星位巽木宫受制，该宫内年命戊处临官/临禽为旺、己处帝旺、辛入墓，天芮临伤门、玄武之凶。据此宫信息，患者易患消化（戊土、己土）之重疾。患者地盘年命戊位坤土宫处衰病而不吉，该宫内辛处帝旺、庚处临官为旺相、乙入墓，患者易患肺疾（辛金、庚金）、妇科之疾（坤宫为妇科宫）；该宫内临六合主病有数种，乙加辛为人亡之象成大凶之兆。时干壬位兑金宫处沐浴之地尚可，但时干壬临死门、天蓬、太阴乃死亡之兆，壬加丙为蛇入火乡之大凶。天芮病宫弱克西医（天心）、中医（乙奇）之落宫，患者之重疾无法治愈。

★ 新闻报道： 赵丽蓉是著名的评剧、小品表演艺术家，她于1943年（15岁）即以主演身份登台；于1988年（60岁）首登央视春晚舞台，先后共有八次登上央视春晚舞台，可谓家喻户晓的名演员。在1991年因主演电影《过年》，荣获东京国际电影节影后，接着在1992年获大众电影百花奖影后及中国电影表演艺术学会大奖，不幸于2000年7月17日因肺癌去世。

[实例087] 新闻报道：著名歌星邓丽君因病去世（42岁）

去世时间：1995年5月8日下午16:00

时间干支：乙亥年辛巳月己亥日壬申时（日空辰巳，时空戌亥）

患者年命：女，1953年1月29日壬辰年生

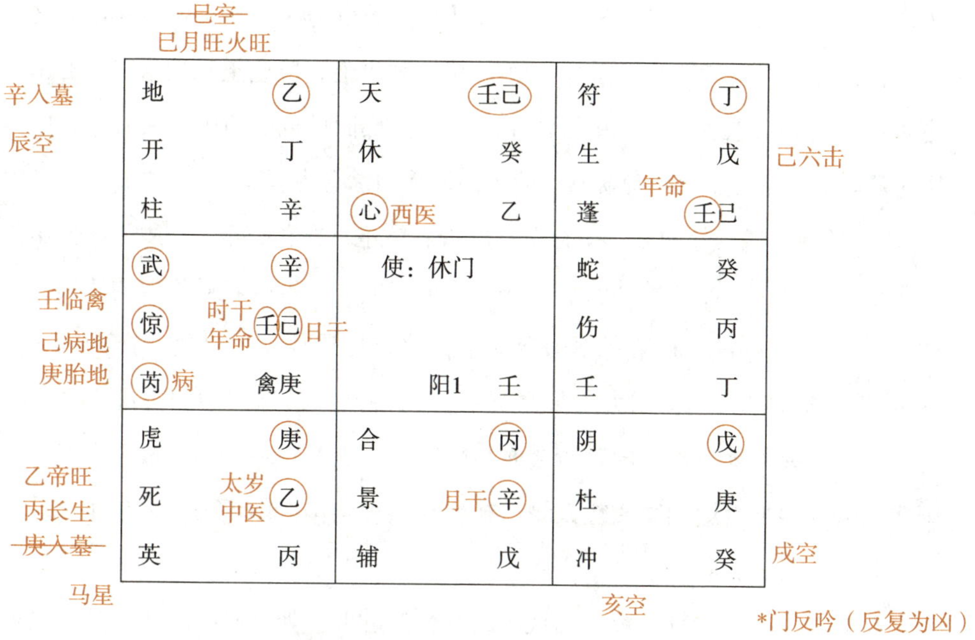

图7.87　［实例087］奇门遁甲局

八成信息读取与分析：

1.在图7.87中标注死亡局的四干、日空、时空（巳月旺，巳空不为真空），再标注巳六击、辛入墓，发现门反吟。

2.选择病亡的主要参数

（1）病况（天芮星）；（2）患者年命壬

（3）死讯（死门）；（4）病亡之事（时干壬）

3.主要分析以上四个主要参数的落宫情况

天芮病星、患者天盘年命壬、时干壬均位震木宫，信息相当集中；宫内壬临禽为旺相为凶、庚处胎地、巳处病地，又天芮临惊门、玄武之突凶。据此，患者易患血液（壬水主血液）及呼吸道（壬水主管道，庚金主呼吸系统）之重疾而突发危险。死门位艮土宫为旺相，宫内乙处帝旺之地、丙处长生之地皆凶，又暗干庚处入墓之地而为马星所破也为凶，又有死门临白虎之突凶。据此，患者易发呼吸系统（庚/乙构成呼吸道，庚金主呼吸系统、乙木主管道）及心血系统（丙火主心血系统）之重疾而病危。西医（天心）、中医（乙奇）之落宫不克天芮病宫，故中西医无力治愈患者。

★ **新闻报道：**邓丽君是享誉全球的著名歌星，在1967年（14岁）时推出首张个人专辑，从此开始其歌唱生涯，后迅速成名。她曾获得无数的奖项，如在1980年（27岁）时荣获中国台湾金钟奖首位最佳女歌星奖、在1984—1986年三次获得日本音乐大奖最高奖项、在1995年被追授中国香港“金针奖”、在1996年被追授中国台湾金曲奖之特别贡献奖、在2009年被评为新中国成立60周年最有影响力文化人物、在2010年被美国CNN评为过去50年全球最知名的20位音乐家。

邓丽君演唱了大量听众与观众极其喜爱的歌曲，如《月亮代表我的心》《小城故事》《甜蜜蜜》《在水一方》等等。人们赞叹道：只要有华人的地方，必有邓丽君的歌声。

令人痛惜的是在1995年5月8日下午4:00邓丽君因长期感冒未愈伴随支气管炎所引发的哮喘病发作，致使脑部重度缺氧，心脏停顿，在泰国清迈兰姆医院经抢救45分钟无效而去世。

[实例088] 新闻报道：企业家刘晓光因病去世（62岁）

去世时间：2017年1月16晚19:30

时间干支：丙申年辛丑月癸卯日壬戌时（日空辰巳，时空子丑）

患者年命：1955乙未年

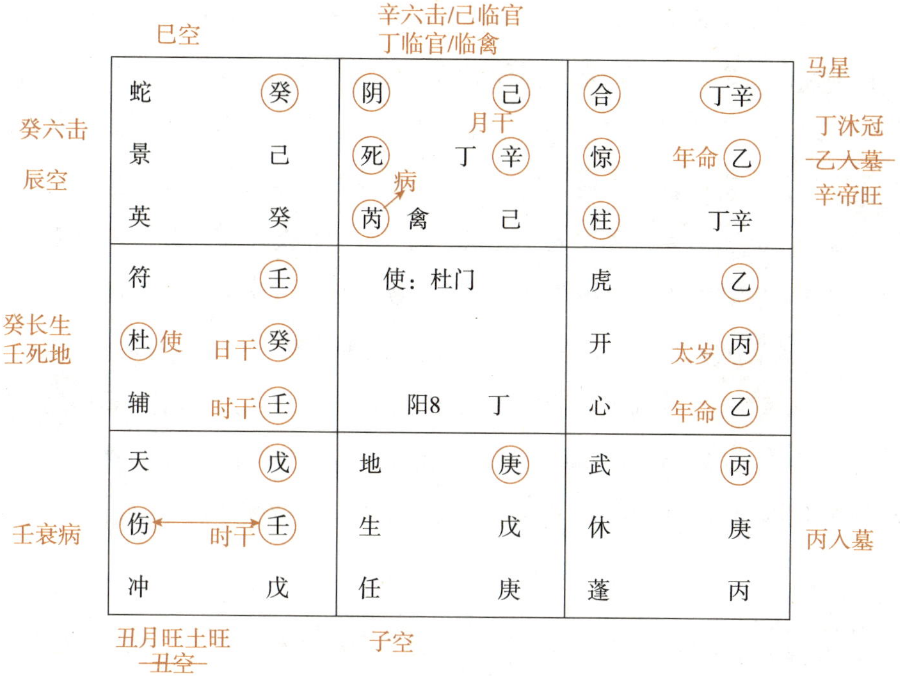

图7.88　［实例088］奇门遁甲局

八成信息读取与分析：

1．在图7.88中标注死亡局的四干、日空、时空（丑月旺丑空不为真空），再标注癸六击、辛六击、乙入墓、丙入墓（乙入墓被马星冲掉），没有发现伏吟、反吟。

2.选择病亡的主要参数

（1）病况（天芮星）；（2）患者年命乙

（3）死讯（死门）；（4）病亡之事（时干壬）

3.主要分析以上四个参数的落宫情况

天芮病星、死门均位离火宫，死门为旺，该宫内丁处临官之地且临禽为旺相、已也处临官为旺相、辛处六击之地，该宫内又现太阴（阴间）之凶，以上均为心血系统（离火宫加丁）大凶而亡。患者年命乙位坤土宫处入墓而显被马星冲动之凶，临六合为多种疾病，临天柱与惊门均为凶兆；该宫内辛处帝旺之地、丁处沐冠之地，以上又为心肺（丁火加辛金）大凶而亡之兆。时干壬位艮土宫处衰病之地，病事不吉，临伤门、九天为病伤严重；壬（泌尿系统）临旺土之克，也为大病之兆。综合以上信息，患者易患泌尿系统之疾，且病危时并发心血系统与呼吸系统之疾。西医（天心）、中医（乙奇）均不克天芮病星之落宫，故中西医无法治愈患者，其终乃不治身亡。

＊新闻报道： 刘晓光原系北京首创集团董事长、党组书记，是房地产界的著名人物。2015年因年龄原因退休；2016年12月2日因重病而昏迷，一个多月后于2017年1月16日去世，离其生日仅一个月。刘晓光主病为糖尿病。

［实例089］ 新闻报道：浙江著名企业家戴天荣因病去世（56岁）

去世时间：2017年1月21日上午8:31

时间干支：丙申年辛丑月戊申日丙辰时（日空寅卯，时空子丑）

患者年命：1961年5月辛丑年

八成信息读取与分析：

1.在图7.89中标注死亡局的四干、日空、时空（丑月旺丑空不为真空），再标注庚六击、癸六击、辛六击、庚入墓、乙入墓、癸入墓、戊入墓（庚入墓被马星冲掉），没有发现伏吟、反吟。

2、选择病亡的主要参数

（1）病况（天芮星）；（2）患者年命辛

（3）死讯（死门）；（4）病亡之事（时干丙）

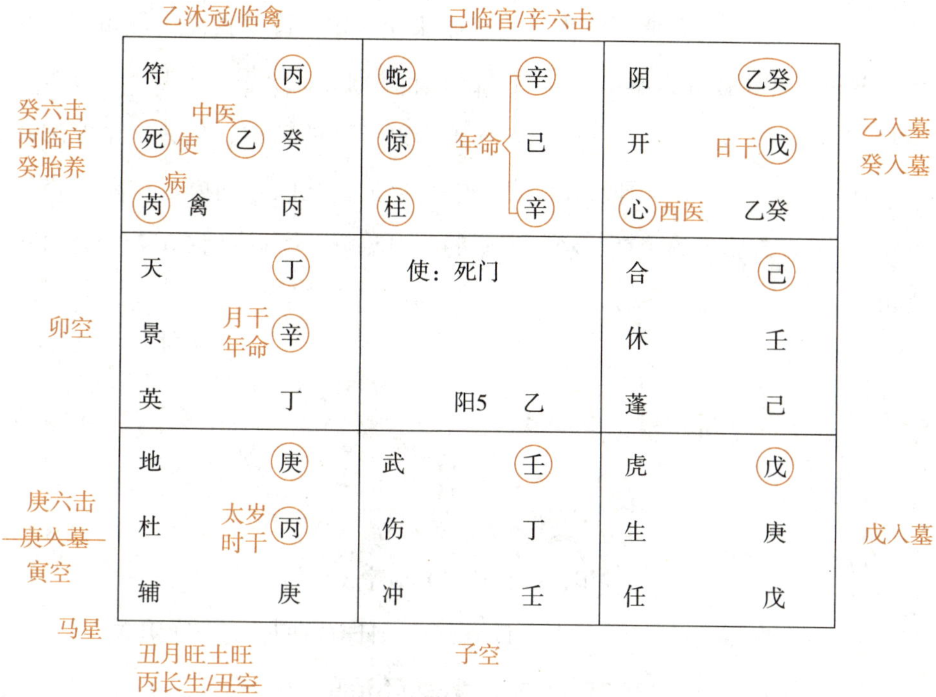

图7.89　[实例089]奇门遁甲局

3.主要分析以上四个参数的落宫情况

天芮病星、死门（恰为值使）位巽木宫而不旺，但该宫临癸六击、丙临官之旺相、乙临禽之旺相，患者易患心血系统（丙火）之疾及腺管（乙木、巽木）之疾。天芮病星加值使门为死兆之凶。患者地盘年命辛及暗干年命辛位离火宫，辛处六击之地，患者年命大凶，该宫内已处临官之地为旺相，年命辛临天柱、惊门、螣蛇之大凶，患者易患消化系统（已土）之凶疾。时干丙位艮土宫，虽处长生之地却受庚阻、杜门之阻，临九地为病事已久，该宫土旺，病涉土行即消化系统。综合判断，患者易患消化道（已土，艮土为消化系统、乙木/巽木为管道/腺体）之重疾。西医（天心）、中医（乙奇）均不克天芮病星之落宫，故中西医无法治愈患者，其终不治身亡。

★ 新闻报道：企业家戴天荣为祐康集团（主业冷饮食品）创始人，其于上一世纪90年代辞去基层干部的岗位而下海创业，依靠“走遍千山万水，说尽千言万语、想尽千方百计、吃尽千辛万苦”的精神，创造了企业的辉煌，他曾是第十二届全国人大代表、中共党员、全国劳动模范。在2015年7月，他被发现胰腺癌晚期，经与病魔的顽强斗争，终不治于2017年1月21日去世。

［实例090］ 新闻报道：著名台湾企业家辜成允（前台湾海峡交流基金会董事长辜振甫之次子）因意外而去世（63岁）

摔伤时间：（Ⅰ）2017年1月21日夜21:40摔成重伤而昏迷

时间干支：丙申年辛丑月戊申日癸亥时（日空寅卯，时空子丑）

死亡时间：（Ⅱ）2017年1月23日晨6:20不治身亡

时间干支：丙申年辛丑月庚戌日已卯时（日空寅卯，时空申酉）

患者年命：1954年11月28日甲午年乙亥月戊子日生

（Ⅰ）摔伤局：2017年1月21日 21:40，丙申年辛丑月戊申日癸亥时

八成信息读取与分析：

1.在图7.90a中标注摔伤局的四干、日空、时空（丑月旺而丑空不为真空），再标注双庚六击、双辛六击、双庚入墓、双乙入墓、双癸入墓、双戊入墓（双戊入墓被马星冲掉），发现星门干伏吟。

2.选择病亡的主要参数

（1）摔伤（伤门）；（2）伤病（天芮星）

（3）伤者年命辛；（4）病亡之事（时干癸）

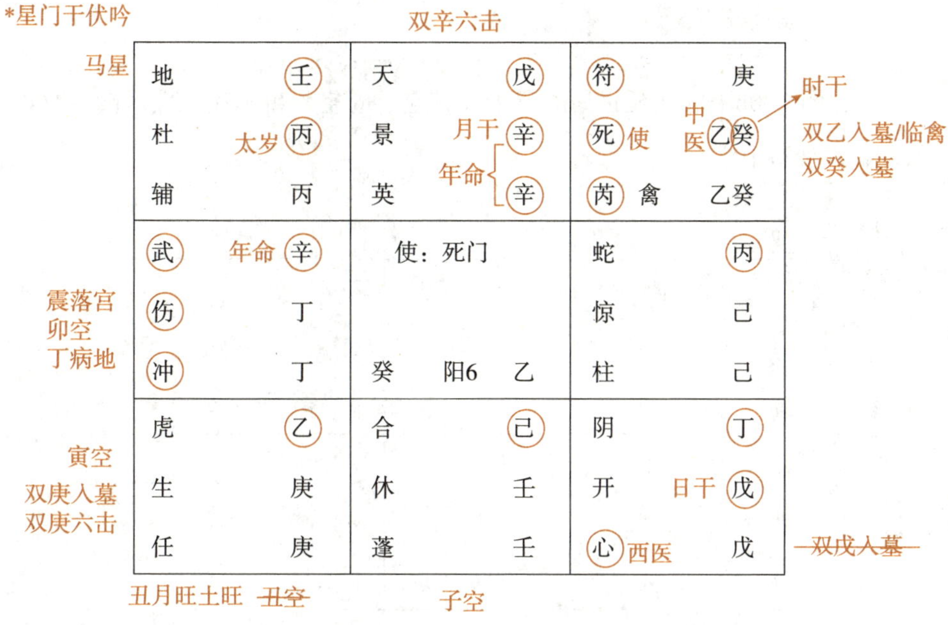

图7.90a ［实例090］奇门遁甲局（摔伤局）

3.主要分析以上四个参数的落宫情况

伤门位震木宫为旺相，宫内丁为高处、天冲为冲击、震宫为震荡，受伤事故系由高处跌落而受到冲击、震荡；该宫内玄武主人处昏迷状态，丁为心脑血管事而处病地。天芮病星（受伤致病）位坤土宫为旺相、时干癸、值使死门也恰位该宫，信息集中；乙处临禽之旺并临值符，乙主颈部、值符主头部，双癸主血液，故伤者头部、颈部大出血而大凶（临死门值使）。伤者天地盘年命辛均位离火宫遇六击大凶，即头部（离火宫）遭击（辛六击）之大凶。西医（天心）、中医（乙奇）均不克天芮病星之落宫，伤者难以治愈，故凶多吉少。

（Ⅱ）死亡局：2017年1月23日晨6:20丙申年辛丑月庚戌日已卯时

八成信息读取与分析：

1.在图7.90b中标注死亡局的四干、日空、时空，再标注双戊六击、双乙入墓，发现星干伏吟。

*星干伏吟　马星　双己帝旺

符　戊 伤　己　时干 辅　己	蛇　己 杜　丁 英　丁	阴　丁 景　使　日干　庚乙 芮　禽　乙癸
天　年命　癸 生　戊 冲　戊	使：杜门 阳3　庚	合　庚乙 死　壬 柱　壬
地　丙 休　癸 任　癸	武　辛 开　太岁　丙 蓬　丙	虎　壬 惊　月干　辛 心　西医　年命　辛

中医
双乙入墓兼胎养
双庚临官/临禽
申空

卯空
双戊六击

酉空
壬沐浴

寅空

双辛沐冠

丑月旺土旺

图7.90b　［实例090］奇门遁甲局（死亡局）

2.选择病亡的主要参数

（1）病况（天芮星）；（2）患者年命辛

（3）死讯（死门）；（4）病亡之事（时干已）

3.主要分析以上四个参数的落宫情况

天芮病星位坤土宫为旺相，该宫内双庚处临官、临禽之旺相，双乙处胎养之地，天芮临景门为血光之灾、临太阴为入阴间之兆。据此，患者之呼吸道（庚金）易出凶、且颈部易出血光（乙木、景门）之灾。患者年命天盘地盘辛均位乾金宫，临惊门、白虎大凶，暗干壬处临官之旺；据此，患者头部

（乾宫）出血（壬水）且大凶之兆（惊门、白虎）。伤门位巽木宫为旺相，其与时干已同宫，受伤之事为旺凶，值符也主头部之伤。西医（天心）、中医（乙奇）均不克天芮病星之落宫，中西医无力回天，患者不治矣。

＊新闻报道：著名台湾企业家、台湾水泥集团董事长系台湾前海峡交流基金会董事长辜振甫之次子，其父、兄均已病故。辜成允于2017年1月21日晚参加友人喜宴，宴后不慎在饭店由三楼摔落至二楼平台，造成脑部大量出血而昏迷，紧急送院抢救，但不治于1月23日去世。

其生辰八字为甲午年乙亥月戊子日××时，亡时值辛巳大运／丙申流年，命主正行辛金伤官大运、丙火偏印流年；辛金旺克乙木正官、丙火狠泄甲木七杀，伤官克官，大凶之兆，且金克木极易出摔伤或车祸事故，命运不济也。

［实例091］ 新闻报道：著名外科大夫郑成竹因病去世（58岁）

去世时间：2017年2月27日 夜 22:38

时间干支：丁酉年壬寅月乙酉日丁亥时（日空午未，时空午未）

患者年命：1959年6月3日己亥年

八成信息读取与分析：

1.在图7.91中标注死亡局的四干、日空、时空，再标注庚六击、辛六击、庚入墓、乙入墓、癸入墓、戊入墓（戊入墓被马星冲掉），发现门反吟。

2.选择病亡的主要参数

（1）病况（天芮星）；（2）患者年命已

（3）死讯（死门）；（4）病亡之事（时干丁）

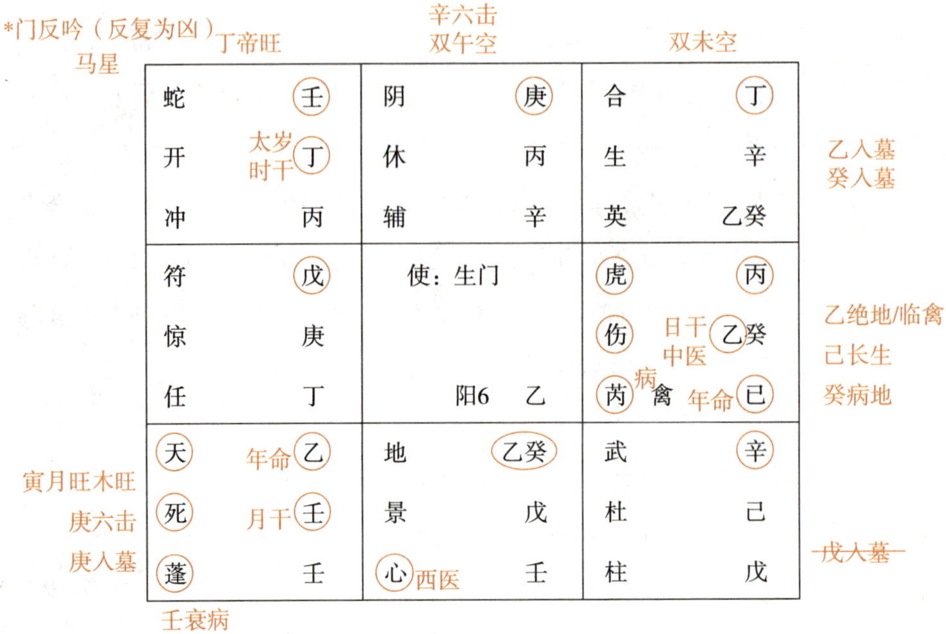

图7.91　［实例091］奇门遁甲局

3.主要分析以上四个参数的落宫情况

天芮病星位兑金宫为旺相，该宫内已处长生之地为旺相、乙临禽为旺相、癸处病地，患者易患消化道（已土为消化系统、乙/癸为食物管道）之疾；又天芮临伤门、白虎之大凶，患者易患消化道癌症（伤门大凶、白虎为癌症之兆）；该宫已为患者地盘年命，加强了病之信息。死门位艮土宫为旺相，暗干年命已入墓，庚于艮土宫入墓（庚金为癌症），宫内天蓬、九天（入天堂）为大凶之兆，又一次证实消化系统管道（艮土、壬水、庚金）之癌症引发死亡。西医（天心）、中医（乙奇）均不克天芮病星之落宫，中西医无法治愈患者。

★ 新闻报道：著名微创外科大夫郑成竹系中国人民解放军第二军医大学附属长海医院微创外科主任、教授，在微创外科、减重代谢外科方面造诣高深，多次获得科技奖，不幸的是郑教授因食道癌于2017年2月27日离世。

[实例092] 学习群内某学员问测某妇女的病况

问测时间：2017年1月6日 13:41

时间干支：丙申年辛丑月癸巳日己未时（日空午未，时空子丑）

患者年命：1952年8月28日壬辰年生

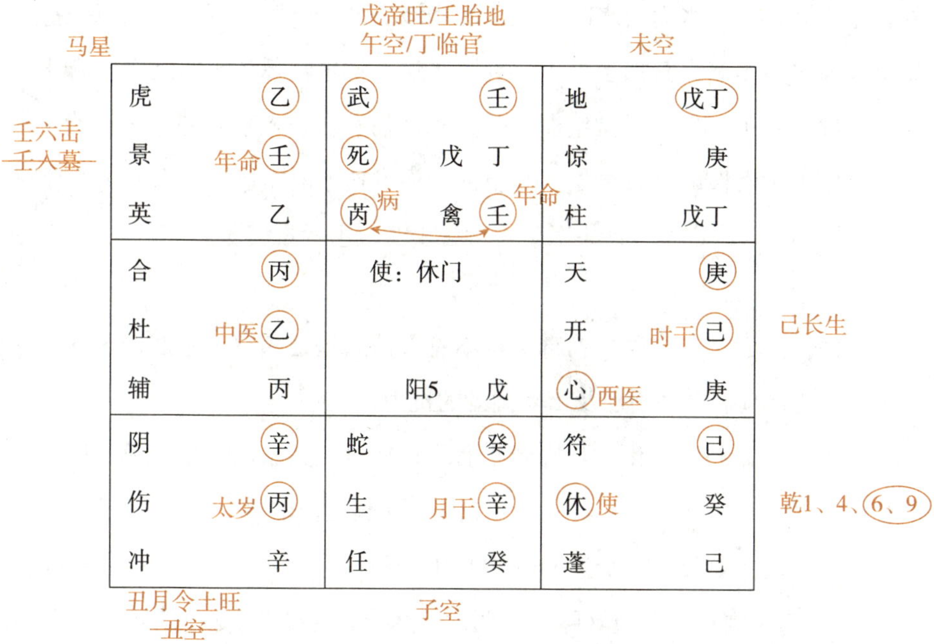

图7.92 ［实例092］奇门遁甲局

八成信息读取与分析：

1.在图7.92中标注问事局的四干、日空、时空（丑月旺丑月不为真空），再标注壬六击、壬入墓（壬入墓被马星冲掉），没有发现伏吟、反吟。

2.选择断病的主要参数

（1）病况（天芮星）；（2）患者年命壬

（3）西医（天心星）；（4）中医（乙奇）；（5）病事（时干已）

3.主要分析以上参数的落宫情况及相互关系

天芮病星位离火宫为休，该宫内戊处帝旺之地为旺相、丁处临官之地亦为旺相；患者地盘年命壬也位该宫处胎地；天芮临死门、玄武之大凶；离火宫逢空，其信息由对宫补充，对宫为坎水宫，宫内癸水处临官之旺、辛金处长生之旺，金生水而使水旺为主，故病涉血液、乳腺。据以上信息，患者易患心血之疾（离火宫加丁火）、乳腺之疾（坎水宫及离火宫之丁壬合木加强了乳腺信号）。患者天盘年命壬位巽木宫临六击、入墓被冲之凶，巽木宫遇壬水常发生女性的乳腺之疾，马星冲动而发作。时干已位兑金宫处长生之地，临天心、开门、庚金，主医生曾考虑手术，患者之疾为重疾。

4.患者的治疗方法

西医（天心）、中医（乙奇）均不克天芮病星之落宫，中西医无法治愈患者，仅为调理、辅助治疗及依赖病者的抗力。

木火旺时，病情恶化，乃患者之命坎；如寅、卯、巳、午之月日时间，值使休门位乾金宫主数1、4、6、9，因外盘取大数6～9，病危之日在6～9天，慢者在16～49天，更慢者在6个月以上。

★ 问者反馈： 患者属乳腺癌晚期，正急治。后患者于2017年1月15日（9天后）13:30不治身亡（即丙申年辛丑月壬寅日丁未时死亡）。

[实例093] 学习群内某学员问测其姨夫之病况

问测时间：2017年1月29日　16:34

时间干支：丙申年辛丑月丙辰日丙申时（日空子丑，时空辰巳）

患者年命：1948戊子年生

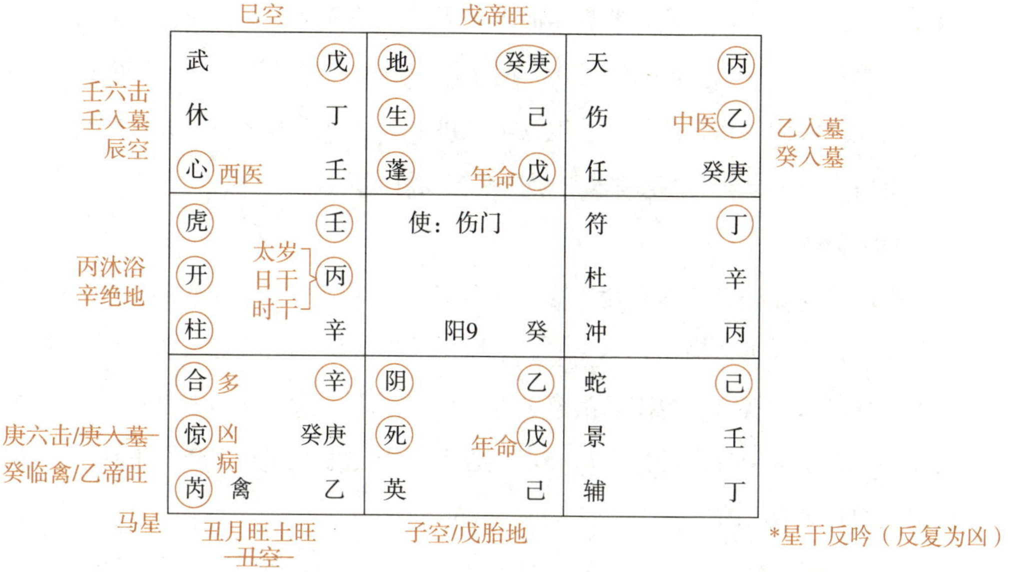

图7.93　[实例093]奇门遁甲局

八成信息读取与分析：

1.在图7.93中标注问事局的四干、日空、时空（丑月旺丑空不为真空），再标注庚六击、壬六击、庚入墓、壬入墓、乙入墓、癸入墓（庚入墓被马星冲掉），发现星干反吟。

2.选择断病的主要参数

（1）病况（天芮星）；（2）患者年命戊

（3）西医（天心星）；（4）中医（乙奇）；（5）病事（时干丙）

3.主要分析以上参数的落宫情况及相互关系

天芮病星位艮土宫为旺相，该宫内癸临禽为旺相、乙处帝旺之地为旺相、庚六击为大凶；宫内之六合为多种病，临惊门也主大凶。据此，患者易患心血重阻（癸水、庚金）及泌尿系统（癸水）、肝胆（乙木）之疾。患者天盘年命戊位坎水宫处胎地，临死门、太阴之大凶，患者易患血阻（坎水宫遇戊、已土）之重疾。患者地盘年命戊位离火宫处帝旺之地为旺相，宫内参数吉凶参半，当注意心血系统之疾。时干丙位震木宫处沐浴之地，宫内临天柱、白虎之大凶，临开门加辛（地盘辛主过去）曾有手术之象。综合判断，患者主病为心血管系统，其次易有泌尿系统及肝胆之疾。

4.患者的治疗方法

西医（天心）位巽木宫处死地，且逢空、入墓与六击，其本来可克天芮之落宫（艮土宫），惜已无力克之。中医（乙奇）位坤土宫处入墓之地，难冲处旺地的天芮病宫，也难以治愈患者。结果当为中西医仅调理患者，病况的控制主要依赖于患者的抗力与心理，患者应当注意寅卯月木旺及午月火旺而引发的心血管大凶之命坎。

★ 问者反馈：患者曾于2009年（己丑年）做了心脏搭桥手术，在2016年12月22日（丙申年庚子月戊寅日）病情复发住院，后恢复，暂稳定，患者另有糖尿病、高血压等病症。

[实例094] 某学员问测其父的病况

问测时间：2017年1月31日 14:00

时间干支：丙申年辛丑月戊午日己未时（日空子丑，时空子丑）

患者年命：1955乙未年

八成信息读取与分析：

1.在图7.94中标注问事局的四干、日空、时空（丑月旺，双丑空不为真空），再标注壬六击、壬入墓、癸入墓、戊入墓（壬入墓被马星冲掉），没有发现伏吟、反吟。

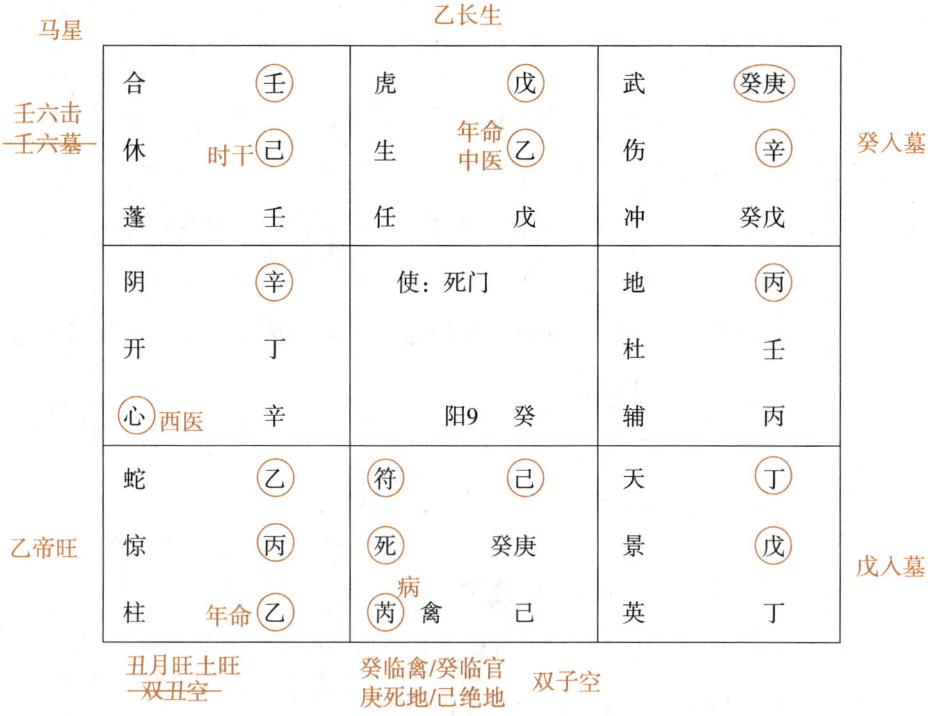

图7.94　［实例094］奇门遁甲局

2.选择断病的主要参数

（1）病况（天芮星）；（2）患者年命乙

（3）西医（天心星）；（4）中医（乙奇）；（5）病事（时干已）

3.主要分析以上参数的落宫情况及相互关系

天芮病星位坎水宫，宫内癸处临官之地且又临禽为旺相，庚处死地、已处绝地；天芮临死门为大凶，天芮临值符为吉但逢双空而无力；值符也主头部。坎水宫逢空可由对宫离火宫补充信息，离火宫内有患者年命乙处长生之地为吉，临白虎为大凶。据此，患者易患心脑血阻（离火宫、值符主心脑，庚、已为阻梗）之疾。患者年命地盘乙奇位艮土宫处帝旺之地为吉，但临天柱、惊门、螣蛇之大凶，吉转而为凶），据此患者易患脾胃之疾或腿之疾（艮土宫），需用柱拐（天柱）；因血阻，腿疾可能性大。

4.患者的治疗方法

西医（天心）、中医（乙奇）均不克天芮病宫，中西医无法治愈患者，只能调理并依靠患者的抗力及良好的心态。西医（天心）位震木宫，临开门及地盘辛金，过去曾有手术的可能。冬季（尤其子月）、夏季（尤其午月）患者病况易凶，应当注意生命安全。

★ 问者反馈： 其父曾患脑梗，还做过心脏主动脉夹层手术，最近有腿疾，走不动，准备去医院检查。

［实例095］ 某学员问测某重病男子的病况

问测时间：2017年2月6日中午11:55

时间干支：丁酉年壬寅月甲子日庚午时（日空戌亥，时空戌亥）

患者年命：1968年5月22日　16:50 戊申年生

*门反吟（反复为凶）

丁临官/丁临禽
辛六击/己临官

马星

癸六击

~~乙入墓~~

合　乙 开　己 英　癸	虎　丙 休　太岁 丁　辛 芮 病　禽　己	武　庚 生　中医 乙 柱　丁辛
阴　丁辛 惊　癸 辅　壬	使：生门 阳8　丁	地　戊 伤　丙 心 西医　乙
蛇　己 死　月干 壬 冲　年命 戊	符　癸 景　日干年命 戊 任　庚	天　壬 杜　时干 庚 蓬　丙

戊长生
壬衰病
寅月旺木旺

庚衰病
双戊空
丙入墓

双亥空

图7.95　［实例095］奇门遁甲局

八成信息读取与分析：

1.在图7.95中标注问事局的四干、日空、时空，再标注癸六击、辛六击、乙入墓、丙入墓（乙入墓被马星冲掉），发现门反吟。

2.选择断病的主要参数

（1）病况（天芮星）；（2）患者年命戊

（3）西医（天心星）；（4）中医（乙奇）；（5）病事（时干庚）

3.主要分析以上参数的落宫情况及相互关系

天芮病星位离火宫、宫内辛六击、丁处临官/临禽之旺相、已处临官旺相，患者之病为肺疾（辛金）、心血管之阻（丁火加已土）；又天芮病星临白虎、辛六击之凶，为癌症之兆。患者地盘年命戊位艮土宫处长生之地为吉，但临死门、螣蛇之大凶，故吉转为凶。时干庚金位乾金宫，庚金处衰病之地，病事不吉之兆，庚加丙为病必来，该宫之疾为肺疾；又宫内天蓬、杜门作凶，故肺疾不轻。综合判断，重病者为肺癌。

4.患者的治疗方法

天芮病宫克西医（天心）之落宫，西医无治；天芮病宫生中医（乙奇）之落宫，可求中医调理，可惜为时已晚。木火旺时，天芮病宫为旺为凶，故重病者难熬寅卯之月；但愿病者抗病、医者急援，以利多存活些时间。

★ 问者反馈：重病患者为肺癌晚期，于问测之日入住医院，后于2017年2月13日（丁酉年壬寅月辛未日）去世。

[实例096] 某学员问测某重病男子的病况

问测时间：2017年2月7日 17:16

时间干支：丁酉年壬寅月乙丑日乙酉时（日空戌亥，时空午未）

患者年命：1965年乙巳年生

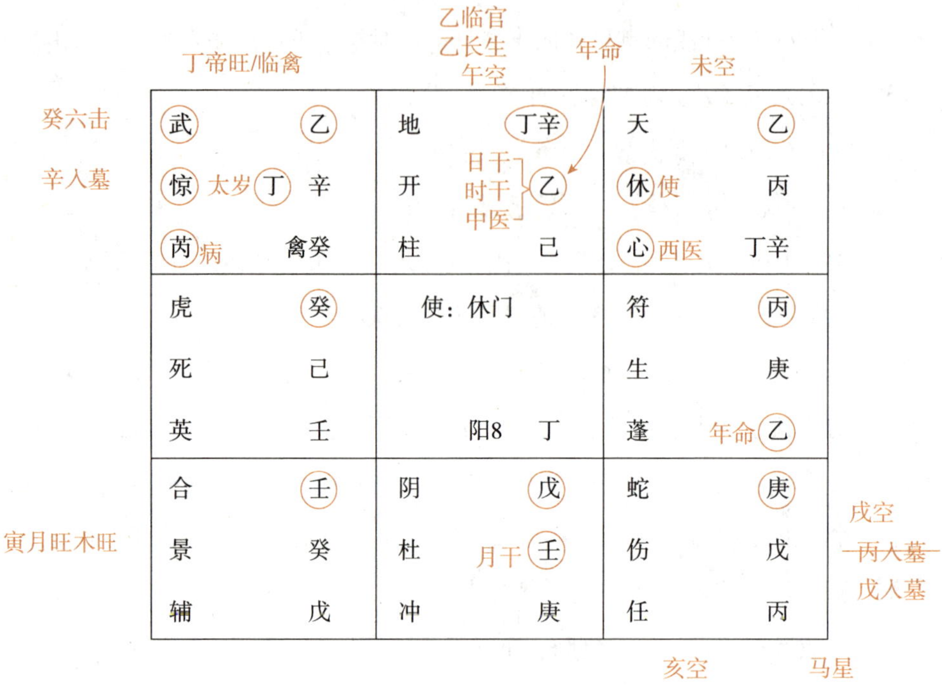

图7.96　［实例096］奇门遁甲局

八成信息读取与分析：

1.在图7.96中标注问事局的四干、日空、时空，再标注癸六击、辛入墓、丙入墓、戊入墓（丙入墓被马星冲掉），没有发现伏吟、反吟。

2.选择断病的主要参数

（1）病况（天芮星）；（2）患者年命乙

（3）西医（天心星）；（4）中医（乙奇）；（5）病事（时干乙）

3.主要分析以上参数的落宫情况及相互关系

天芮病星位巽木宫受制，该宫内癸六击、丁处帝旺之地并临禽为旺相、辛入墓未显现，天芮病星临惊门、玄武之凶；据此，患者易患血液或泌尿系统重疾（癸水临惊门、玄武），也可能患心血之阻（丁火、己土）。患者年命乙、时干乙位离火宫处长生之地为吉，惜逢空且临天柱、九地之凶，又显心血之阻（离火遇巳土），病况须高度重视。

4.患者的治疗方法

天芮病宫克西医（天心）之落宫位为空克无力，天芮病宫生中医（乙奇）之落宫但为空生也无力，恐中西医难以治愈患者，但可调理辅助治疗，患者应增强抗力、乐观面对疾病。

＊反馈：患者有血液病，考虑骨髓移植手术。

［实例097］某学员问测某男性的重病

问测时间：2017年2月13日 18:07

时间干支：丁酉年壬寅月辛未日丁酉时（日空戌亥，时空辰巳）

患者年命：1952壬辰年生

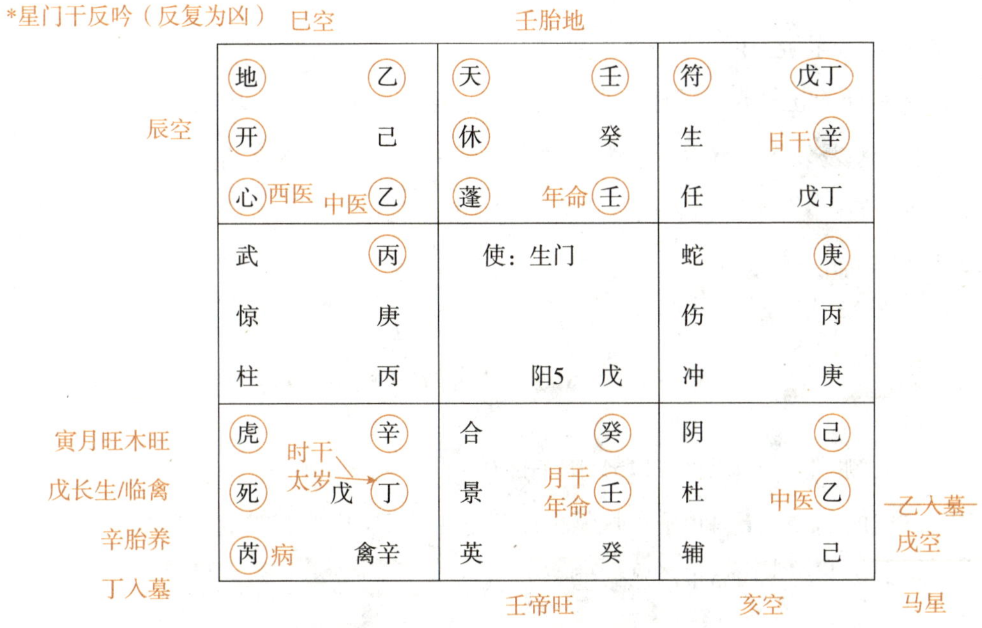

图7.97　［实例097］奇门遁甲局

八成信息读取与分析：

1.在图7.97中标注问事局的四干、日空、时空，再标注丁入墓、乙入墓（乙入墓被马星冲掉），发现星门干反吟。

2.选择断病的主要参数

（1）病况（天芮星）；（2）患者年命壬

（3）西医（天心星）；（4）中医（乙奇）；（5）病事（时干丁）

3.主要分析以上参数的落宫情况及相互关系

天芮病星位艮土宫为旺相，该宫内戊处长生之地为旺相、辛处胎养之地、丁入墓（丁恰为时干）；天芮病星临死门、白虎为大凶为癌症之兆。据此，患者应患消化系统之癌症。患者地盘年命壬位离火宫处胎地，临天蓬、九天（上天堂）之大凶，患者有生命之虞。

4.患者的治疗方法

西医（天心）之落宫可克天芮病宫，惜天心处死地又逢双空而无力，且天心临九地为水平不高，故西医已无力治愈患者；天芮病宫生中医（乙奇）之落宫，惜为空生，中医已不可能介入。患者危在旦夕，患者天盘年命壬位坎水宫处帝旺之地，老年人既怕衰又怕过旺，皆为凶兆。天芮病星处在月令之宫，病易发作而有生命之忧，故患者须注意寅旺之大凶，否则命难保矣。

★ 问者反馈：患者因重病而于2017年2月20（丁酉年壬寅月戊寅日）去世（寅大旺而去世）。

［实例098］ 群内某学员问测某中年男子的重病

问测时间：2017年2月16日中午11:03

时间干支：丁酉年壬寅月甲戌日庚午时（日空申酉，时空戌亥）

患者年命：1965年乙巳年生

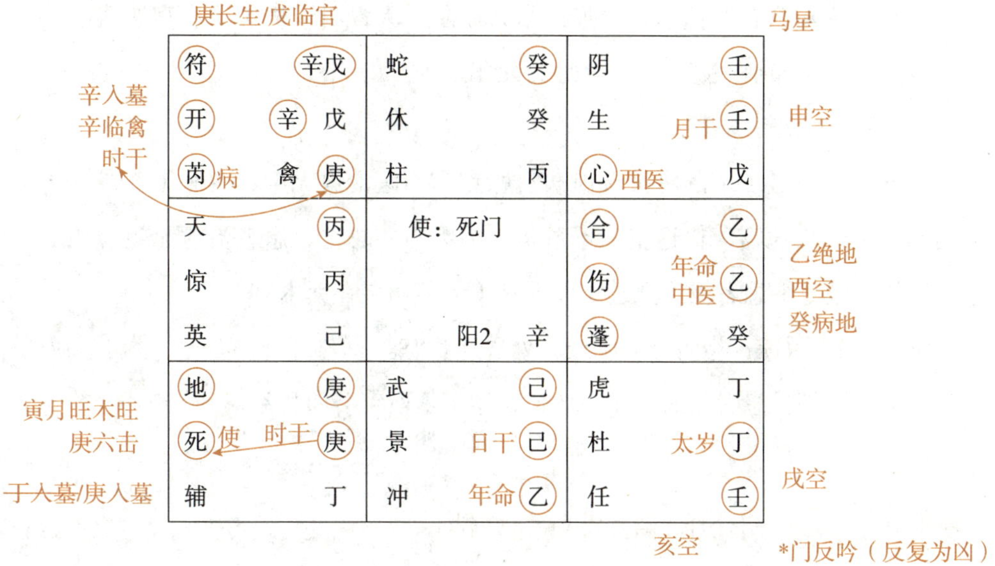

图7.98 ［实例098］奇门遁甲局

八成信息读取与分析：

2.在图7.98中标注问事局的四干、日空、时空，再标注庚六击、丁入墓、庚入墓、辛入墓（丁入墓被马星冲掉），发现门反吟。

2.选择断病的主要参数

（1）病况（天芮星）；（2）患者年命乙

（3）西医（天心星）；（4）中医（乙奇）；（5）病事（时干庚）

3.主要分析以上参数的落宫情况及相互关系

天芮病星位巽木宫受制，该宫内庚为时干处长生之地为旺相、戊处临官之地也为旺相、辛入墓但临禽又为旺相、临值符主抗病；据此，患者易有肺之重疾及脑部血脉之重疾（庚辛主肺，值符主头脑部，巽木主血脉），天芮临开门加庚辛为手术之象。患者天盘年命乙位兑金宫处绝地为命运不济，临六合为多种疾病，乙木癸水当有颈部血腺之疾，临伤门、天蓬为大凶之兆；

兑宫逢空由对宫补充信息，丙加已乃为血阻。天盘时干庚位艮土宫遇六击与入墓之凶，又加临值使死门、九地为死兆之凶。

4.患者的治疗方法

西医（天心）之落宫被天芮病宫所克，西医治愈无望；中医（乙奇）之落宫可克天芮病宫，惜逢空为不落实、为无力。总之，患者治愈无望，加之病况极为危重，患者极难熬过寅卯木月（天芮病星在巽木宫）。

★ 问者反馈：患者患有脑梗，处昏迷状态。

后又反馈：患者于2017年3月9日去世（丁酉年癸卯月乙未日）

［实例099］ 学员问测其婆婆的病情

问测时间：2017年3月2日 13:46

时间干支：丁酉年壬寅月戊子日己未时（日空午未，时空子丑）

患者年命：1949年己丑年

八成信息读取与分析：

1.在图7.99中标注问事局的四干、日空、时空，再标注庚六击、辛六击、庚入墓、乙入墓、癸入墓、戊入墓（戊入墓被马星冲掉），没有发现伏吟、反吟。

2.选择断病的主要参数

（1）病况（天芮星）；（2）患者年命已

（3）西医（天心星）；（4）中医（乙奇）；（5）病事（时干已）

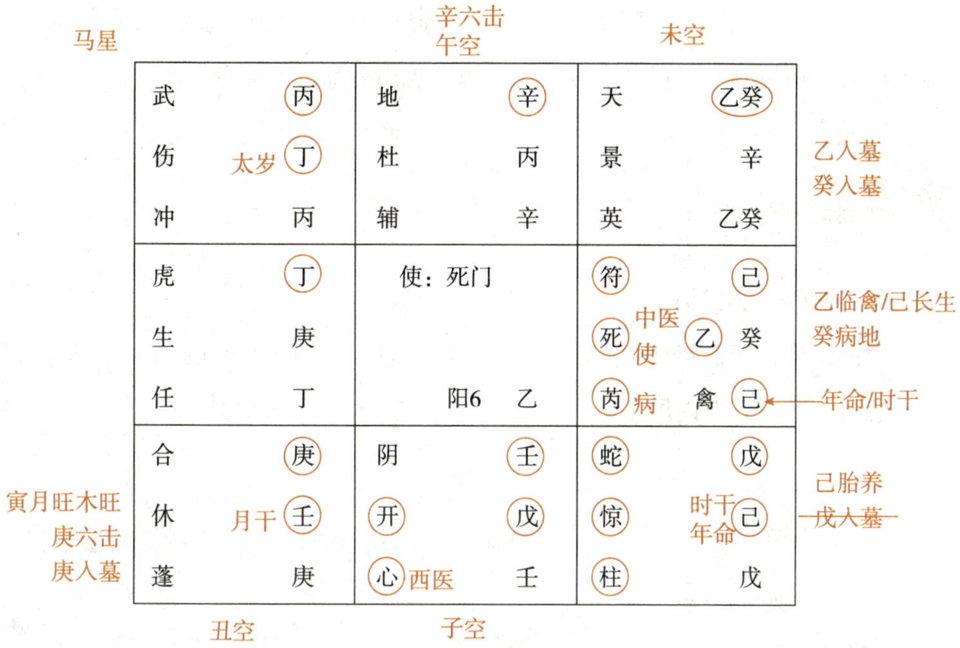

图7.99　［实例099］奇门遁甲局

3.主要分析以上参数的落宫情况及相互关系

天芮病星位兑金宫为旺相，该宫内乙临禽亦为旺相、乙处长生之地又为旺相、癸处病地，天芮临值使死门为大凶之兆、临值符尚有抗力。已在该宫为患者地盘年命与时干，信息更集中。据此，患者易患肝癌（乙木为肝胆，已土为肿物）及血液之阻（癸水为血液、已土也为阻力），也有脾胃之疾（已土为脾胃）。患者天盘年命与天盘时干均为已，位乾金宫处胎养之地，临天柱、惊门、螣蛇之大凶，病况是严重的。

4.患者的治疗方法

西医（天心）、中医（乙奇）之落宫均不克天芮病宫，患者难以治愈，但关系分别为相生与比和，中西医可做辅助治疗，加上患者的抗力与良好心态，争取存活长久时间。

★ **问者反馈：**患者于2015年9月查出肝癌早期，于10月做了微创手术；最近检查，病情复发但仍属肝癌早期。患者也患有高血压症及胃病。

［实例100］ 某中年男子问测其身体状况

问测时间：2017年3月18日　16:05

时间干支：丁酉年癸卯月甲辰日壬申时（日空寅卯，时空戌亥）

患者年命：1976丙辰年生

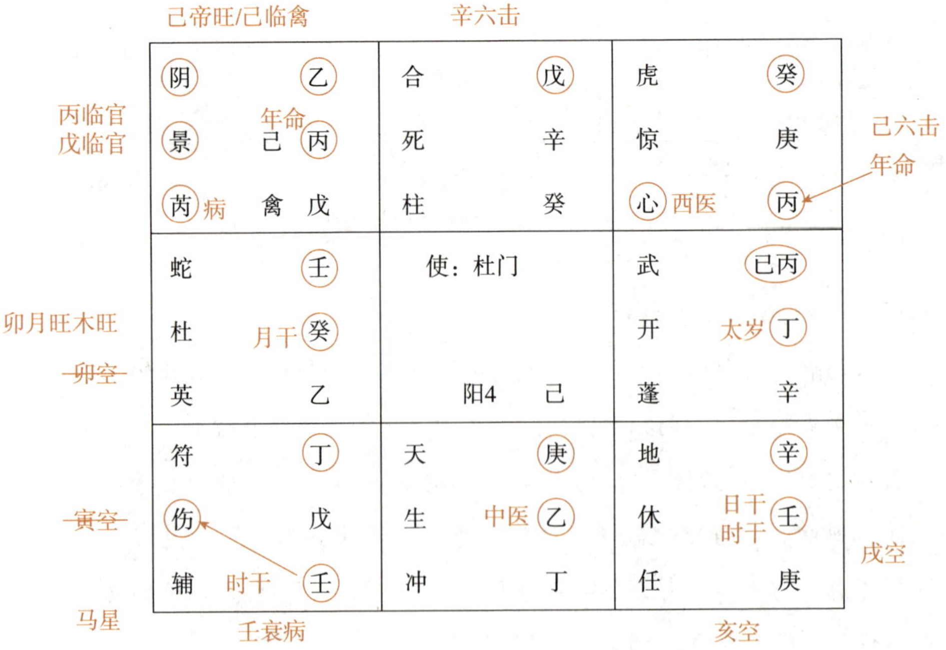

图7.100　［实例100］奇门遁甲局

八成信息读取与分析：

1.在图7.100中标注问事局的四干、日空、时空（卯月旺卯空不为真空、寅空被马星冲掉），再标注辛六击、己六击，没有发现伏吟、反吟。

2.选择断病的主要参数

（1）病况（天芮星）；（2）患者年命丙

（3）西医（天心星）；（4）中医（乙奇）；（5）病事（时干壬）

3.主要分析以上参数的落宫情况及相互关系

天芮病星位巽木宫受制，该宫内己处帝旺之地且临禽为旺相、丙/戊均处临官之地也为旺相，据土旺火旺判断问者当有脾胃（戊土、己土）与心血管（丙火）之疾；又丙为其年命，信息更加集中。患者地盘年命丙遇六击、临天心（西医）、临惊门/庚/白虎（金属刀具），过去应有过外科手术。地盘时干壬位艮土宫处衰病之地又临伤门，问者过去受过伤；天盘时干壬下临庚，在戌空或亥空填实时冲击巽木宫内问者年命丙；庚为车、景门为道路，问者可能遭遇过车祸，以致肩臂（巽宫位置主肩臂）有疾，车祸时间当在戌年或亥年。

4.问者的治疗方法

天芮病宫克西医（天心）之落宫，问者之病不必求助于西医；中医（乙奇）之落宫生天芮病宫，可请中医调养问者自身。

★ 问者反馈：问者自言脾胃不好，心血管有问题；于2007年（丁亥年）遭遇车祸，肩臂受伤，经常疼痛。

第八章

附：谭凤森主任治疗肿瘤临证经验

头颈部肿瘤

第一节 脑 瘤

一、概述

脑瘤是指脑内异常细胞的形成，主要分成恶性或良性肿瘤。所有形态的脑瘤都会产生症状，因为脑瘤渐渐增大必会压迫该处神经，影响其功能，所以临床表现因部位不同，包含头痛、抽搐、视力问题、呕吐及意识改变。无论颅内何种肿瘤，早期诊断、早期治疗最为重要。脑瘤的发病率约占全身各部肿瘤的5%，在儿童中因身体其他部位的肿瘤较少，故其脑瘤的发病率相对较高，约占全身肿瘤的7%。颅内肿瘤，从新生儿到老年人均可发生，但最多见于20～50岁之间。15岁以前的儿童以星形细胞瘤、室管膜瘤、成髓细胞瘤、颅咽管瘤等较多见。20～40岁则以星形细胞瘤、垂体瘤、脑膜瘤、听神经瘤等较多见。30～50岁则以多形性成胶质细胞瘤、转移瘤等较多见。

中医古籍中对脑瘤无明确记载，但散在提及一些类似脑瘤的症状，如头痛、呕吐、癫狂、痫、痰、饮、中风等记录较详细。中医认为内伤七情，郁闷暴怒，神志失调，劳累过度，久而难复。外感六淫，寒湿阻络，致气血瘀结，正气虚弱，邪气乘虚而入，导致清阳不升，浊气不降，客于脑内，肿大成积，则发为脑瘤。脑居头巅而掌管全身，脑瘤可影响五官及四肢，使其发生各种症状，对心肝肾三脏关系更为密切。如心主神明，藏神为精神之所舍，脑瘤时，气血瘀结，脾肾阳虚，致痰湿内滞，昏迷心窍，出现意识障碍，头痛昏迷，语无伦次，狂躁不安。邪遏心阳，出现胸中烦热，眩晕呕吐，气滞血瘀导致头痛、面部及肢体麻痹。肝藏血，开窍于目，脑瘤时，肝阴不足，肝阳上亢，可出现头痛、眩晕、耳鸣、耳聋、视力下降。肝血不足以濡筋，出现肢体震颤麻木；肝风内动，轻则眩晕欲仆，重则项强抽筋，口眼歪斜，语言困难，半身不遂。

二、病因病机

脑瘤的发生多由七情不舒，或劳欲过度，致气机紊乱，脏腑失调。气机紊乱则血行不畅，凝而成瘀；脏腑失调，脾失健运则痰湿内生，痰瘀凝结于脑，日久赘生形成肿块，变而为瘤，形成脑瘤。瘤块压迫，经脉不通，则见头痛、呕吐等症。中医对本病病因病机认识主要如下：

1.寒气客于经脉致气血郁结，肿大成积。

2.脾肾阳虚，清阳不升，痰湿内生，痰阻经络，致痰迷心窍。

3.肝血亏虚，肾精不足；或先天不足，致肝肾阴虚，肝风内动，眼吊复视，抽搐震颤。邪毒内侵，肝郁化火，肝火上炎，气血上逆，成为湿热瘀毒。故颅内肿瘤的内因有脾肾阳虚或肝肾阴虚；外因为寒气、邪毒入侵及形成痰湿、瘀毒等格于奇恒之府，则阴浊积于脑而发为肿瘤。

三、谭凤森治疗经验

脑瘤的中医治疗，应以辨证论治与辨病、辨证治疗相结合，扶正与祛邪相结合，局部治疗与整体治疗相结合为原则。在临证时，不仅要认清肿瘤患者整体状况及脏腑气血失调原因，还要辨清脑瘤的性质、部位、大小、发展与转移情况，进而确定治则与方药，以调整气血脏腑功能以治其本，解除对大脑所造成的相关症状以治其标。

对脑瘤所致头痛应辨证其经络归属，如后头部疼痛，且连项背属太阳经；痛在前额，连及眉梢时属阳明经；痛在头两侧或太阳穴附近，呈偏头痛时属少阳经；头痛沉重如裹，腹满自汗属太阴经；头痛剧甚，连及脑齿、面部及指甲青紫者属少阴经；痛在巅顶，频频作呕者属厥阴经。

辨虚实，如突然发生的暴眩，多为实证，迁延日久的眩晕多属虚证。其中头目眩晕，视物不清，不能久立，伴头痛，身麻木者系肝风内动。眩晕而兼有头痛，面红耳赤及耳鸣者多为肝火内攻，常为实证。眩晕久作，面色惨白，气短乏力多为肾虚或气血两亏。眩晕而头沉重，体胖而痰多，常系痰湿内阻，乃清扬不升引起。

辨病位，应根据脑瘤患者出现的症状和体征，如蝶鞍部脑瘤压迫视神经可引起两眼视物不清，呈无欲状，精神淡漠，形寒肢冷，倦怠无力，是脾肾阳虚的表现。头痛，精神紊乱，认知及定向力不能。有颅内高压，出现肢体运动障碍，多为额部脑瘤；半身感觉异常，局部肢体麻木或刺痛或抽搐，常为痰热生风；抽搐频作无力，多为虚风内动，双手震颤多属气血双亏，脑膜瘤、胶质瘤、听神经瘤患者常出现肝风内动症状。根据上述症状及体征，依据中医理论，将其分为以下几型进行论治。

1.痰湿内阻，上犯清窍

主证：头痛头晕，目眩耳鸣，恶心呕吐，视力障碍，肢体麻木，半身不遂，谵妄神昏，舌强不语，喉中痰鸣，咳嗽痰多，身重倦怠。舌胖苔白腻，脉弦滑。

辨证：痰湿阻络，痰迷心窍。

治则：祛痰通络，涤痰开窍。

处方：龙虎胶囊（地龙、守宫），每次5粒，每日3次。五谷虫胶囊（五谷虫焙干研粉），每次5粒，每日3次。片仔癀，每次0.6g，每日3次。

汤药：半夏15g，陈皮10g，茯苓10g，苍术10g，威灵仙30g，胆南星10g，青礞石15g，瓜蒌30g，枳实10g，菖蒲10g，郁金10g，猪苓30g，竹茹10g。

按语：以涤痰汤加减，用半夏、陈皮、苍术、白术、茯苓健脾燥湿，威灵仙、胆南星、青礞石、瓜蒌祛痰通络，竹茹和胃，枳实下气，气顺而痰降，菖蒲、郁金开窍醒脑，猪苓利湿。如病情较重，可投牛黄清心丸镇惊安神，化痰息风。

2.肝胆实热，瘀毒内结

主证：头痛头胀，如锥如裂，伴喷射呕吐，面红耳赤，口苦，小便黄，大便燥结，唇暗色紫。舌暗红，苔黄或白，脉弦数。

辨证：肝胆郁热，瘀毒内结。

治则：清热泻火，解毒化瘀。

处方：龙虎胶囊，每次5粒，每日3次。五谷虫胶囊，每次5粒，每日3次。片仔癀，每次0.6g，每日3次。

汤药：龙胆草6g，黄芩10g，栀子10g，生地20g，泽泻15g，木通10g，牛膝15g，赤芍10g，当归10g，夏枯草20g，菊花30g，车前草30g。

按语：以龙胆泻肝汤加减，龙胆草、黄芩、栀子、夏枯草、菊花泻肝清火，解毒泻热；生地、泽泻、木通、牛膝、车前草导火下行；赤芍、当归活血化瘀。

临床辨证加减用药：脑瘤常合并多种症状。气滞血瘀者加桃仁、赤芍、水蛭，神志不清者应加苏合香丸、局方至宝丹，大便燥结者加大黄、芒硝、郁李仁。

3.肝肾阴虚，肝风内动

主证：头痛头晕，耳鸣目眩，视力障碍，恶心呕吐，肢体麻木，失眠健忘，烦躁易怒，咽干颧红，大便干燥。重则肝风内动，抽搐震颤，舌强失语，昏迷项强，斜视上吊，舌红少苔，脉弦细而数。

辨证：肝肾阴虚，肝风内动。

治则：滋阴潜阳，镇肝息风。

处方：点舌丸，每次5粒，每日3次。五谷虫胶囊，每次5粒，每日3次。片仔癀，每日0.6g，每日3次。

汤药：熟地10g，生地10g，山萸肉15g，山药10g，茯苓10g，泽泻10g，钩藤10g，杭菊花10g、怀牛膝10g，白芍15g，玄参15g，生牡蛎30g，枸杞子12g，生龟板20g，女贞子15g，代赭石20g。

按语：上方以杞菊地黄丸为基础，女贞子、白芍、玄参以滋阴敛阳；怀牛膝、钩藤、生龟板、生牡蛎、代赭石潜阳息风。在上方中尚可加全蝎、蜈蚣、地龙、僵蚕等，以加强息风镇肝之效。

4.脾肾阳虚，脑虚髓空

主证：精神不振，腰膝酸软，形寒肢冷，气短懒言，倦怠无力，多饮多尿，肌肉萎软，头晕头痛，目眩耳聋，视力障碍等。舌淡苔白润，脉细弱无力。此证多见于鞍部肿瘤、颅咽管瘤及垂体瘤。

辨证：脾肾阳虚，脑虚髓空。

治则：温补脾肾，补脑填髓。

处方：龙虎胶囊，每次5粒，每日3次。参芪益寿胶囊，每次5粒，每日3次。片仔癀，每次0.6g，每日3次。

汤药：熟地15g，山茱萸15g，炒山药10g，云苓10g，泽泻10g，制附子6g，肉桂6g，牛膝10g，菟丝子10g，全蝎10g，黄芪15g，白术15g，甘草6g。

按语：以金匮肾气丸加减，温肾补脑，益精填髓，在此方基础上可加软坚散结及抗肿瘤中草药。

四、病案举例

张某，男，51岁，患者因头痛，某医院诊断为颅脑肿瘤，并进行伽马刀手术治疗，住院3月余，服西药未效。于2002年11月23日前来求诊。症状：头痛时痛时止，动则眩晕，恶心呕吐，时有烦躁不安，口唇流涎，纳差。脉弦缓滑，舌苔厚腻，舌边有瘀点。治宜：化瘀止痛，益气健脾，除湿化痰。处方：龙虎胶囊，每次5粒，每日3次口服。五谷虫胶囊，每次5粒，每日3次饭后口服。汤药：天麻12g，钩藤12g，牛膝10g，川芎10g，黄芪25g，薏苡仁40g，焦白术10g，茯苓10g，陈皮15g，僵蚕10g，牡蛎30g，龙骨30g，竹茹15g。每日1剂，分2次煎服，连服1个月。

二诊（同年12月27日）：上药服完月余，病情已趋稳定，头痛头晕、恶心烦躁等明显减轻，体力逐渐恢复，核磁共振复查脑肿瘤已缩小，为巩固疗效，上方继服2月。

三诊（次年3月5日）服药三疗程症状消失，食欲增加，精神饱满，人若常人，并能从事劳动，再次复查未见病灶，唯觉口干，腰酸，其余正常，苔薄白，质淡红，脉弦。此为久病导致肝肾阴亏，治用参芪益寿胶囊，每次5粒，每日3次，饭后口服，以巩固疗效，使其完全康复。

第二节　鼻咽癌

一、概述

鼻咽癌为我国多发的恶性肿瘤之一，尤其我国南方及沿海地区多见。在我国就头颈部恶性肿瘤而言，鼻咽癌发病率可谓首位；而在某些高发地区，鼻咽癌发病已居全身恶性肿瘤之冠。本病好发年龄大多在40～60岁之间，男性多于女性，男女之比2～10：1。鼻咽癌的发病可能是多方面因素综合所致，它与Ecc病毒感染、遗传基因和环境致癌物的刺激有密切的关系。

在中医文献中没有鼻咽癌之病名，但历代医家在长期的临床实践中，对该病临床症候有所认识，并在许多医籍中进行了记载。明·陈文治《疡医瘁选》关于瘰疬证的论述是："初则单生，后重叠见之，名重台疬。药石无动，针灸难效，万死一生，害人其速。"宋·窦汉卿著《疮疡全书》提到上石疽，曰"溃即放血，三日内毙"，清·吴谦在《医宗金鉴》中又述："上石疽主于颈项旁，形如桃李，皮色如常，坚硬如石""初小渐大，难消难溃，既溃难敛，疲顽之症也。"失荣是指颈项之恶性肿核，质硬如石，明·陈实功著《外科正宗》描述到："日久渐大，坚硬如石，推之不移，按之不动，半载一年，方生阴痛，气血渐衰，形容瘦削，破烂紫斑，渗流血水。或肿泛如莲，秽气熏蒸，昼夜不歇。平生疙瘩，愈久愈大，越溃越坚，犯此俱为不治。"《医宗金鉴》在谈及失荣证的病机时说：忧思怒郁火凝然”，这些描述都与鼻咽癌颈淋巴结转移的症状和体征极为相似。“挖脑痧”首见于《医宗金鉴》记载：“鼻窍中流黄色浊涕”“若久而不愈，鼻流淋漓腥秽血水，头眩晕而痛者，必系虫蚀脑也，即名挖脑痧。”和鼻咽癌所致的鼻腔的临床表现相似。由于该病癌肿生长部位比较深幽隐蔽，以及受到历史条件的限制，古人不可能对该病的早期症状和体征有所发现，但对该病的晚期症候描述十分清楚，因此，鼻咽癌属中医挖脑痧、疾病、失荣及上石疽等范畴。

二、病因病机

中医认为恶性肿瘤是多种发病因素所致，机体常有脏腑功能失健，如肝、脾、肾素虚，元气不足，患者又受七情六淫所伤，机体产生病理变化，出现气血凝滞或痰浊结聚，经络受阻，局部积聚而成；或痞塞日久，积聚壅结，化火化热，火毒内困而成。具体的病理变化如下：

1.热毒壅滞

六淫之邪侵入肺系，外邪内蕴不解，郁而化热，出现肺气不和，上焦热甚；肺开窍于鼻，肺气通于鼻，肺热迫血离经而行，即出现鼻衄。

2.气滞血瘀

情志不遂，肝气郁结，疏泄失常，气机不宣；肝藏血失职，血之运行不畅，则气滞血瘀；肝与胆相表里，肝之病变可传之于胆，胆经可因之受累，出现耳鸣、耳聋、耳闭；肝气上逆，则头痛，即真头痛。

3.痰浊结聚

情志不遂，肝木乘脾，脾土受伤，则运化失健，水湿内停，痰浊内生，阻滞脉络，气血凝聚，痰浊困结，积结成块，痰之为病，常与寒热风湿相结，与气滞血瘀相随，痰火搏于少阳胆经，则成瘰疬、失荣、上石疽，表现为颈部转移性包块；痰火内停于肺窍，则成息肉，产生鼻阻塞。

三、谭凤森治疗经验

根据临床结合有关治癌资料，鼻咽癌可分为肺热痰扰、气郁痰结、热毒困结三个证型，通过辨证论治，对症下药。

1.肺热痰扰

主证：涕中带血，鼻塞或微咳，口苦咽干，头痛，脉滑而有力，舌质正常，苔薄白。

辨证：肺热伤阴，痰饮凝聚。

治则：宣肺清热，消痰散结。

处方：龙虎胶囊，每日3次，每次5粒。五谷虫胶囊，每日3次，每次5粒。片仔癀，每日3次，每次0.6g。点舌丸，每日3次，每次5粒。

汤药：苍耳子10g，射干10g，白芷10g，石上柏30g，草河车15g，山慈菇15g，白茅根30g，山豆根10g，瓜蒌20g，茜草根10g，胆南星10g，半夏10g。

按语：苍耳子、射干、白芷宣肺利窍，石上柏、草河车、山慈茹、山豆根、茜根、白茅根清热解毒，瓜蒌、胆南星、半夏消痰散结。

2.气郁痰结

主证：烦躁易怒，口苦咽干，耳聋耳鸣，头疼，梦乱纷纭，唇色红绛，颈部肿核，脉弦滑，舌边尖红，黄白苔。

辨证：肝郁气逆，痰火上扰。

治则：清肝泻火，消肿散结。

处方：龙虎胶囊，每日3次，每次4粒。五谷虫胶囊，每日3次，每次5粒。

汤药：钩藤10g，桑叶10g，夏枯草15g，龙胆草10g，菊花20g，丹皮10g，蛇莓30g，石上柏30g，苍耳子10g，玄参10g，赤芍10g。

按语：钩藤、桑叶、夏枯草、龙胆草清肝泻火，菊花、蛇莓、石上柏、苍耳子解毒消肿，丹皮、玄参、赤芍活血散结。

3.热毒困结

主证：头痛头晕，视物模糊，复视，面瘫舌歪，鼻塞鼻衄，流浊涕，口苦咽干，心烦不寐，脉弦或弦数，舌边红，苔黄厚。

辨证：风热毒邪，上扰清窍，

治则：清热解毒，息风通络，

处方：点舌丸，每次5粒，每日3次。五谷虫胶囊，每次5粒，每日3次。片仔癀，每次0.6g，每日3次。

汤药：生地15g，丹皮10g，石上柏30g，山豆根10g，钩藤15g，全蝎3g，夏枯草15g，丝瓜络10g，虎杖30g，僵蚕10g，鸡血藤30g，苍耳子10g。

按语：生地、丹皮、石上柏、山豆根、虎杖、苍耳子清热解毒，钩藤、全蝎、夏枯草、僵蚕平肝息风，丝瓜络、鸡血藤活血通络。

4.放疗结合中药治疗

鼻咽癌进行放疗时应用养阴益气、清肺润燥中药能有效缓解副作用。验方：芦根30g，茅根30g，沙参30g，天花粉15g，麦门冬15g，玄参15g，生地15g，杭菊10g，石斛15g，女贞15g，鸡血藤30g，薄荷6g，桔梗10g。气滞湿阻，胃纳不佳，胸闷不畅，口干苔腻，应理气化滞、健脾燥湿，加枳壳、厚朴、半夏、陈皮、薏苡仁等；气虚乏力，大便溏薄者，加党参、黄芪、白术、茯苓等。

四、病案举例

吴某，女，57岁，江苏省南京市退休干部，2003年7月6日初诊。患者于一年前于省人民医院检查，诊断为鼻咽部低分化鳞癌。并行放化疗，效果欠佳。于9月12日请谭教授诊治。症见：手足麻木，咽干，唾液匮乏，吞咽困难，双颈、耳后淋巴结肿大，饮食乏味，睡眠、大便尚可，舌暗苔薄黄，脉微弦。此为气阴两亏，瘀毒内蕴。治宜：滋阴补气，抗癌解毒。方用：龙虎胶囊，每日3次，每次4粒。点舌丸，每日3次，每次4粒。汤药：炙黄芪15g，制黄精12g，天门冬10g，麦门冬10g，葛根12g，天花粉15g，薏米15g，炙鳖甲12g，山慈菇12g，露蜂房10g，陈皮10g，砂仁5g。连服15天。

9月26日二诊，上药尽剂，双颈、耳后肿大淋巴结已消失，自觉诸症略缓，精神体力好转，但咽干、吞咽困难依然，口淡乏味，余无特殊，舌质淡暗苔薄，脉细。仍以上法下药。龙虎胶囊，每次5粒，每日3次，连服60天。点舌丸，每次5粒，每日3次，连服60天。汤药：以上方加石斛12g，玄参10g，每日1剂，连服60天。

11月7日三诊，药后复查未发现病灶，淋巴结无肿大，症状完全消失，可料理家务，为巩固疗效，予以龙虎胶囊、点舌丸各一疗程续服。

第三节　甲状腺癌

一、概述

甲状腺癌是较常见的恶性肿瘤，女性明显高于男性，可发生于任何年龄。近年就诊及检出均较前明显增多。甲状腺癌是遍及全球的疾病，据流行病学分析，高发地区与水源含碘较低有关，但各地并不少见。本病发病取决于居民的遗传因素以及所受到致甲状腺肿刺激的强度和时间的长短。女性患病较多，男女之比为1∶2.58，任何年龄都可发病，并在7～20岁间和40～45岁间各出现高峰。甲状腺癌预后较好，尤其是乳头状癌和滤泡状癌，20年生存率仍有50%～60%。甲状腺癌早期与甲状腺瘤、慢性甲状腺炎较难区别，因此临床上易被忽视。

甲状腺癌属于中医瘿病中瘿瘤的范畴，与石瘿相似。中医学对甲状腺癌有不少记载，总称为“颈间生瘤”，又称“瘿瘤”，属瘿病的一种。《诸病源候论》指出瘿病的成因有二：即“由忧患气结所主，亦日饮沙水，沙随气入于脉，搏颈下而成之”。对于其发病机理，《古今医鉴》曰“皆因气血瘀滞，结而成之”，《医学入门》谓“皆瘿气结成”，《外科正宗》则云“乃五脏瘀血、浊气、瘿滞而成”。《圣济总录》则指出了瘿瘤的发生“妇人多有之，缘忧患有甚于男子也”，认识到本病的发生女性多于男性。关于瘿病的分类，《千金要方》提出了石瘿、气瘿、劳瘿、上瘿、忧瘿等五瘿的分类，首次提出了石瘿的病名。《三因方·瘿瘤证治》根据瘿瘤局部症候的不同，提出了瘿病的另外一种分类方法："坚硬不移者，名曰石瘿；皮色不变，即名肉瘿；筋脉露结者，名筋瘿；赤脉交络者，名血瘿；随忧愁消长者，名气瘿。"并说"五瘿皆不可妄决破，决破则脓血崩溃，多致夭枉"。《太平圣惠方·瘿气咽喉肿塞》叙述了瘿病压迫气管、食道的病变："夫瘿气咽喉肿塞者，由人忧恚之气在于胸膈，不能消散，搏于肺脾故也。咽门者，胃气之道路；喉咙者，肺气之往来。今二经俱为邪之所乘，则经络痞塞，气不宣通，故令结聚成瘿，致咽喉肿塞也。"并指出"宜早疗之，便当消散也"，已认识到本病治疗上很困难，应着眼于早期发现、早期治疗。《肘后方》首先用昆布、海藻治疗瘿病，《本草纲目》更明确提出黄药子有"凉血降火，消瘿解毒"的功效，并记载了用黄药子酒治疗瘿病时的"常把镜自照，觉消便停饮"及"以线逐日度之，乃知其效也"的疗效观察方法。《外科正宗》采用的"行散气血""行瘿顺气""活血消坚""补肾气、活血消坚"等治法及该书记载的海藻玉壶汤、清肝芦荟丸等方剂，至今仍为临床所习用。

二、病因病机

中医认为情志内伤、饮食不节及水土失宜是形成本病的重要原因，并与体质因素密切相关。

1.情志内伤

长期忿郁恼怒或忧思郁虑，致肝气郁结，气滞血瘀；肝旺侮土，脾失健运，湿痰内生，气滞血瘀与湿痰互结于颈部而成石瘿，正如《济生方·瘿瘤论治》所云："夫瘿瘤者，多由喜怒不节，忧思过度，而成斯疾焉。大抵人之气血，循环一身，常欲无滞留之患，调摄失宜，气凝血滞，为瘿为瘤。"

2.饮食及水土失宜

饮食失调，或居住高原山区，水土失宜，致脾失健运，水湿不化，聚而生痰，痰阻气机，痰气瘀结；或感山岚水气，不能濡养筋脉，致气血郁滞，津液内停，凝聚成痰，气血痰饮郁结，渐成瘿肿，年深日久，遂生恶变。

3.体质因素

由于妇女的生理特点与肝经气血有密切关系，遇有情志、饮食等致病因素，常易引起气郁痰结、气滞血瘀及肝郁化火等病理变化，故女性比男性更易患本病。

气滞、痰凝、血瘀三者壅结颈前是本病形成的基本病理，部分病人还表现为痰气郁结，郁而化火的病理变化。本病早期以实证者居多，病久则耗气伤血，阴精受损，常由实转虚，其中以阴虚、气虚多见，以致虚中有实、实中有虚之虚实夹杂证。

三、谭凤森治疗经验

甲状腺癌病人，气郁、阴虚体质者居多，根据临床表现，主要分为以下几种证型：

1.肝气郁滞，痰湿凝结

主证：颈部单发瘿肿，质硬，随吞咽上下，活动受限，可有胸闷或吞咽时局部发憋，舌苔薄白腻，脉弦或滑。

辨证：肝郁气滞，痰湿凝聚。

治则：理气消瘿，化痰散结。

处方：点舌丸，每日3次，每次5粒。五谷虫胶囊，每日3次，每次5粒。龙虎胶囊，每日4次，每次5粒。

汤药：柴胡、郁金、青皮、陈皮各10g，夏枯草15g，海藻10g，生牡蛎30g，黄药子15g，半夏曲10g，半枝莲30g，土贝母20g，草河车15g，猫爪草30g。

按语：柴胡、郁金、青皮、陈皮疏肝理气，夏枯草、海藻、生牡蛎、黄药子、土贝母、猫爪草软坚散结化痰，半枝莲、草河车解毒消瘿，半夏曲和胃消食。

2.阴虚肝旺

主证：颈部单发瘿肿，质硬，随吞咽上下，活动受限，咽喉干燥，口干欲饮，烦躁易怒，舌质红，脉细数。

辨证：肝气郁滞，痰火凝结。

治则：养阴清热，平肝消瘿。

处方：龙虎胶囊，每日4次，每次5粒。五谷虫胶囊，每日4次，每次5粒。点舌丸，每日3次，每次5粒。

汤药：生地15g，玄参12g，沙参30g，麦门冬15g，女贞子15g，旱莲草15g，黄药子15g，夏枯草15g，菊花15g，生牡蛎30g，茯神10g，远志10g，夜交藤30g。

按语：生地、玄参、沙参、麦门冬、女贞子、旱莲草养阴清热，黄药子解毒散结，夏枯草、菊花、生牡蛎平肝潜阳，茯神、远志交通心肾，夜交藤滋阴安神。

3.气血两亏型

主证：全身乏力，形体消瘦，精神不振，声音嘶哑，口干欲饮，纳差，舌质淡，苔薄白，脉沉细弱。

辨证：气血双亏，阴毒未尽。

治法：益气养血，温阳解毒。

处方：点舌丸，每日3次，每次5粒。参芪益寿胶囊，每日3次，每次5粒。

汤药：太子参30g，沙参30g，黄芪20g，当归10g，赤白芍各15g，玄参15g，白术10g，石斛30g，夏枯草15g，草河车15g，白芷6g，鹿角霜10g。

按语：太子参、玄参、黄芪、当归、赤白芍、白术补益气血，鹿角霜温阳补髓；沙参、石斛养阴生津，夏枯草、草河车、白芷解毒散结。

四、病案举例

岳某，女，63岁，2015年5月13日初诊。患者2014年5月因甲状腺肿大在河北某医院行手术切除。此后，甲状腺继肿大，诊为甲状腺癌并进行二次手术，因颈部淋巴结转移进行放疗。现症：咽部干痒，双侧颈部近锁骨部位肿胀，疼痛明显，下肢稍觉乏力，口腔溃疡，舌暗苔薄，脉数。此为癌毒留滞，痰瘀搏结，气阴两伤。治疗当以益气养阴，软坚散结，抗癌解毒为主，方用龙虎胶囊、参芪益寿胶囊、点舌丸，每日3次，每次各5粒。汤药：黄芪15g，太子参12g，天门冬10g，天花粉15g，炙鳖甲15g，山慈菇12g，漏芦12g，八月札15g，莪术10g，白花蛇舌草15g，玄参12g，山豆根10g，红豆杉15g，夏枯草15g，猫爪草12g。15剂。每日1剂，水煎，分2次温服。

5月27日二诊，患者服药后口腔溃疡告止，其余症状平稳，舌红苔薄，脉濡。继用前方龙虎胶囊、参芪益寿胶囊、点舌丸各30盒，每日3次，每次各5粒。上方中加生石膏15g，玉竹12g，每日1剂，继服30日。

6月28日三诊，患者自觉一切尚可，无明显不适，舌淡红苔薄，脉濡。继用前药各一疗程。

8月3日四诊，患者诸症消失，自觉一切尚可，舌质淡红苔薄，脉缓。考虑其久病伤气，故以补气、补血、滋阴为主，佐以祛邪即化痰软坚之品。方用五谷虫胶囊，每次5粒，每日3次。点舌丸，每次5粒，每日3次。中药以六君子汤、消瘰丸为主加减，隔日1剂，水煎口服，连服30天。

胸部肿瘤

第一节 肺 癌

一、概述

肺癌是最常见的恶性肿瘤之一，其发病率和死亡率逐年上升，在许多国家和地区肺癌的发病率和死率已占各种恶性肿瘤的首位。发病率在很多国家都有明显增高的趋势，我国肺癌的发病率和死亡率也一直呈上升趋势，肺癌在男性常见肿瘤中占首位，在女性常见肿瘤中占第2、3位。

中医文献中尚未见有肺癌之病名，但有不少类似肺脏肿瘤的记载。如《素问·咳论》曰："肺咳之状，咳而喘息，甚至唾血……而面浮气逆也。"《素问·玉机真脏论》曰："大骨枯槁，大肉陷下，胸中气满，喘息不便，内痛引肩项，身热，脱肉破䐃，真脏见，十月之内死。"《难经·五十六难》谓"肺之积，名曰息贲，在右胁下，覆大如杯，久不已，令人洒淅寒热，喘咳，发肺壅"。后世医书《济生方》亦云："息贲之状，在右胁下，覆大如杯，喘息奔溢，是为肺积。诊其脉浮而毛，其色白。其病气逆，背痛少气，喜忘目瞑，肤寒，皮中时痛，或如虱喙，或如针刺。"《圣惠方》上尚有治疗息贲上气咳嗽、喘促咳嗽、结聚胀痛、腹胁胀痛、咳嗽见血、痰粘不利、坐卧不安、胸膈壅闷、食少乏力、咳嗽胸痛、呕吐痰涎、面黄体瘦等症的药方记载。金元李东垣创制有息贲丸，所治之证均类似于肺癌症状。明代张景岳说："劳嗽，声哑，声不能出或喘息气促者，此肺脏败也，必死。"其对劳嗽症状的描述，大抵与晚期肺癌纵膈转移压迫喉返神经而致声哑者相似。本病属于中医"肺积""息贲""肺痈""肺痿""虚劳"等范畴。

二、病因病机

在中医古籍中记载的"五积"中的"肺积"，与肺癌的症状较为相似。中医认为风寒暑湿燥火等外因侵袭肺脏，日久不散，瘀而化热，可以致癌。同时病人的素体较弱，内分泌失调，免疫功能低下，先天性缺损，营养不良，习惯吸烟，环境多尘，以及七情太过或不及等内因，对肺癌发病也属重要因素。因此正虚邪陷是关键。如《杂病源流犀烛》云："邪积胸中，阻塞气道，气不得通，为痰……为血，皆邪正相搏，邪既胜，正不得制之，遂结成形有块。"说明正气虚损，邪乘于肺，郁结胸中，肺气膹郁，宣降失调，积聚成痰，痰凝气滞，瘀阻脉络，久而成块，乃致肺癌。其病机如下：

1.毒邪袭肺

外界邪毒，侵袭于肺，肺气壅塞，宣肃失司，脉络不畅，气血瘀滞，形成瘤块。

2.痰毒凝聚

肺失宣肃，通调失司，脾失运化，湿浊内生，痰湿毒遏，壅塞于肺，久而形成肿块。

3.阴阳失调

外邪内伤，毒气入体，可引起阴阳亏损，脾虚不运，肾气不足等脏腑阴阳失调病变，而致肺气失调，气机不舒，血行不畅，滞而成瘤。

4.正气虚弱

正气内虚是肺癌主要成因。正气不足，肺气亦弱，加上外受邪毒，或长年吸烟，或吸入有害物质，致肺阴灼伤，升降失常，气机壅塞，血行阻滞，而成积块。

三、谭凤森治疗经验

辨治本病应局部与整体相结合，辨证施治与辨病治疗相结合，分清邪正虚实予以立方遣药，扶正治疗与抗癌治疗相结合。

1.阴虚毒热型

主证：干咳少痰，或痰少而粘，或痰中带血，气短胸痛，心烦寐差，或低热盗汗，口干便干，或咽干声哑，脉细数，舌质红或暗红，苔黄或黄白。

辨证：阴虚内热，毒热蕴结。

治则：养阴清热，解毒化瘀。

处方：点舌丸，每次5粒，每日3次。五谷虫胶囊：每次5粒，每日3次，饭前服。

汤药：枳壳10g，桔梗12g，降香10g，紫草10g，瓜蒌30g，桃仁、杏仁各10g，干蟾皮10g，石见穿30g，铁树叶20g，茜草根20g。

按语：邪毒侵肺，气机不畅，气滞血瘀，痰气交阻，更加重了肺气不宣，故咳嗽不畅，胸肋疼痛，便秘口干，舌见瘀点。方以枳壳、桔梗、瓜蒌、杏仁、远志理气化痰；降香、桃仁、干蟾皮、石见穿、铁树叶活血化瘀解毒；紫草、茜草根凉血止血，祛瘀生新。

2.气阴两虚型

主证：干咳少痰，咳声低弱，痰中带血，气短喘促，神疲乏力，面色晄白，恶风，自汗或盗汗，口干不欲多饮，舌质淡红有齿印，苔薄白，脉细弱。

辨证：气虚阴亏，湿热内蕴。

治则：益气养阴，清化痰热。

处方：龙虎胶囊，每次5粒，每日3次。参芪益寿胶囊，每次5粒，每日3次。

汤药：黄芪30g，北沙参15g，瓜蒌15g，天门冬、麦门冬各12g，白术、杏仁、川贝各9g，五味子6g，生牡蛎、白花蛇舌草各30g。

按语：气虚则咳声低弱，神疲乏力，面色㿠白，恶风，自汗等，方用黄芪益气固表，白术健脾益气。阴虚则见干咳少痰，口干不多饮，故用沙参、二冬、川贝。舌有齿印，可见内有痰热，配用瓜蒌、白花蛇舌草。全方合用，能益气养阴，清热化痰，症状自除。

3.脾虚痰湿型

主证：咳嗽痰多，胸闷纳呆，神疲乏力，腹胀便溏，舌质淡胖有齿印，苔白腻，脉濡缓或濡滑。

辨证：脾胃亏虚，痰多湿盛。

治则：益气健脾，理气化痰。

处方：龙虎胶囊，每次5粒，每日3次。参芪益寿胶囊，每次5粒，每日3次。

汤药：白术、陈皮、杏仁、贝母、半夏各9g，茯苓、扁豆各15g。

按语：白术、陈皮健脾化痰；杏仁、川贝止咳化痰，再加以白花蛇舌草、夏枯草解毒散结。全方共用，则脾健痰消，症状消除。

4.肺肾两虚型

主证：咳嗽气短，动则喘促，咳嗽无力，胸闷腹胀，面色白，腰膝酸软，身倦乏力，自汗便溏，肢凉畏寒，脉沉细无力，右寸、尺脉弱，舌质偏淡，苔白或白腻。

辨证：肺肾两虚，瘀毒内结。

治则：温补脾肾，益气解毒。

处方：点舌丸，每次5粒，每日3次。五谷虫胶囊，每次5粒，每日3次。

汤药：黄芪30g，太子参20g，白术15g，茯苓15g，五味子9g，补骨脂10g，炮姜6g，制南星10g，生晒参10g（单煎），仙茅10g，山海螺30g，冬虫夏草3g（研粉冲服），蜂房10g，白僵蚕10g。

按语：病久气血耗亏，阴损及阳，致肺肾双亏，正气大虚，但邪毒留连不去，瘀阻气血而咳嗽无力，故投以黄芪、太子参、白术、茯苓补肺脾之气，脾强则肺气充沛（培土生金法），脾强则肾气亦充；同时，以五味子、补骨脂、仙茅温肾益气，炮姜、制南星温化寒痰，山海螺、冬虫夏草益气润肺，蜂房、白僵蚕解毒散结。

肺癌证型复杂，并发症多，故应随症加减，临床辨证加减用药：

口干舌燥加沙参、天花粉、生地、玄参、知母等。咳嗽痰黏加桔梗、瓜蒌、葶苈子、前胡、满山红、杏仁、马兜铃、紫菀等，痰多难出加海浮石、鹅管石、牙皂、蛇胆陈皮末（冲服）、牡荆丸（成药）等，痰中带血加藕节、白茅根、仙鹤草、旱莲草、蜂房、三七、白及、花蕊石、地榆、云南白药等。自汗气短加人参、冬虫夏草、浮小麦、五味子、煅龙牡、黄芪等，高热不退加大青叶、丹皮、寒水石、生石膏、紫草、羚羊角、牛黄清热散、紫雪散等，胸背疼痛加元胡、白屈菜、苏木、乳香、没药、枳壳、乌头、全蝎等，大便干结加大黄、生地、玄参、知母、郁金、杏仁等，胸腔积液加葶苈子、芫花、泽漆、水红花子、商陆、车前草、猪苓等，颈部肿核加猫爪草、山慈菇、夏枯草、土贝母、生蛤壳、穿山甲、水蛭、僵蚕、斑蝥、犀黄丸、小金丹等。

以上四型并有胸液者，除辨证论治外，均可加用利水胶囊，每日3次，每次5粒，配合五谷虫胶囊，每次5粒，每日3次。

四、病案举例

案一

王某，男，69岁，山东青岛人，2010年1月3日初诊。患者于2009年12月因发热、咳嗽、气喘在当地医院检查，确诊为肺癌、胸腔积液，住院治疗胸腔积液始终不能消除。患者经人介绍邀请谭教授诊治。现症：低热，咳嗽，气喘，进行性消瘦，纳差，二便可，眠差。舌质淡胖苔白，脉沉弱。证属：正气亏损，肺失肃降，气血郁滞，湿毒内蕴。治宜：补中益气，养阴清肺，化瘀解毒，攻下逐水。方药：点舌丸、利水胶囊，每日3次，每次各5粒。汤药：黄芪20g，炒白术15g，当归15g，柴胡6g，升麻6g，麦门冬10g，五味子6g，杏仁9g，桔梗9g，山豆根9g，马勃9g，诃子6g，薏苡仁15g，半枝莲15g，白花蛇舌草30g，甘草6g。30剂，煎服，连服30剂。

2月9日二诊：患者服药后低热症状消失，咳嗽、气喘好转，胸腔超声（2010年2月）双侧胸腔未见积液，余症同前，效不更方。再续前方以点舌丸、利水胶囊，每日3次，每次各5粒。上方去山豆根、马勃、诃子继服30天。

3月8日三诊：药后诸症消失，但舌淡苔光剥，脉细弱。此为病久伤元，气耗伤精，以致阴亏。治以滋阴补气为主。方用点舌丸、参芪益寿胶囊，每日3次，每次各5粒，连服30天。

4月10日四诊：舌苔脉象已转正常，医院复查示：原发病灶已消失，未发现新病灶。

按：肺癌发展过程，大都以痰、热、瘀、虚为病理环节，痰热壅肿及热毒灼肺多见于早期，气血瘀滞及脾虚痰阻多见于发展阶段，晚期则气阴两亏，故治疗应根据不同阶段及时调整用药。

第二节 乳腺癌

一、概述

乳癌是女性常见恶性肿瘤之一，在许多西方国家，乳癌是女性恶性肿瘤发病和死亡率最高的肿瘤。在我国，乳腺癌是最主要的恶性肿瘤之一。乳腺癌发病率位居城乡女性首位，是危害居民生命健康的最主要的恶性肿瘤之一，且我国居民的癌症发病率在近十几年总体呈现上升趋势。乳腺癌的病因尚未完全清楚，一般认为与内分泌有关，主要与卵巢功能有关，雌激素是刺激乳腺发育的基本因素，也是致癌的先决条件之一。雌酮和雌二醇的异常增加和雌三醇的缺乏，是乳癌的病因。给小鼠注射雌激素可诱发乳腺癌，而对高癌族雌鼠长期使用雄性激素，可阻止乳腺癌的发生。临床用丙睾治疗乳腺癌有一定效果；切除了双侧卵巢的妇女，患乳腺癌极少；行经时间长，亦即初潮早于12岁，绝经晚于53岁的人，患乳腺癌的机会增多。临床资料还表明未婚和未生育女性，产后未哺乳或产后哺乳时间在2年以上者，有癌家族史者，乳腺癌发病率也较高。流行病学资料还发现，乳癌高发地区人群的饮食结构中，脂肪和动物蛋白摄入量较大。在同一地区，富裕家庭妇女的发病率高于贫困家庭者。高脂肪食物促进了某些激素的生成和释放，从而也促进了乳癌的发生。除此之外，年轻妇女、乳房过多接触放射线、乳腺曾患良性肿瘤和乳腺发育不良、乳腺囊性增生病等也是乳癌的相关因素。

中医文献对乳癌早有记载，例如隋·巢元方在《诸病源候论》中描述："乳中结聚成核，微强不甚大，硬若石状""肿结皮强如牛领之皮。"宋·陈自明《妇人大全良方》、窦汉卿《疮疡经验全书》、元·朱丹溪《格致余论》对乳癌也有深刻的描述。明万历年间陈实功在《外科正宗》中对乳癌描写更为生动："经络痞涩，聚结成核；初如豆大，渐如棋子，半年一年，二载三载，不痛不痒，渐渐而大，始生疼痛，痛则无解，日后肿如堆栗，或如覆碗，色紫气秽，渐渐溃烂，深者如岩穴，凸者若泛莲，疼痛达心，出血则臭，其时五藏俱衰，四大不救，名日乳岩，凡犯此者，百人必百死。"这段描述，已将乳癌的发病过程描述得非常生动，乳癌初起病灶很小，可在几个月至两三年内毫无症状而渐渐增大，可似一巨块，也可呈多个结节堆叠，一旦侵犯皮肤，色呈紫红，皮破而溃烂，感染则恶臭，病至此时多有痛感，久之，则全身衰竭，不可救。

二、病因病机

由于内伤情志；恚怒忧思，肝脾两伤，以致形之气郁与有形之痰浊相互交凝，结滞乳中而生有形之核。乳腺增生病好发于中年妇女，绝大多数患者性情急躁、易怒。乳癌患者也多有精神损伤、抑郁、忧思过度、易愁易怒。这正是现代医学和中医共同认为的精神因素在肿瘤发病中有着重要意义。此外，冲任为气血之海，血随气行，由于冲任失调，气血运行不畅，气滞则血凝，气不行，血不流，阻于乳中而生乳癌。临床多见有经事紊乱、经前乳房作痛、从未生育等情况。

冲任失调和内伤情志二者息息相关，七情内伤可致气血失常。气血紊乱是内虚，内虚则邪乘虚而入，故有"邪之所凑，其气必虚""正气存内，邪不可干"之说。所以，对乳癌而言，内伤情志和冲任失调是主要病因病理。

三、谭凤森治疗经验

1.肝郁气滞型

主证：发病与精神刺激有关，乳房肿块胀痛，两胁作胀，心烦易怒，口苦咽干，头晕目眩，脉弦滑，舌苔薄白或黄。

辨证：肝郁不舒，气滞痰凝。

治则：疏肝理气，化痰散结。

处方：龙虎胶囊，每日3次，每次5粒。小金丸，每日2次，每次3克。五谷虫胶囊，每日3次，每次5粒。

汤药：柴胡、青皮、郁金、橘叶各10g，当归15g，白芍12g，茯苓10g，瓜蒌20g，白术10g，山慈菇10g，白芷15g。

按语：乳房位于胸胁，为肝经所布，肝失疏泄，则出现乳房胀痛、胁疼及肝郁不舒症状，肝郁脾虚，痰浊不化，气滞日久致成血瘀，结于乳中成块。柴胡、青皮、郁金、橘叶疏肝理气，当归、白芍养血柔肝，瓜蒌、山慈菇、白芷化痰消肿散结，茯苓、白术健脾利湿。

2.冲任失调型

主证：除乳房肿块胀痛，两胁作胀等肝郁气滞型症状，兼有月经失调，腰腿酸软，五心烦热，目涩，口干，脉细数无力，苔少有龟裂，舌质红。

辨证：冲任失调，肝肾阴虚。

治则：调理冲任，滋补肝肾。

处方：点舌丸，每次5粒，每日3次。五谷虫胶囊，每次5粒，每日3次。

汤药：川楝子、香附、郁金各10g，橘核15g，当归15g，生地20g，熟地15g，白芍12g，川芎10g，女贞子10g，枸杞子15g，山药15g，菊花15g，瓜蒌20g。

按语：肝郁化火，灼伤阴液，致肝肾阴虚，冲任失调。当归、生熟地、白芍、川芎、女贞子、枸杞子滋阴养血、补肾调经，川楝子、香附、郁金、橘核疏肝理气，山药健脾，菊花、瓜蒌解毒散结。

3.毒热蕴结型

主证：乳房肿块迅速增大，疼痛，红肿，甚至溃烂翻花、污水恶臭，久则气血衰败，正气大亏，面色苍白、消瘦乏力，或发热，心烦，口干，便秘，舌质暗红，舌苔黄白或黄厚腻，脉弦数或滑数。

辨证：瘀毒内结，正虚邪实。

治则：解毒化瘀，扶正祛邪。

处方：点舌丸，每次5粒，每日3次。龙虎胶囊，每次5粒，每日3次。

汤药：猫爪草30g，山慈菇15g，草河车15g，刘寄奴10g，蜂房15g，蒲公英30g，全瓜蒌30g，当归10g，黄芪30g，生地15g，玄参12g。

按语：乳腺癌晚期，病情发展呈现正虚邪实情况，治以扶正祛邪，可用清热解毒、活血祛瘀之品，促其内消，又要顾及元气及气血以扶正，特别是肿瘤破溃失血之后，常要使用补气养血的药物如黄芪、生地、当归及归脾汤、香贝养荣汤、十全大补汤等。本方药以补气养血为主，佐以解毒散结攻邪。

四、病案举例

侯某，女，47岁，2014年3月6日初诊，患者罹患左乳腺癌，于2013年8月9日行根治术，术后放疗3个月，半年后，发现左腋下有棋子大小肿块，经医院检查确诊为乳腺癌转移。随行二次手术，刻下症见：刀口边缘疼痛，形容消瘦，肤黄憔悴，神倦肢软，纳差，夜不安寐，自认难愈之症，忧虑万分。色质淡，苔白腻，脉濡细。治以固正和营，益气养阴。方以五谷虫胶囊、龙虎胶囊每日3次，每次5粒。汤药：黄芪20g，绞股蓝20g，太子参15g，白芍10g，怀山药15g，黄精12g，焦三仙各15g，丹参15g，当归15g，川芎9g。水煎服，每日1剂，1个月。

二诊：患者疼痛减轻，食欲渐增，此为佳象，嘱其放宽胸怀，颐养性情，继用前方，汤药加半枝莲、半边莲各15g。每日1剂，1个月。

三诊：患者面色转润，但正气尚未痊复，再宗前法加减，汤药去丹参加玉竹12g、鸡血藤15g，养阴益血。

四诊：患者刀口痛止，精神焕发，胃纳亦旺，苔腻已消。至此乳癌术后调治4月余，趋于痊愈。医院检查各项指标趋于正常，因体质素弱，易感疲惫，幸饮食已复，再予前法一疗程，以调整善后。

按：此例乳癌患者，经历手术及放疗耗伤正气，故治当首以益气养血，固本和营。经曰“正气存内，邪不可干”，尤其癌症患者，扶正尤为重要，方中主以扶正固本，兼以解毒抗癌，标本兼顾，终获满意疗效。

消化系统肿瘤

第一节　肝　癌

一、概述

肝癌是常见恶性肿瘤，分别占2012年全球和中国癌症发病总数的5.6%和12.9%，2010年位于中国癌症发病顺位的第3位，且发病和死亡水平居高不下，对人民生命健康危害极大。最新的流行病学调查数据表明，我国自1992年实施扩大城乡预防免疫以来，乙型病毒性肝炎新发感染病例数显著下降，而非酒精性脂肪性肝病和酒精性肝病的发病率却呈现出明显增长的趋势，肝炎、肝硬化、肝癌及其他终末期肝病对国人的健康和社会经济带来严峻挑战。

中医古籍中无肝癌之病名，但对肝部肿块的认识渊源日久。早在汉代以前，《黄帝内经》中便有类似肝癌的症状、体征及成因的记载，如《灵枢·邪气藏府病形》篇曰："肝脉，微急为肥气，在胁下，若覆杯。"又如"伏梁，在心下，上下行，时唾血。"《难经·五十六难》曰："肝之积名曰肥气，在左胁下，如覆杯。"《本神》篇曰："肝大则逼胃追咽……苦膈中且胁下痛。"《难经·五十六难》曰："脾之积名曰痞气，在胃脘，覆大如盘，久不愈，令人四肢不收，发黄疸，饮食不为肌肤。"这些经文对左上腹及右上腹肿块做了很形象的描述。《济生方》在描述脾积时，指出除以上见症外，尚言："其色黄……腹满呕泄，中肿肉削。"《医学入门》等明确指出病变部位与病名的关系，曰："脾积胃脘稍右曰痞气。"《诸病源候论》则称之为肝积，如《诸病源候论·积聚病诸候》曰："诊得肝积，脉弦而细，两胁下痛，邪走心下。"《黄病诸候》曰："胁下满痛，而身发黄，名为癖黄。"《水症候》曰："其病腹内有结块硬强，在两胁间膨膨胀满，遍身肿。"《和剂局方》指出"心腹积聚……大如水碗，黄疸……支满上气，时时腹胀，心下坚结。"《指迷全生方·诸积》篇曰："腹中形成肿块，按之不移，推之不动，动则微喘……渐消瘦。"上述的种种描述，极似肝癌的临床表现。提示本病属于中医肝积、癥瘕、积聚、膨胀、黄疸等范畴。

二、病因病机

中医认为肝癌的发生与感受湿热邪毒或长期饮食不节、嗜酒过度以及七情内伤等引起机体阴阳失衡有关。感受邪毒、饮食损伤、脾气虚弱和肝气抑郁是肝癌的主要病因，而正气亏虚和脏腑失调则是发病的内因，如《医宗必读·积聚》篇指出"积之成也，正气不足，而后邪气踞之。"说明正气虚损，邪气乘袭，蕴结于肝，肝气郁结，气机受阻，血行不畅，痰瘀相互，形成痞块，乃致肝癌。有关病理归纳如下：

1.气滞血瘀

情志不畅，肝气郁结，或感受外邪，气滞不畅，"气为血帅""气行则血行"，气滞日久，必致血瘀，渐结肿块。

2.湿热蕴结

饮食不节，嗜酒过度，损伤脾胃，或肝气横逆，损及脾胃，或脾胃虚弱、运化不健，水湿停聚郁而化热，湿热蕴结于肝胆，日久渐积而成肿块。

3.肝肾阴虚

情志失调，肝郁化火，湿热相合，损伤络脉，津液外溢，蓄于腹中，或阴液灼竭，肝阴不足，穷则及肾，气化不利，水湿内停，聚于腹内，发为膨胀，久之成瘤。

4.正气虚衰

正气虚弱，加之外受邪毒，或食用发霉食品、饮污染之水，致肝脾受损，进而气滞血瘀，蕴积日久，而成积块。

三、谭凤森治疗经验

中医药适用于各期肝癌患者，除单纯中医药治疗外，还可与手术、化疗或放疗相结合。肝癌由于症情复杂，不同病程阶段有不同的表现，故证型亦不相同，现仅将常见证型归纳如下：

1.肝气郁结型

主证：两胁痛，右胁胀痛、坠疼，胸闷不舒，生气后加重，饮食见少，肝大，舌苔薄白，脉弦。

辨证：肝郁气滞。

治则：疏肝理气。

处方：龙虎胶囊，每次5粒，每日3次。小金丸，一次3g，每日2次。五谷虫胶囊，每次5粒，每日3次。

汤药：柴胡12g，当归15g，白芍15g，郁金、香附、青皮各10g，八月札30g，沙苑子15g，茯苓12g，白术15g，甘草5g。

按语：肝主疏泄条达，肝气不疏，阻于胁络，故见胁肋胀痛；疏泄失常，气机不畅而胸闷不舒；肝郁困脾，脾运失司故纳少；气滞则血瘀，故可见胁部肿块。治以疏肝理气法，以柴胡、郁金、香附、青皮疏肝理气，解郁止痛；当归、白芍、沙苑子养血柔肝，八月札理气活血，白术、茯苓、甘草健脾和中。

2.气滞血瘀型

主证：胁痛如刺，痛引腰背，定着不移，入夜更剧，胁下痞块巨大，舌质暗，有瘀点、瘀斑，脉沉细或涩。

辨证：气滞血瘀，恶血内结。

治则：行气活血，化瘀消积。

处方：点舌丸，每次5粒，每日3次。五谷虫胶囊，每次5粒，每日3次。

汤药：降香10g，元胡10g，三棱10g，莪术10g，土鳖虫10g，八月札20g，赤芍、白芍各10g，当归10g，郁金10g，炮山甲10g，生牡蛎30g。

按语：气郁日久，必生瘀血，阻于肝络，不通则痛，故肿块日大，胁痛如刺，痛处不移；肝血为阴，夜为阴时，故瘀血入夜则痛剧。治以行气活血，化瘀消积法。三棱、莪术、赤芍、土鳖虫活血攻瘀；降香、元胡、郁金、八月札理血行气止痛；当归、白芍养血柔肝；炮山甲、生牡蛎养阴软坚消积。

3.湿热结毒型

主证：病势加剧，发热出汗，心烦易怒，口干口苦，身黄目黄，胁肋刺痛，腹胀腹满，恶心纳少，便干尿赤，舌质红绛而暗，舌苔黄腻，脉弦滑或滑数。

辨证：肝胆湿热，瘀毒内结。

治则：清热利胆，泻火解毒。

处方：龙虎胶囊，每次5粒，每日3次。

汤药：金钱草30g，虎杖30g，姜黄15g，茵陈20g，丹皮15g，栀子10g，蒲公英30g，龙葵30g，蛇莓30g，半枝莲30g，厚朴10g，大腹皮10g，羊蹄根20g，莱菔子15g。

按语：肝郁气滞日久，气有余便是火，故气郁日久化热化火，火热蕴于肝胆，致烦躁易怒，口干口苦；湿热阻于胆道而身目发黄。舌脉均显瘀毒火热之症。金钱草、茵陈清利湿热退黄，姜黄疏肝利胆而行血，虎杖、栀子、丹皮、蒲公英、龙葵、蛇莓、羊蹄根凉血解毒，清热泻火，厚朴、大腹皮、莱菔子行气导滞而消胀。

4.肝阴亏损型

主证：胁肋隐痛，绵绵不休，纳少消瘦，低热盗汗，五心烦热，头晕目眩，黄疸尿赤，或腹胀如鼓，青筋暴露，呕血，便血，皮下出血，舌红少苔，脉虚细而数。

辨证：肝血亏耗，阴虚内热。

治则：养血柔肝，清热养阴，出血者凉血止血。

处方：龙虎胶囊，每次5粒，每日3次。五谷虫胶囊，每次5粒，每日3次。

汤药：生地20g，白芍15g，黄芪20g，当归10g，旱莲草30g，女贞子15g，生龟板20g，生鳖甲20g，丹皮15g，青蒿10g，山萸肉15g，山药10g，沙参30g，茯苓皮30g，半边莲30g。

按语：毒热之邪属阳，阻于肝胆易耗伤肝阴，日久肝血亏耗，气阴两虚，故胁肋隐痛；阴虚内热，兼以邪毒蕴内，故见烦热、低热、黄疸及出血诸症；肝气横逆，则脾虚不运，水湿不化，腹内停水致腹胀如鼓、肢肿。治以养阴柔肝，益气养血。生地、女贞子、旱莲草、生龟板、生鳖甲、山萸肉滋阴清热，白芍、当归养血柔肝，丹皮、青蒿清虚热，黄芪、茯苓皮、山药健脾益气，沙参益气养阴，半边莲清热利湿。

临床辨证加减用药：低热加青蒿、地骨皮、白薇、银柴胡、丹皮、生地、鳖甲等。高热加寒水石、生石膏、滑石，或加水牛角、羚羊角粉，或加清开灵、牛黄清热散等。黄疸加茵陈、姜黄、虎杖、金钱草、胆草等，出血加侧柏炭、仙鹤草、血见愁、蜂房、生地、丹皮、水牛角、三七粉（冲）、云南白药（冲）等，疼痛加降香、元胡、郁金、白屈菜、云南白药、没药、乳香、川楝子、苏木、徐长卿、两面针等，腹胀加木香、厚朴、青陈皮、大腹皮、莱菔子、焦槟榔、枳实等，腹水加泽泻、泽漆、猪苓、茯苓、车前子、商陆、半边莲等，恶心呕吐加半夏、竹茹、伏龙肝、旋覆花、赭石、玉枢丹等。肢凉怕冷加附子、肉桂。腹泻便溏加炮姜、草豆蔻、儿茶、苍术、炒扁豆等。

四、病案举例

吕某，男，59岁，山东郓城人，2009年9月10日初诊。患者于3月出现肝区不适，腹部胀满，消瘦，在当地医院超声及肝CT检查提示肝内占位，少量腹水，诊断为原发性肝癌。因患者本人不愿接受介入治疗，经友人介绍请谭教授诊治。症见：肝区不适，腹胀，乏力，纳差，面色萎黄，舌质红，苔黄腻，脉弦细。结合病史，证属肝郁脾虚，湿热蕴结，治以疏肝健脾，清热利湿。方以利水胶囊、五谷虫胶囊，每日3次，每次各5粒，西黄丸，每日2次，一次3g。汤药以黄芪15g，焦白术10g，薏苡仁15g，厚朴10g，栀子12g，枳实10g，焦三仙各15g，白花蛇舌草30g，夏枯头15g。水煎服，一日一剂，连服30天。

10月10日二诊：连服上药一月后，腹胀减轻，B超示腹水消失，纳食知味，肝区仍有轻度不适，舌淡红，苔薄黄，脉弦细。治以疏肝健脾，消积化瘀。仍以前法，去枳实、栀子、厚朴，加党参12g，郁金12g，丹皮12g，继服。在以上方药基础上随症加减，用药半年后，患者无不适感，查谷丙转氨酶：53U/L，甲胎蛋白：150μg/L，总蛋白6.5g/L，白蛋白3.5g/L，CT示，肿物明显缩小，未发现其他病灶。生活能够自理，病告愈。

第二节　食管癌

一、概述

食管癌是发生于食管上的恶性肿瘤，至今病因不明，一般认为与食物粗糙、饮酒、吸烟、遗传以及食管炎等因素有关。慢性刺激食管黏膜所致炎症可能导致上皮增生和癌变，如反流性食管炎、食管憩室等。自1913年世界上第一例食管癌食管切除术成功实施以来，食管癌外科治疗在不断地进步。据流行病学调查，发病率高的国家或地区有欧洲、拉丁美洲、亚洲中部、非洲南部等。在我国，伴随着社会经济的发展、居民生活习惯的改变以及饮食结构的变化，食管癌的死亡率已经呈现下降趋势，但在卫生资源相对匮乏的农村，仍然存在许多食管癌高发地区。食管癌病因迄今尚未完全阐明。目前有众多学者认为饮食引起的慢性刺激、慢性口腔炎症，水土及食用植物中的硝酸盐、亚硝酸盐、亚硝胺含量较多，霉菌和营养因素，某些食管病变如食管黏膜白斑、缺铁性假膜性食管炎、腐蚀性食管灼伤和狭窄可能演变为食管癌。

食管癌，中医称之为“噎膈”“膈噎”“噎塞”等。就病名而言，噎是指吞咽之时，哽噎不顺；膈是胸膈阻塞，饮食不下。噎可以单独出现，也可能是膈的前驱。张石顽《千金方衍义》谓“噎之与膈本同一气，膈证之始，靡不由噎而成”。关于噎膈的主要症状，《内经》最早提出“三阳结，谓之膈”“饮食不下，膈噎不通，食则呕”，以及“膈中，食饮入而还出，后沃沫”。在此之后，《千金方》提出“食噎者，食无多少，惟胸中苦塞常痛，不得喘息”；《济生方》中曰“其为病也，令人胸膈痞闷，呕逆噎塞，妨碍饮食，胸痛彻背，或肋下支满，或心忡喜忘，咽噎气不舒”；《类证治裁》补充“噎者咽下梗塞，水饮可行，食物难入”以及“临食辍箸，嗌阻沫升”等。这些描述与今人所言食管癌吞咽困难、食入作吐、胸膈痞满作痛，以及晚期患者吐食之后还会带出一些黏腻的、像蟹沫或蛋清状的痰沫等临床表现非常接近。至于三阳结，照王冰和张子和的解释，所指内容当为大肠、小肠与膀胱热结，因为张氏依附于王氏的观点提出了“小肠热结则血脉燥，大肠热结则后不圊，膀胱热结则津液涸”的见解，又强调了三阳指的就是大肠、小肠、膀胱。这表明在某种条件下，血脉燥、后不圊和津液涸也可以成为噎膈的主要症状。不过，这时的病情可能已进入噎膈晚期，由咽嗌而波及全身，造成了循环、消化、泌尿多系统多脏器功能失调。由此分析祖国医学对食管癌的认识是相当深刻的，对病情发展变化的过程，观察的相当细致也非常全面。

二、病因病机

综合历代医家的认识，都认为本病的发生多因忧思郁怒，情志不遂，七情郁结；或嗜酒无度，恣食辛香燥热等物，损伤脾胃，造成气滞食凝，积聚成块；或高年衰老，正气志虚，正不胜邪，瘤邪乘虚侵入而成。

1.气滞

情志失调，忧思郁怒，或饱食不节、寒热不适，引起气机郁滞，气不布津，津液聚而为痰、痰气交阻食管而成。

2.血瘀

情志失调，气机郁滞，引起血行不畅，气滞血瘀，痰湿不化，痰凝交结，积聚而成。

3.痰凝

情志郁怒，饮食不节，损伤脾胃，水湿不化，聚湿为痰，或嗜酒无度，喜好肥甘，酿成痰浊，痰凝食管，结成肿块。

4.热毒

酒色过度，七情所伤，误服辛燥药，俱令津血亏虚，相火渐炽，日久成毒、灼伤食管而成。

5.正虚

先天禀赋不足，或后天失养，年高体衰，阴阳不和，水火失调，正不胜邪，瘤邪乘虚侵入而成。

三、谭凤森治疗经验

本病的辨证，应首先察其虚实，实者是气滞、血瘀、痰浊互结于食道为标，虚者气血、津液日渐枯竭为本。初病者多为实，久病者往往由实转虚。治疗应权衡虚实，初起可采用理气、化痰、活血法，后期则应注重补虚。

1.痰气互结型

主证：食入不畅，吞咽不顺，嗳气不舒，胸膈痞满，伴有隐痛，口干。脉细弦，舌质淡红，舌苔薄白。

辨证：气滞痰结，气痰互阻。

治则：开郁降气，化痰散结。

处方：龙虎胶囊，每次5粒，每日3次。点舌丸，每次5粒，每日3次。五谷虫胶囊，每次5粒，每日3次。

汤药：旋覆花10g，代赭石20g，郁金10g，苏梗10g，陈皮20g，莱菔子15g，瓜蒌20g，山豆根10g，贝母10g，砂仁4g，刀豆子15g，草河车30g。

按语：气痰互阻，吞咽不畅，气滞则胸膈痞闷，气不降则咽梗作塞，津液不布，结而成痰。旋覆花、代赭石、郁金、砂仁、苏梗、刀豆子、陈皮开郁顺气，莱菔子、瓜蒌、贝母、陈皮下气化痰，山豆根、草河车解毒散结。

2.血瘀痰滞型

主证：吞咽困难，胸背疼痛，甚则饮水难下，食后即吐，吐物如豆汁、黏痰等。小便黄赤，大便燥结，形体消瘦，肌肤甲错，舌质暗红，少津或有瘀斑，黄白苔，脉细涩或细滑。

辨证：血瘀痰滞，瘀毒内结。

治则：祛痰散结，化痰解毒。

处方：点舌丸，每次5粒，每日3次。五谷虫胶囊，每次5粒，每日4次。

汤药：半夏10g，胆南星10g，杏仁10g，瓜蒌20g，赤芍10g，桃仁10g，郁金10g，威灵仙20g，木鳖子10g，山豆根10g，半枝莲30g，草河车10g。

按语：半夏、胆南星、杏仁、瓜蒌化痰散结，赤芍、桃仁、郁金破瘀化结；威灵仙通络除痰，木鳖子、半枝莲、山豆根、草河车解毒消肿散结。

3.气虚阳微型

主证：晚期食管癌，饮食不下，泛吐清涎及泡沫，形体消瘦，恶病质，乏力气短，面色苍白，形寒肢冷，面足浮肿。舌质淡，脉虚细无力。

辨证：气虚阳微，气血大亏。

治则：益气养血，温阳开结。

处方：龙虎胶囊，每次5粒，每日3次。点舌丸，每次5粒，每日3次。五谷虫胶囊，每次5粒，每日3次。

汤剂：黄芪30g，党参20g，当归15g，白芍10g，旋覆花10g，代赭石30g，威灵仙30g，急性子10g，半夏10g，桂枝10g，陈皮10g，生熟地各10g。

按语：黄芪、党参健脾补气，当归、白芍、生熟地养血，半夏、桂枝温阳开结，旋覆花、代赭石、威灵仙、陈皮降气通络。

四、病案举例

禹某，男，70岁，2015年3月10日初诊。患者于2月前自觉吞咽困难，食硬物疼痛，喜软食。2月9日在扬州市某医院胃镜及病理诊断为：食管鳞状细胞癌，与组织粘连，无法手术切除。当下症见：吞咽困难，胸痛彻背，夜寐困难，面色萎黄，消瘦明显，形容憔悴，舌红苔腻，脉弦滑。证属：肝郁气结，痰瘀互结。治以疏肝理气，化痰通瘀。方药：龙虎胶囊、五谷虫胶囊，每次各5粒，每日3次，去胶囊皮吞面；片仔癀每次0.6g，每日3次，研磨服。汤药：黄芪30g，麦门冬15g，沙参15g，法半夏10g，浙贝母15g，白茅根30g，山慈菇15g，猫爪草15g，夏枯草20g，竹茹10g。每日1剂，分2次服，连服15天。

3月25日二诊：服药后胸痛减轻，饮食渐增，夜寐尚可，精神转好，舌苔白，脉弦，继以前方，汤药去半夏、白茅根，加茯苓30g，郁金10g，丹参15g，连服30天。

4月27日三诊：吞咽不适感消失，胸痛明显缓解，精神良好，大便正常，舌红苔白，脉弦细，食欲及体力均有不同程度恢复，嘱其继服龙虎胶囊、五谷虫胶囊以巩固疗效。近期家属来电，患者状态良好，生活能够自理。

第三节　胃　癌

一、概述

胃癌是发生于胃部上皮组织的恶性肿瘤，以上腹部不适、疼痛、呕吐、反胃、呕血、黑便、消瘦、贫血、上腹部包块为主要临床表现。胃癌是全球最常见的消化道恶性肿瘤之一。亚洲日本、韩国及我国是胃癌高发区，我国每年新发病例约40万例，占世界总发病例数的42%。据报道，至2005年胃癌成为中国癌症发病率和死亡率首位的恶性肿瘤。在我国胃癌发病地区分布广泛，但各地区病死率有明显差异性，且有地理相对集中发生的趋势，胃癌亦是当前危害我国人民身体健康的重大疾病。

胃癌属于祖国医学“噎膈”“胃反”“反胃”“翻胃”“胃脘痛”“积聚”等病证范畴。如胃癌引起贲门狭窄，导致进行性吞咽困难，与“噎膈”的进食噎塞不利甚至食入即吐的症状非常相似；当癌瘤引起幽门狭窄或完全梗塞时，临床表现与仲景所述的“胃反”、明代赵献可所说的“反胃”以及《扁鹊心书》所说的“翻胃”基本相同。例如赵献可《医贯》曾解释道：“朝食暮吐，暮食朝吐；或一二时而吐，或积至一日一夜腹中胀闷不可忍而复吐，原物酸臭不比，此已入胃而反出，故曰翻胃。”《金匮要略》曾明确记载：“朝食暮吐，暮食朝吐，宿谷不化，名曰胃反。”《扁鹊心书》曾反复论述：“凡饮食失节，冷物伤脾胃……再兼六欲七情有损者……令人朝食暮吐，名曰翻胃。”此外，当上腹部出现肿块时，与《灵枢·五变》所指的积聚类似。俟胃痛加剧时，与《灵枢·邪气府病形》描述的“胃病者腹䐜胀，胃脘当心而痛……膈咽不通，饮食不下”，以及《灵枢·四时气》强调的“饮食不下，膈塞不通，邪在胃脘”等亦有相似之处。

二、病因病机

人以胃气为先，饮食药饵，先伤于胃，物聚类杂，最易壅塞，故胃癌的病因也较为复杂，与体质、饮食等内外因素关系至为密切。中医学认为胃癌系饮食失节，忧思过度，脾胃受损，运化失常，气结痰凝，气、痰、瘀、毒互结而成。举凡醇酒炙煿、热药过度、热郁于中、伤及胃腑；或饱食奔走、胃腑损伤、瘀血内停：或饱食喜卧、水谷滞留；热毒壅遏又复外感寒气、寒热不调，使浊热之气堵塞胃脘；或外感邪热与内蕴之热相合，邪热内迫。清气不得上升，浊气不得下降，营气不从，逆于肉理，日久腐蚀胃腑，皆可以致癌。现代医学研究证明，胃癌是致癌因素作用于机体内在缺损的结果。所谓致癌因素，主要指长期食用腌菜、干咸鱼、熏制品，缺乏新鲜蔬菜及食污染、霉变食品等。所谓内在缺损，主要指遗传因素易感性以及长期存在的慢性胃部疾患业已导致胃黏膜屏障受损等。

据历代医家的论述，其病理过程主要表现为：

1.胃阳衰微

如《临证指南医案》曰：“夫反胃乃胃中无阳，不能容受食物，命门火衰，不能熏蒸脾土，以致饮食入胃，不能运化，而为朝食暮吐，暮食朝吐。”

2.热结津伤

三阳热结，灼伤津液，三门干枯，水谷出入之道不得流通，胃脘干槁，故食下即吐而复出。如《医学心悟·噎膈》曰“槁在下脘者，食虽可入，久而复出”；《医宗金鉴·杂病心法要诀》曰：“贲门干枯，则纳入水谷之道路狭隘，故食不能下，为噎塞也。幽门干枯，则放出腐化之道路狭隘，故食入反出，为翻胃也。二证留连日久，则大肠传导之路狭隘，故魄门自应燥涩难行也。胸痛如刺，胃脘伤也；便如羊粪，津液枯也；吐沫呕血，血液不行，皆死证也。”

3.肝经气郁

情志不舒，肝气抑郁则气滞，气滞必致血行不畅而凝结成瘀血。胃脘疼痛胀满或如针刺刀割者，多有气结、痰凝、血瘀、食积之病由，故《景岳全书发挥》曰：“膈者在胸膈胃口之间，或痰或瘀血或食积阻滞不通，食物入胃不得下达而呕出，渐至食下即吐而反胃矣。”上述病理过程常交织兼挟，致生众多病症。

三、谭凤森治疗经验

1.肝胃不和型

主证：胃脘胀满，时时作痛，串及两胁，口苦心烦，嗳气陈腐，饮食少进或呕吐反胃，舌苔薄黄或薄白，脉弦细。

辨证：肝胃不和，胃气上逆。

治则：龙虎胶囊，每次5粒，每日3次；五谷虫胶囊，每次5粒，每日3次。

汤药：柴胡12g，郁金10g，枳壳10g，玫瑰花10g，旋覆花10g，代赭石15g，半夏10g，白芍15g，焦三仙各10g，白屈菜10g，甘草6g。

按语：肝郁失于疏泄条达，乘侮脾胃使脾胃功能失司，胃气上逆，柴胡、郁金、玫瑰花疏肝理气，旋覆花、代赭石、半夏降逆止呕，枳壳、焦三仙健脾开胃，白屈菜、甘草止痛缓中。

2.脾胃虚寒型

主证：胃脘胀痛，喜按就温，或暮食朝吐，朝食暮吐，或食入经久仍复吐出，时呕清水，面色苍白无华，肢凉神疲，或便溏浮肿，舌质淡胖，齿痕，苔白滑润，脉沉细缓或细濡。

辨证：脾胃虚寒、中焦不运。

治则：温中散寒，健脾和胃。

处方：龙虎胶囊，每次5粒，每日3次；五谷虫胶囊，每次5粒，每日3次。

汤药：人参15g，黄芪30g，白术10g，茯苓12g，半夏15g，良姜6g，荜茇10g，陈皮10g，豆蔻6g。

按语：脾胃虚弱，纳食不多，运化迟缓，故痛亦不甚。得暖得按则寒气消散，故痛亦减。脾主四肢，阳虚则四肢不温，神疲乏力。脾阳不振，故舌淡胖，脉细濡。人参、白术、茯苓、半夏、陈皮健脾和胃，黄芪益气健脾，良姜、荜茇温中散寒，豆蔻行气止痛。

3.瘀毒内阻型

主证：胃脘刺痛，灼热灼痛，食后痛剧，口干思饮，脘胀拒按，心下痞块，或有呕血、便血，肌肤枯燥甲错，舌质紫暗或见瘀点，脉沉弦、细涩或弦数。

辨证：瘀毒内阻，血瘀胃热。

治则：解毒祛瘀，清热养阴。

处方：龙虎胶囊，每次5粒，每日4次；点舌丸，每次5粒，每日3次；五谷虫胶囊，每次5粒，每日3次。

汤药：生蒲黄10g，五灵脂10g，元胡10g，蛇蜕6g，露蜂房12g，血余炭3g，棕炭20g，仙鹤草30g，玉竹15g，藕节20g。

按语：瘀毒内阻，日久伤络，吐血便血；血瘀有形，故痛有定处而拒按；瘀毒化热，耗伤胃阴，故口干思饮，脉弦数。蛇蜕、露蜂房解毒祛瘀，生蒲黄、五灵脂、元胡活血化瘀止痛，血余炭、陈棕炭、仙鹤草止血生新，玉竹、藕节养益胃阴。

4.气血双亏型

主证：晚期胃癌，重度贫血，面色苍白无华，面目虚肿，畏寒身冷，全身乏力，心悸气短，头晕目眩，虚烦不寐，自汗盗汗，纳少乏味，形体羸瘦，上腹包块明显，舌质淡胖，白苔，脉虚细无力或虚大。

辨证：气血双亏，脾肾不足。

治则：补气养血，健脾补肾。

处方：龙虎胶囊，每日3次，每次5粒；点舌丸，每日3次，每次5粒。

汤药：黄芪30g，人参15g，党参15g，白术10g，茯苓10g，黄精10g，当归6g，谷、麦芽各15g，淫羊藿10g，甘草6g。

按语：久病耗血伤气，后天化源不充，气血化生无源，故气血双亏，久之脾肾阳气亦虚。治宜大补气血，健脾益肾。黄芪、人参、党参、白术、茯苓、黄精、甘草健脾补血，当归、熟地、白芍、阿胶滋阴补血，紫河车大补元气，补肾填精，陈皮、谷麦芽理气和胃，淫羊藿补肾温阳。

临床辨证加减用药：呕吐加半夏、生姜、竹茹、旋覆花、赭石、丁香、威灵仙、佩兰等，口干加石斛、麦门冬、天花粉、知母等，胃疼加元胡、香附、白屈菜、降香、娑罗子、五灵脂、乌头、荜茇、八月札等，便干加火麻仁、郁李仁、大黄、芒硝、瓜蒌等，便溏加儿茶、老鹳草、石榴皮、苍术、扁豆、罂粟壳等，呕血、便血加仙鹤草、血余炭、棕炭、棉叶、白及等，腹胀加枳壳、厚朴、莱菔子、焦槟榔、砂仁、沉香面、大腹皮等。

四、病案举例

吴某，男，71岁，退休，2014年7月5日初诊。患者于2013年12月份无明显诱因出现胃脘隐痛，食欲不振，时有恶心，纳差。于当地医院上消化道钡餐造影及胃镜检查均示：胃窦癌。病理检查结果：胃窦黏液性腺癌。随行胃窦癌根治术，并予化疗两个疗程，继寻求中医治疗。现主要症状：胃脘隐痛，时吐清水，脘腹胀满，面色无华，舌暗淡、苔白滑，脉沉细。证属脾胃虚寒，血瘀痰阻；治当以温中和胃，消瘀化痰。方药：小金丸，一次3g，每日2次；五谷虫胶囊，每次5粒，每日3次。汤药：党参15g、黄芪10g，干姜10g，炒白术10g，茯苓15g，怀山药12g，白花蛇舌草20g，炙甘草6g。15剂，每日1剂，水煎服。

7月20日二诊：胃脘隐痛、呕吐清水、脘腹胀满等症状较前好转，舌暗淡、苔薄白，脉沉细。继续和胃健脾，化瘀祛痰。继用前方，汤药去茯苓加生姜3片。20剂，每日1剂，水煎服。

8月11日三诊：患者胃脘隐痛、脘腹胀满等症状消失，食欲及体力均有恢复，精神转好，大便正常，舌淡苔白，脉缓，嘱其继服小金丸、五谷虫胶囊两个疗程。汤药：香砂六君汤加减，太子参10g，焦白术10g，木香10g，砂仁6g，白芍9g，茯苓15g，焦三仙各15g，半边莲10g，白花蛇舌草15g。每日1剂，水煎服。

10月8日四诊：药后患者不适症状消失，精神状态良好，睡眠良好，胃纳佳，二便正常。以五谷虫胶囊调理，巩固疗效。

第四节　胰腺癌

一、概述

胰腺癌是一种恶性程度很高，诊断和治疗都很困难的消化道恶性肿瘤，约90%为起源于腺管上皮的导管腺癌。其发病率和死亡率近年来明显上升，5年生存率<1%，是预后最差的恶性肿瘤之一。胰腺癌早期的确诊率不高，手术死亡率较高，而治愈率很低。本病发病率男性高于女性，男女之比为1.5～2：1，男性患者远较绝经前的妇女多见，绝经后妇女的发病率与男性相仿。据世界卫生组织国际癌症研究中心（IARC）估计，2012年全球约有33.8万胰腺癌新发病例，占全部恶性肿瘤的2.4%，位居第15位。我国胰腺癌发病率从1998年的5.72/10万上升至2008年的8.55/10万，1998—2007年全国胰腺癌发病呈上升趋势。

二、病因病机

本病病位在脾，凡外感六淫，内伤七情，饮食不节，均可伤脾生积成癌。

1.外感湿毒

湿气通于脾，脾性恶湿，职司运化。外感湿毒，损伤脾气，脾运失调，水湿不化，郁而化热，湿热内蕴，酿毒结瘤。

2.内伤忧思

脾居中州，为气机升降之枢纽。内伤忧思，抑郁伤脾，脾气郁结，升降失常，水津不运、血行不畅，津停为痰，血停而瘀，痰血阻脾，结聚成瘤。

3.饮食失宜

饮食不节，内伤酒食，伤脾损胃，聚湿生痰，痰湿瘀血结聚于脾，日久不散，酿生癌瘤。

三、谭凤森治疗经验

1.肝胆湿热

主证：左上腹部疼痛、拒按，多有黄疸，并见呕吐，发热，口苦，食欲差，便秘，溲短赤，舌质红，苔黄腻，脉滑弦。

辨证：肝胆湿热、瘀毒蕴结。

处方：龙虎胶囊，每日3次，每次5粒；金龙胶囊，每日3次，每次4粒；点舌丸，每日3次，每次5粒。

汤药：龙胆草12g，黄芩10g，栀子10g，茵陈30g，黄连6g，大黄10g，白芥子10g，丹参15g，半枝莲30g。

2.气滞血瘀

主证：左上腹持续性疼痛，阵发性加剧或定点刺痛，引腰背痛伴胸闷不舒，苔白，质暗，脉沉。

辨证：肝胃不和，气滞血瘀。

治则：疏肝和胃，理气活血。

处方：龙虎胶囊，每日3次，每次5粒；五谷虫胶囊，每日3次，每次5粒。

汤药：生地15g，桃仁10g，红花5g，柴胡10g，枳壳10g，川芎6g，郁金10g，香附10g，丹参10g，生山楂10g。

3.脾肾阳虚

主证：左上腹隐痛，多伴低热，腹泻质清稀，小便清长，或伴下肢浮肿，苔白，质淡胖，脉沉细。

辨证：湿阻中焦，脾肾阳虚。

治则：化湿健脾，养脾益肾。

处方：龙虎胶囊，每日3次，每次5粒；片仔癀，每日3次，每次0.6g；五谷虫胶囊，每日3次，每次5粒。

汤药：人参10g，白术15g，干姜10g，附子5g，川连3g，淫羊藿30g。

临证加减用药：

黄疸：热重于湿，常用半枝莲、白花蛇舌草、茵陈、山栀、黄芩、大黄，湿重于热常用茵陈、茯苓、薏苡仁、猪苓、龙葵、白术、郁金，急黄暴发宜用犀角、丹皮、玄参、鲜生地、茵陈、草河车。发热：中等以上的发热，偏于血瘀内阻的常用丹参、桃仁、红花、水红花子、七叶一枝花，偏于湿热内蕴的常用杏仁、蔻仁、薏苡仁、竹叶、滑石、半枝莲，热入营分发热者，常用犀角尖、生地、玄参、赤芍、丹皮、紫草。

长期低热：偏阴虚发热者，常用鳖甲、知母、地骨皮、银柴胡、西洋参、蛇莓；偏于气虚发热者，常用党参、白术、黄芪、陈皮、甘草、柴胡。

疼痛：疼痛多在中上腹部，常用蒲公英、白花蛇舌草、菊花、土茯苓、白屈菜、野葡萄藤、三棱，血瘀明显常用白花蛇舌草、五灵脂、延胡、三棱、莪术、参三七、天龙，气滞明显常用郁金、香附、八月札、枳壳、橘叶。

胃肠道出血：用大黄炭、白及、参三七、血余炭、墨旱莲、生地榆、侧柏炭；偏于气虚统摄无权者，加党参、白术、黄芪、甘草。

小便黄甚者，可加金钱草30g，车前子20g，滑石15g；口渴欲饮者，可加生地20g，玄参15g，麦门冬9g。

此外，在湿热毒盛期，可加用牛黄醒消丸；稳定好转期，加用六味地黄丸等。

四、病案举例

刘某，女，63岁，退休，2014年4月19日初诊。患者于一月前因纳差乏力、明显消瘦半月余，于呼市某院超声检查示：胆总管扩张，胆总管下端梗阻；CT示：慢性胆囊炎，胆总管下端梗阻，肝硬化腹水，住院行胆囊手术解决梗阻。诊断为胰腺壶腹癌，经人介绍求治于我处。症见：消瘦，皮肤深黄晦暗，纳差，胁痛，腹部胀满，舌胖大，苔厚腻，脉弦细。证属肝胃湿热内蕴，瘀毒内阻，治以疏肝解郁，清热利湿。方用：龙虎胶囊、利水胶囊，每次5粒，每日3次。汤药：茵陈20g，栀子15g，郁金12g，蒲公英20g，白花蛇舌草20g，赤芍12g，木香9g，柴胡6g，川军9g，仙鹤草15g，甘草6g。30剂，每日1剂，水煎服。

二诊（2014年5月17日），患者脘腹不适症状改善，饮食尚可，黄疸消退，腹胀明显减轻，苔腻、脉弦细。继用前法，汤药以茵陈15g，栀子10g，郁金12g，白花蛇舌草20g，八月札15g，焦白术15g，南沙参15g，鸡内金10g，川军6g。连服3个月。

三诊（2014年8月23日），患者脘腹不适消除，超声检查腹水消失，饮食渐增，精神可，体力较前恢复，二便正常，脉细，苔稍腻。治以扶正祛邪，方用：龙虎胶囊、五谷虫胶囊，每次5粒，每日3次；汤药以黄芪20g，南沙参15g，石斛15g，白花蛇舌草20g，蒲公英15g，八月札15g，焦白术15g，鸡内金10g，仙鹤草15g，焦三仙各10g，炙甘草6g。继服3个月巩固疗效。

第五节　大肠癌

一、概述

大肠癌包括结肠癌与直肠癌，是常见的恶性肿瘤。高脂肪食谱与食物纤维摄入不足是主要因素，遗传及结直肠腺瘤、IBD及其他高危人群或高危因素也与其发病相关。本病男女差别不大，但其中直肠癌男性较多见，年轻结肠癌患者男性多见。早期常仅见粪便隐血阳性，随后可出现腹痛、腹部肿块、直肠肿块，全身症状贫血、低热等，晚期患者有进行性消瘦、恶病质、腹水等。发病率在全球范围内为男性第3位、女性第2位高发性恶性肿瘤，每年新发约120万例，死亡约60万例。全世界范围内，大肠癌发病率仅次于肺癌和乳腺癌，居于第3位。我国大肠癌发病率日趋增高，已跃居第2～5位。

大肠癌一般属于中医的“积聚”“肠覃”“肠风”“藏毒”等范畴。《灵枢·水胀》“肠覃”病中记载：“寒气客于肠外，与卫气相搏，气不得荣，因有所系，癖而内着，恶气乃起，息肉乃生，其始生也，大如鸡卵。”《灵枢·五变》中说：“人之善病肠中积聚者……则肠胃恶，恶则邪气留止，积聚乃伤，肠胃之间，寒温不次，邪气稍至，蓄积留止，大聚乃起。”《诸病源候论》亦云：“癥者，由寒温失节，致藏府之气虚弱而饮食不消，聚结于内，染渐生长，块段盘牢不可移动者，是癥也。”这里所说“肠覃”“肠中积聚”与现代肠癌之腹部肿块颇相类似。又如，《血证论》中记载：“藏毒者，肛门肿硬，疼痛流水。“《外科大成》说：“锁肛痔，肛门内外如竹节锁紧，形如海蛇，里急后重，粪便细而带扁，时流臭水。”此与现代医学的直肠、肛管癌极为相似。关于本病的病因病机及预后，前人亦有详细论述。如《外科正宗·脏毒论》云：“又有生平情性暴急，纵食膏粱或兼补术，蕴毒结于脏腑，火热流注肛门，结而为肿，其患痛连小腹。肛门坠重，二便乖违，或泻或秘，肛门内蚀，串烂经络，污水流通大孔，无奈饮食不餐，作渴之甚，凡犯此，未得见其有生。”

二、病因病机

中医认为本病之产生多由于素体虚弱，脾肾不足之人，复因饮食不节或误食不洁之物，或忧思抑郁，久泻久痢，或感受外邪等因素，致使湿热蕴结，下注浸淫肠道，引起局部气血运行不畅，湿毒瘀滞凝结而成肿瘤。如《景岳全书·积聚》篇云：“凡脾肾不足及虚弱失调之人，多有积聚之病，盖脾虚则中焦不运，肾虚则下焦不化，正气不行则邪滞得以居之。”《外科正宗·藏毒论》指出：“又有生平情性暴急，纵食膏粱或兼补术，蕴毒结于脏腑，炎热流注肛门，结而为肿。”说明素体虚弱、脾肾不足是产生本病的病理基础；而情志暴急，饮食不节或饮食不洁，感受外邪则为发病之外因，二者相合，则易生本病。其主要病机如下。

1.纵食膏粱厚味，或误食不洁之品，损伤脾胃，脾胃运化失调，湿热邪毒留滞肠道，日久积聚成块。

2.久泻久痢，劳倦体虚，或复感外邪，致使脾胃受伤、升降失常，气机不畅，气滞血瘀，积结肠道，而成肠癌。

3.忧思抑郁，肝气郁结，乘脾犯胃，致脾胃虚弱，运化失调，湿浊内生，留滞肠道，日久结而成瘤。

4.年老体弱，脾肾不足，易受外邪，致邪毒下注浸淫肠道，气血运行受阻，日久邪毒瘀滞积结肠道，乃成肠癌。

综上，大肠癌的产生是由于素体脾肾不足，或饮食不节，致脾胃虚弱之人，因热毒蕴结，火热湿毒下注肠道，日久积结而成。湿热、火毒、瘀滞属病之标；脾虚、肾亏、正气不足乃病之本，二者互为因果。由虚而致积，因积而益虚，久则积渐大而体更虚，治疗难以速效，终则神离气脱。

三、谭凤森治疗经验

根据大肠癌的临床表现，其病大多以本虚标实为特点，本虚多为脾虚胃弱或脾肾两虚，标实多属湿热、瘀毒为患，治当标本兼顾。

1.脾虚湿热型

主证：食欲不振，腹胀面黄，气短乏力，腹痛拒按，便稀或溏，或里急后重，便下脓血，苔黄腻，脉滑数或沉细滑。

辨证：脾虚气亏，湿热滞肠。

治则：健脾理气，清热利湿。

处方：点舌丸，每次5粒，每日3次；五谷虫胶囊，每次5粒，每日3次。

汤药：苍术、白术各10g，薏苡仁30g，茯苓10g，厚朴10g，元胡10g，川楝子10g，川连5g，龙葵30g，败酱草30g，白头翁20g。

按语：大肠癌脾虚湿热蕴毒于大肠，正虚邪实。用苍白术、薏苡仁、茯苓健脾祛湿，厚朴、元胡、川楝子理气化滞，黄檗、川连清热燥湿，龙葵、败酱草、白头翁清热解毒。合而用之，能健脾清热，解毒抗癌。

2.湿热瘀毒型

主证：腹痛腹胀，痛定拒按，腹有包块，矢气后胀减，便下脓血黏液，或里急后重，或便溏便细，舌暗红，有瘀斑，苔薄黄，脉弦数。

辨证：湿热留滞，瘀毒结积。

治则：清热解毒，理气化滞，祛瘀攻积。

处方：龙虎胶囊，每日3次，每次5粒；五谷虫胶囊，每日3次，每次

5粒。

汤药：川楝子10g，木香10g，厚朴10g，三棱、莪术各10g，川连10g，败酱草30g，红藤20g，半枝莲30g，土茯苓30g，马齿苋30g，儿茶10g。

按语：湿热留滞，瘀毒内结，腑气不通，气滞血瘀，症见腹胀腹痛，痛有定处，矢气后胀减，里急后重，便下脓血，舌黑有瘀。故以川楝子、木香、厚朴理气化滞；三棱、莪术活血攻积，川连、败酱草、红藤、半枝莲、云茯苓、马齿苋、儿茶等清热解毒抗癌。

3.脾肾寒湿型

主证：患者久泻久痢，形体消瘦，面色苍白，喜睡懒动，肠鸣而泻，泻后稍安，腹痛喜热，甚则肢凉怕冷，苔白，脉沉细尺弱。

辨证：脾肾阳虚，寒湿结毒。

治则：温肾健脾，祛寒胜湿。

处方：点舌丸，每日3次，每次5粒；五谷虫胶囊，每日3次，每次5粒。

汤药：党参20g，黄芪20g，补骨脂10g，吴茱萸10g，肉蔻10g，苍术、白术各10g，茯苓10g，干姜6g，五味子10g，石榴皮10g。

按语：久病久泻，脾虚命门火衰，寒湿内蕴，故温肾健脾，补先后天之本，同时温逐寒湿。党参、白术、茯苓、补骨脂、吴茱萸、肉蔻、黄芪补脾肾；五味子、石榴皮敛肠止泻；干姜温中；苍术苦燥胜湿。

临床辨证加减用药：清热燥湿加茯苓、黄柏、黄连、党参，清热利湿加猪苓、竹叶、瞿麦、木通，分利止泻加车前草、泽泻、腹皮、猪苓，化食导滞加焦三仙、鸡内金、熟大黄，固涩止泻加石榴皮、椿根白皮、肉豆蔻、诃子肉、粟壳、儿茶、老鹳草、赤石脂、禹余粮，止血消肿加地榆、槐花、仙鹤草、大小蓟、三七、血余炭、蜂房，止痛消胀加元胡、白屈菜、生蒲黄、五灵脂、沉香、乳香、赤芍、莪术、腹皮、厚朴、乌药、川楝子，里急后重加木香、槟榔、酒炙大黄、秦皮、葛根、元胡。

肠癌总属本虚标实之候，病程中每见虚实夹杂之证，如脾虚兼湿热者有之，血瘀兼气血亏虚者亦有之等。治疗中当以辨证为主，权衡轻重，不可拘于一隅。肠癌早期，多以湿热、瘀毒偏盛，治以祛邪为主，晚期则脾肾阴阳气血俱虚，治当以扶正固本为主。

四、病案举例

周某，女，70岁，2013年6月5日初诊。患者于两月前在石家庄市某医院诊断为“盲肠腺癌”，随行结肠癌手术治疗，经三个疗程化疗后出现脘腹胀满、便溏等不适症状，服药未改善，现欲求中药调理，经人介绍请谭教授诊治。症见：胃脘不适、腹胀伴腹痛、便溏，睡眠差。舌质紫暗、苔白腻，脉迟涩。证属：脾胃虚弱，瘀毒内蕴。治疗以补中益气，解毒化瘀。方以龙虎胶囊，每次5粒，每日3次。五谷虫胶囊，每次5粒，每日3次。汤药：黄芪20g，党参10g，焦白术15g，当归15g，升麻6g，柴胡6g，半夏6g，茯苓12g，黄连6g，白芍12g，良姜6g，香附6g，夏枯草15g，败酱草15g，半枝莲15g，甘草6g。15剂，水煎服，每日1剂。

2013年6月20日二诊：患者服药半月后，腹痛症状缓解，大便成形，仍有腹胀，睡眠多梦易醒。舌质暗，苔白腻，脉沉细。继服龙虎胶囊、五谷虫胶囊，汤药在初诊处方基础上调整，加酸枣仁6g，龙骨10g，牡蛎10g，菖蒲6g，代赭石10g，甘草3g。30剂，水煎服，每日1剂。

2013年7月21日三诊：患者诉腹痛症状消除，腹胀明显减轻，睡眠转佳，二便正常，舌质暗，苔薄白，脉沉细。今症状减轻，继服龙虎胶囊、五谷虫胶囊两月，抗癌扶正，以巩固疗效。

泌尿系统肿瘤

第一节　膀胱癌

一、概述

膀胱癌是指发生在膀胱黏膜上的恶性肿瘤，是泌尿系统最常见的恶性肿瘤。包括膀胱尿路上皮癌、膀胱鳞状细胞癌、膀胱腺癌，其他罕见的还有膀胱透明细胞癌、膀胱小细胞癌、膀胱类癌。其中最常见的是膀胱尿路上皮癌，约占膀胱癌病人总数的90%以上，通常所说的膀胱癌就是指膀胱尿路上皮癌，既往被称为膀胱移行细胞癌。膀胱癌发病占全身肿瘤的1%，占全部恶性肿瘤的3%。在世界范围内位列男性最常见实体瘤的第四位，在女性位列第七位。与北美和西欧其他国家相比，相对来说我国属膀胱癌发病率较低的国家之一。近几年，我国部分城市膀胱癌的发病率呈现稳中有升的趋势，国内城市中如北京、上海、天津，膀胱癌的发病率已位列男性常见恶性肿瘤的第六位，而死亡率位列第七位。

膀胱癌可归属中医“尿血”“癃闭”“淋病”等范畴，在中医古籍中多有记载，如《内经》中“胞移热于膀胱，则癃溺血”“少阴涩则病积溲血”。《金匮要略》曰：“热在下焦者，则尿血，亦令淋秘不通。”《诸病源候论》指出：“血淋者，是热淋之甚者则尿血，谓之血淋。”《丹溪心法》描述为："大抵小便出血，则小肠气秘，气秘则小便难，痛者为淋，不痛者为尿血。"《景岳全书》曰："溺孔之血，近者，出自膀胱，其证溺时必孔道涩痛，小水红赤不利……溺孔之血，其来远者，出自小肠，其证则溺孔不痛，而血随溺出，或痛隐于脐腹，或遂见于藏府。"《证治要诀》指出："痛者为血淋，不痛者为尿血。"《医学入门》指出："溺血乃心移热于小肠。"《类证治裁》指出："痛属火甚，不痛属虚。"上述尿血、血淋的描述，与膀胱肿瘤的血尿和膀胱刺激症状相似。

二、病因病机

中医学认为，本病的病因主要为先天禀赋不足，或后天感受六淫之邪，或为饮食、劳倦、情志所伤。饮食劳倦伤脾，脾虚则健运失职，气血津液的正常输布功能受到影响，水聚成湿，湿邪郁久化热，湿热蕴结，阻滞气机，气血运行不畅，则导致气滞血瘀；先天禀赋不足，或久病累及肾脏，肾虚则气化不利，水湿不化，湿浊不排，积聚成毒；湿热瘀毒蕴结于膀胱，终成本病。如《景岳全书》指出："凡癃闭之证，其因有四……有因火邪结聚小肠膀胱者……有因热居肝肾者……有气实而闭者，有气虚而闭者。……小水不通是为癃闭，此最危最急证也……数日不通，则奔迫难堪，必致危殆。"《杂病源流犀烛·腰脐病源流》曰："腰痛，精气虚而邪客病也。……肾虚其本也，风寒湿热痰饮，气滞血瘀闪挫其标也。或从标，或从本，贵在无失其宜而已。"癃闭、尿血、淋症虽与膀胱有关，但究其病机，尤与肺、脾、肾、三焦气化功能有密切关系。其主要病机如下：

1.下焦湿热

湿热蕴积膀胱，气化不利，灼热伤津液，脉络不畅，气血瘀滞，形成瘤块。

2.肺热气窒

外感热邪，闭塞气机，热邪壅肺，肃降失调，气机不畅，气滞血瘀，久瘀成瘤成块。

3.脾气虚弱

不能升清降浊，小便闭塞不通，气机不畅，气滞血瘀成瘤成块。

4.肝郁气滞

七情内伤，肝气郁结，疏泄不及，致三焦运化、气化功能失调，水道通调受阻，气血瘀滞，滞而成瘤。

5.肾气虚弱

膀胱气化无权，溺不得出，气不摄血，血络受损，血不归经，经溺孔而出。

三、谭凤森治疗经验

根据膀胱癌之临床表现，可参考癃闭、尿血、淋病等诸证辨证论治。其病大多以本虚标实为特点。本虚属肾气虚、脾气虚、肺气虚等，标实为湿热、毒热、痰浊、气郁、瘀血为患。

1.湿热下注型

证候：小便量少热赤，或小便不通，尿急尿频尿痛，血尿，小腹胀满，腰背酸痛，下肢浮肿，口苦口黏，或口渴不欲饮，或大便不畅，舌苔黄腻，脉滑数或弦数。

治法：清热利湿，化瘀止痛。

处方：龙虎胶囊，每次5粒，每日3次；西黄丸，一次一瓶，每日2次。

方药：乳香12g，没药12g，白茅根30g，小蓟20g，蒲黄10g，猪苓20g，王不留行20g，石韦、瞿麦、淡竹叶、生薏仁各30g，赤芍、玄胡各15g，丹皮12g。

2.肺热壅盛型

证候：小便不畅，点滴不通，血尿，发热，咳嗽，咽干痛，呼吸急促，烦渴欲饮，舌苔薄黄，脉数。

治法：清肺泄热，通利水道。

处方：龙虎胶囊，每次5粒，每日3次；西黄丸，一次一瓶，每日2次。

方药：瞿麦、石苇、淡竹叶、薏苡仁各30g，猪苓、王不留行各20g，黄芩、桑白皮、麦门冬、车前子、猪苓、木通、山栀各10g。

3.肝郁气滞型

证候：情志抑郁，或多烦喜怒，小便不通或不畅，血尿，腰痛，胁腹胀满，舌红，苔薄或薄黄，脉弦。

治法：疏肝理气，通利小便。

处方：龙虎胶囊，每次5粒，每日3次；西黄丸，一次一瓶，每日2次。

方药：石苇、瞿麦、淡竹叶、薏苡仁各30g、猪苓、王不留行各20g，沉香、橘皮、当归各10g，冬葵子12g，滑石25g。

4.脾气虚弱型

证候：小便欲解而不得出，或量少而不爽利，血尿，肢体怠倦乏力，肌肉清瘦，大便溏泻，纳呆乏味，气短言微，舌质淡，苔白，脉沉无力。

治法：健脾益气，通利水道。

处方：龙虎胶囊，每次5粒，每日4次；西黄丸，一次一瓶，每日2次；五谷虫胶囊，每次5粒，每日3次。

方药：黄芪30g，人参10g（另煎），白术15g，石苇、瞿麦、淡竹叶、薏苡仁各30g，猪苓、王不留行各20g，当归、陈皮、升麻、柴胡各10g，甘草6g。

5.肾气虚弱型

证候：小便不通或滴漓不畅，排出无力，腰痛乏力。舌质淡，苔薄白，脉细。

治法：补肾益气

处方：龙虎胶囊，每次5粒，每日3次；西黄丸，一次一瓶，每日2次；五谷虫胶囊，每次5粒，每日3次。

方药：蛤蚧、人参各10g（另煎），黄芪20g，桑螵蛸15g，石韦、瞿麦、淡竹叶、薏苡仁各30g，猪苓、王不留行各20g，茯苓、当归各12g。

6.瘀血内阻型

证候：面色晦暗，腰腹痛，憋胀不适，腰腹部肿块，舌质紫暗或瘀斑或瘀点。苔薄黄，脉弦或涩或结代。

治法：活血化瘀，理气散结。

处方：龙虎胶囊，每次5粒，每日4次；西黄丸，一次一瓶，每日2次。

方药：桃仁、红花各12g，川芎、元胡、香附、枳壳各10g，石韦、瞿麦、淡竹叶、薏苡仁各30g，猪苓、王不留行、丹参各20g，赤芍15g。

7.脾肾两虚型

证候：腰痛，腹胀，腰腹部有肿块，尿血，纳差，呕吐恶心，消瘦，面色㿠白，虚弱气短，舌质淡，苔薄白，脉沉细无力或弱。

治法：健脾益肾，软坚散结。

处方：龙虎胶囊，每次5粒，每日3次；西黄丸，一次一瓶，每日2次；五谷虫胶囊，每次5粒，每日3次。

方药：黄芪20g，党参12g，补骨脂、杜仲各10g，白术、山萸肉各12g，黄精、枸杞子各15g，石韦、瞿麦、淡竹叶、薏苡仁各30g，猪苓、王不留行各20g。

8.阴虚内热型

证候：口干渴不欲饮，五心烦热，小便短赤，大便干，腰骶部疼痛，低烧，消瘦，舌质红，苔薄，脉细数。

治法：滋阴清热，活血化瘀。

处方：龙虎胶囊，每次5粒，每日3次；西黄丸，一次一瓶，每日2次；参芪益寿胶囊，每次5粒，每日3次。

方药：知母12g，黄檗10g，山萸肉、山药、熟地、泽泻、丹皮、茯苓各10g，赤芍15g，石韦、瞿麦、淡竹叶、薏苡仁各30g，猪苓、王不留行各20g，泽兰12g。

9.瘀毒内蕴，肝肾阴虚

证候：多为晚期病人或术后、放疗、化疗之后，出现热性反应，并发感染，或疾病消耗久病伤阴，或缓解之后又见复发。血尿时发，尿意频数或排脓污尿，或排尿困难，有时下腹胀痛，腰背酸楚，五心烦热，口干而不喜饮，低热，便秘，舌质淡红，少苔，或红绛，甚至红紫，光剥无苔，脉细数或细弦。

治法：滋阴补肾，化瘀解毒。

处方：龙虎胶囊，每次5粒，每日3次；参芪益寿胶囊，每次5粒，每日3次。

方药：白毛藤、苡仁各30g，龙葵、茯苓、赤豆各20g，麦门冬、女贞子、石韦、王不留行各12g，太子参、天门冬各15g，沙参、黄柏、白术、赤芍各10g，大黄9g，甘草3g。

10.癌毒走窜，气血双亏

证候：病至晚期，使用多种治疗手段无效，或缓解后又恶化，或放疗时就已是晚期，见疲乏无力，面色萎黄消瘦，腰膝酸软，时有血尿，尿频尿急，小腹拘急，有时定位疼痛或是痛处游走不定，偶发低热，自汗盗汗，口干而不喜饮，舌质淡红或红赤或暗紫有瘀斑，脉细弱或细数。

治法：双补气血，扶正抑癌。

处方：龙虎胶囊，每次5粒，每日3次；西黄丸，一次一瓶，每日2次；五谷虫胶囊每次5粒，每日3次。

方药：黄芪、薏苡仁各20g，太子参、人参（另煎）6g，绞股蓝、女贞子各15g，沙参10g，茯苓、熟地、枸杞、黄精、生地各12g，黄芩9g，淡竹叶10g。

11.病后余邪未清

证候：术后、放疗、化疗后，头晕眼花，腰酸腿痛，口苦口涩，纳食差或有恶心呕吐，面色皎白，低热，尿血，舌质淡红或暗淡，苔薄白或白腻，脉软无力、细弱。

治法：益肾健脾，扶正祛邪。

处方：龙虎胶囊，每次5粒，每日3次；五谷虫胶囊，每次5粒，每日3次。

方药：黄芪20g，党参、麦门冬、枸杞、茯苓各12g，太子参、绞股蓝各15g，神曲、白术、猪苓各10g，甘草6g。

四、病案举例

魏某，男，65岁，退休，2008年4月12日初诊。患者于3年前在当地医院诊断为膀胱癌，并行手术切除，术后未做其他治疗。最近月余反复出现血尿，于3月15日入院诊治，诊为术后复发并建议再次手术治疗，患者因惧怕再次手术，随求治于谭教授诊治。现症状：患者血尿月余，小便淋漓难解，无明显痛感，伴神疲乏力，精神萎靡，步履艰难，纳差，形体消瘦，舌红苔白，脉细数。证属癌毒蕴结，气阴两虚。治当以益气养阴，扶正抗癌为本，清热解毒，凉血止血为标。方以：西黄丸，每日2次，一次3g；五谷虫胶囊，每日3次，每次5粒。汤药：黄芪30g，北沙参15g，南沙参15g，当归10g，生地15g，茜草根15g，白花蛇舌草30g，猫爪草15g，龙葵15g，侧柏叶10g，香附10g，仙鹤草15g，甘草6g。15剂，每日1剂，一日2次。

2008年4月27二诊：患者精力有所好转，尿血明显减少，舌红苔白，脉细数。继用前法，汤药加减：去当归、香附，加蒲黄15g，茯苓15g，砂仁6g。继服半月。

2008年5月11日三诊：尿血已基本消失，体力渐复，纳食渐增，舌淡红，苔薄白，脉细，治疗继以扶正抗毒之西黄丸、五谷虫胶囊，辅以清热凉血，益气健脾之方。拟方：黄芪20g，白术15g，太子参15g，生地15g，茯苓15g，半枝莲15g，白花蛇舌草15g，仙鹤草15g，薏米20g，牡丹皮10g，甘草6g。水煎服，每日1剂，一日2次。

2008年6月10日四诊：患者尿血已止，精神饱满，体力大增，纳食佳，余症尽消，医院检查复发病灶已消失，为巩固疗效，继服五谷虫胶囊、西黄丸。随访三余年，未见复发。

第二节　前列腺癌

一、概述

前列腺癌是指发生在前列腺的上皮性恶性肿瘤，其病理类型上包括腺癌（腺泡腺癌）、导管腺癌、尿路上皮癌、鳞状细胞癌、腺鳞癌。其中前列腺腺癌占95%以上，因此，通常我们所说的前列腺癌就是指前列腺腺癌。前列腺癌其发病率在不同种族有很大的差异：在欧美是男性最常见的恶性肿瘤之一；在美国前列腺癌发病率占第1位，死亡率仅次于肺癌；中国、日本、印度等亚洲国家前列腺癌发病率远低于欧美，但有增长趋势。2012年我国肿瘤登记地区前列腺癌发病率为9.92/（10万），居男性恶性肿瘤发病率的第6位。发病年龄在55岁前处于较低水平，55岁后逐渐升高，发病率随着年龄的增长而增长，高峰年龄是70～80岁。家族遗传型前列腺癌患者发病年龄稍早，年龄小于55岁的患者占43%。

根据临床表现和古代医籍的描述，前列腺癌归属于“淋证”“癃闭”“血淋”等范畴。多由于正气亏虚、饮食失宜、情志抑郁、外感湿热而致脾肾受损、气机阻滞、瘀血内停、湿热毒蕴于下焦。本病发病隐匿，生长缓慢，早期症状不明显，不易被发现，通常出现“尿流改变、小便不通、血尿”甚至是“腰骶痛、病理性骨折、咳嗽、憋闷”等症状才被确诊，此时已属中晚期。故称为“肾岩”“癃闭”“癥积”“淋证”“尿血”等。

二、病因病机

中医认为前列腺癌的病因不外乎外邪和内伤两大类，外邪多因外感六淫，由于湿性重浊，易侵犯人体下焦，本病临床表现多有尿频、尿急、尿痛等热象，本病病因病机可主要概括为以下几方面。

1.毒邪外侵

外界毒邪侵袭机体，集于下焦，局部气血运行不畅，郁积日久而成肿瘤。

2.正气虚弱

饮食内伤，或房事过度，肾气耗伤，正气不足，组织器官失于温养，内分泌功能失调，免疫功能低下，气郁血滞而生肿块。

3.饮食起居

饮食内伤，脾胃失于运化，气血化生不足，或痰湿内停，聚集下焦，或居处外环境影响，肾之气化失调，因而表现出排尿障碍及疼痛等症，房事过度损伤肾元，为本病之重要原因。

三、谭凤森治疗经验

1.湿热蕴积型

主证：腰痛不适，小腹胀满，小便不利，舌质红，苔黄腻，脉滑数。

治则：清化湿热，化瘀软坚。

处方：龙虎胶囊，每日3次，每次5粒。

汤药：金钱草30g，木通10g，瞿麦30g，扁蓄30g，丹参30g，土茯苓30g，泽兰15g。

2.瘀血内阻型

主证：小便滴漓或尿如细线，或癃闭不通，小腹作痛，舌质暗，脉弦细。

治则：行瘀散结，通利水道。

处方：龙虎胶囊，每日3次，每次5粒。

汤药：归尾10g，赤芍10g，桃仁10g，炮山甲15g，败酱草30g，猪苓30g，薏苡仁15g。

3.肾气亏虚型

主证：小便不畅或滴滴不通，排泄无力，面色㿠白，舌质淡，脉沉细。

治则：温阳益气，补肾通窍。

处方：龙虎胶囊，每日3次，每次5粒；五谷虫胶囊，每日4次，每次5粒。连服3～5个月。

汤药：淫羊藿30g，附子6g，肉桂3g，熟地10g，丹皮10g，山萸10g，炮山甲10g，鸡内金10g。

四、病案举例

李某，男，63岁，山东潍坊人。患者于2014年10月自感小腹部不适，小便滴滴，就诊于当地医院，诊断为前列腺癌。同年9月来京，在某医院行双侧睾丸切除及西医治疗，同时求诊于谭教授，症见：小便涩痛，点滴不爽，色深，腰膝酸软，神疲乏力，大便溏泄，潮热盗汗，舌淡苔红，脉细数。证属肾元亏虚，瘀血内阻。治法：培补肾元，消瘕散结。方以：龙虎胶囊，每日3次，每次5粒；五谷虫胶囊，每日3次，每次5粒；汤药：黄芪30g，生白术15g，熟地15g，生地15g，山萸肉15g，女贞子10g，黄精15g，菟丝子20g，枸杞子15g，地骨皮30g，茯苓15g，白芍15g，浮小麦30g，泽泻15g，甘草10g，龙葵15g，桑螵蛸15g，鹿角霜15g，竹茹15g。60剂，一日1剂，一日2次。

2014年12月17日二诊：诸症减轻，夜尿减少，大便正常，患者自觉精神转好，效不更方，继服前方。经过半年巩固治疗，患者医院检查未见复发。

妇科肿瘤

第一节　子宫颈癌

一、概述

子宫颈癌是妇女常见的恶性肿瘤之一，特别是在发展中国家。全世界每年新发生子宫颈癌近50万人，约80%在发展中国家，中国约占1／4。全世界每年大约有20余万妇女死于子宫颈癌，我国约近5万，近年来我国局部地区子宫颈癌发病率及死亡率有增长并有年轻化的趋势。子宫颈癌易于早期发现，是看得见、触得到的肿瘤，临床前期亦有细胞学、阴道镜协助得以诊断，子宫颈癌是治疗效果颇好的恶性肿瘤。随着经济情况改善、国民素质的提高、防癌宣传深入、知识的普及及疫苗的成功接种，子宫颈癌的防治充满乐观的前景。

子宫颈癌属中医“带下”“崩漏”“癥瘕”等范畴。早在《千金方》中就记载了其典型症状：“崩中漏下，赤白青黑腐臭不可近，令人面黑无颜色，皮骨相连，月经失度，往来无常，小腹弦急，或苦绞痛上至心。……腰背痛连胁，不能久立，嗜卧困懒。”这段描述与现代医学中有关宫颈癌的临床表现基本一致，提示宫颈癌患者的主要症状是白带多，且有多种颜色，恶臭，月经不调，不规则出血，时多时少，伴下腹部不适乃至不同程度的腹部和腰部疼痛，久之，形体消瘦，卧床不起。此外，与之相关的内容在《内经》中有“任脉为病……女子带下瘕聚”；《金匮要略·妇人》篇中有“妇人之病，因虚积冷结气，为诸经水断绝，至有历年，血寒积结，胞门寒伤，经络凝坚”“经候不匀，令阴掣痛，少腹恶寒，或引腰脊，下根气街，气冲急痛，膝胫痛烦，奄忽眩冒，状如厥癫，或有忧惨，悲伤多嗔，此皆带下，非有鬼神，久则羸瘦，脉虚多寒”等。中医认为宫颈癌的病因病机与冲任相关。冲任受损则气血俱虚，不能统制经血。经血忽然而下者，谓之崩中暴下；平素五脏皆虚者，常导致五色随崩俱下。另一方面因肝肾和冲任在功能上相互关联，肝藏血，肾藏精，故崩漏又与肝肾受损有关；当然带下也有属于湿毒下注者，多因脾虚湿盛，化热成毒所致。从中可以看出肝、脾、肾三脏与冲任受损均可以致使崩漏带下，因而也总结出了治疗本症当以冲任为本，全面调理相关脏腑气血为最基本的治疗原则。

二、病因病机

本病的发生，主要由于产后、经行不慎，六淫之邪内侵，或情志失调、饮食不节，导致脏腑功能失常，气血运行不畅，冲任损伤，气滞则血瘀，水聚则痰凝。诸有形之邪留滞胞中，积结不解，日久渐成。总之，可谓本病以正虚冲任失调为本，湿热凝聚而成。病因病机可主要概括为以下几方面：

1.肝郁气滞

七情亏损，五脏气血乖逆，怒伤肝，忧思伤脾，疏泄失常，气血郁滞而成癥瘕。

2.肝肾阴虚

早婚多产，不节房事，伤肾，肾阴亏损，精血不足，冲任失养。肝肾阴虚，阴虚生内热，虚火妄动，崩漏而生。

3.湿热瘀毒

下血未止而合阴阳，或湿郁化热，久遏成毒，湿毒下注，遂成带下。

4.脾肾阳虚

先天肾气不足，或早产、多产，不节房事，损伤肾气，影响冲任不固，而生带下、崩漏诸证。或忧愁思虑伤脾，运化失职，水湿注于下焦而带下，痰湿凝聚胞中，结成癥瘕。

三、谭凤森治疗经验

中医治疗宫颈癌应全身治疗与局部治疗相结合，治疗以辨证施治、内服汤药为主，配合中药外用、局部治疗为辅。

1.肝郁气滞型

主证：胸胁胀满，心烦易怒或郁郁寡欢，少腹胀感，全身串痛，口苦咽干，白带稍多，阴道流血夹有瘀块。脉弦，舌质暗，苔薄白或微黄。

辨证：肝郁气滞。

治则：疏肝理气，解毒散结。

处方：龙虎胶囊，每次5粒，每日3次；五谷虫胶囊，每次5粒，每日3次；点舌丸，每次5粒，每日3次。

汤药：当归10g，白芍15g，茯苓15g，白术10g，柴胡10g，郁金10g，青皮、陈皮各10g，川楝子10g，黄芩30g，半枝莲30g，白花蛇舌草30g，败酱草20g。

按语：柴胡、青皮、陈皮、郁金、川楝子疏肝理气，茯苓、白术健脾利湿，当归、白芍柔肝养血，配以清热、解毒的黄芩、半枝莲、败酱草、白花蛇舌草解毒抗癌。

2.肝肾阴虚型

主证：头晕目眩，腰酸耳鸣，手足心热，夜寐不安，便秘尿赤，时有阴道出血，脉弦细，舌质红，苔少或有剥苔。

辨证：肝肾阴虚，毒热瘀结。

治则：滋补肝肾，解毒清热。

处方：龙虎胶囊，每次5粒，每日4次；五谷虫胶囊，每次5粒，每日3次。

汤药：生地20g，知母10g，黄柏10g，女贞子10g。枸杞子10g，山萸肉15g，旱莲草30g，山药10g，大小蓟各30g，草河车10g，半枝莲30g，焦三仙30g。

按语：生地、女贞子、枸杞子、山萸肉、旱莲草、山药滋补肝肾，知母、黄柏、草河车、半枝莲、大小蓟清热解毒，焦三仙开胃助消化。

3.湿热瘀毒型

主证：白带过多，色如米泔或黄或粉污，气臭，少腹胀痛，脘闷纳差，尿黄便干，舌质暗红，苔腻，脉滑数或弦滑。

辨证：湿热瘀毒，蕴结下焦。

治则：清热利湿，解毒化瘀。

处方：龙虎胶囊，每次5粒，每日3次。

汤药：土茯苓30g，败酱草30g，蒲公英30g，半枝莲30g，龙葵20g，薏苡仁20g，苍术10g，厚朴10g，瞿麦20g，扁蓄15g，车前草30g，赤芍10g。

按语：土茯苓、败酱草、蒲公英、半枝莲、龙葵清热解毒，生薏苡仁、苍术、厚朴健脾燥湿，瞿麦、车前草清热利湿，赤芍活血化瘀。

4.脾肾阳虚型

主证：神疲乏力，腰酸膝冷，纳少，小腹坠胀，白带清稀而多，或多量阴道流血，大便先干后溏，舌质胖，舌苔白润，脉细弱。

辨证：脾肾阳虚，中气不足。

治则：健脾温肾，补中益气。

处方：龙虎胶囊，每次5粒，每日3次；五谷虫胶囊，每次5粒，每日3次。

汤药：黄芪30g，党参15g，白术10g，茯苓10g，山药10g，补骨脂10g，吴茱萸10g，附子6g，桑寄生15g，升麻10g，生龙牡各30g。

按语：黄芪、党参、白术、茯苓、山药健脾补气，吴茱萸、附子温阳，补骨脂、桑寄生补肾，升麻升举中气，生龙牡固摄，止血，安神。

四、病案举例

闫某，女，51岁，患者于2008年10月诊断为子宫颈癌，并行切除术。近6月来因脊背、腰胁疼痛，经医院MRI示：椎体信号改变，椎旁软组织肿块，考虑为转移性骨癌，后行多次放化疗，止痛效果不甚理想。现症见：腰胁、尾椎疼痛剧烈，遇冷加重，肢体麻木，行动不便。舌淡苔少，脉沉细。证属肝肾亏虚，气血不足，治当填补肝肾，补益气血，抗癌止痛。方用龙虎胶囊、五谷虫胶囊、元甲胶囊（地鳖、穿山甲），每日3次，一次3粒；汤药以熟地30g，党参20g，当归15g，牛膝20g，桑寄生15g，白芍20g，宣木瓜20g，防风10g，茯苓12g，桑枝15g，鬼针草20g，半枝莲20g。水煎服，每日1剂，连服30天。

2009年12月12日二诊，患者疼痛减轻，已停用西药镇痛药物，余症同前。效不更方，继以上方治疗，汤药加减：上方去茯苓、桑枝，加炒白术15g，木香12g，黄芪20g。连服30剂。

2010年1月11日三诊，患者诸症缓解，纳佳，睡眠可，二便正常，舌淡苔白，脉细。上方去元甲胶囊继服，汤药以补益肝肾，益气健脾为主，熟地20g，山药20g，山萸肉15g，黄芪20g，炒白术15g，茯苓15g，丹皮12g，白芍12g，鬼针草20g，仙鹤草20g，甘草6g。水煎服，每日1剂。

2010年3月25日四诊：患者自述无明显不适症状，体力渐增，嘱其定期服药，以巩固疗效，11年随访，未见复发。

第二节　卵巢癌

一、概述

卵巢癌是常见的妇科肿瘤，卵巢恶性肿瘤是女性生殖器常见的三大恶性肿瘤之一。上皮性肿瘤好发于50～60岁妇女，生殖细胞肿瘤多见于30岁以下年轻女性。由于缺乏早期诊断手段，卵巢恶性肿瘤死亡率居妇科恶性肿瘤首位。卵巢癌多发于未产未育妇女，这可能与妊娠或生育期的某些因素能预防卵巢癌有关，也可能与每月排卵导致卵巢表面反复损伤有关。在儿童和性腺发育不全的妇女中上皮性卵巢肿瘤罕见，而在独身妇女中，其发病率增加，这也证明反复排卵与人类卵巢癌的发生关系密切。卵巢癌在更年期和绝经后发病率增高，也证明内分泌功能与卵巢癌的发生有关系。

卵巢癌在中医学中属“癥瘕”“肠蕈”“积聚”“腹痛”等范畴。《灵枢·水胀》云：“寒气客于肠外，与卫气相搏，气不得营，因有所系，癖而内着，恶气乃起，息肉乃生。其始生也，大如鸡卵，稍以益大，至其成，如怀子之状。久者离岁，按之则坚，推之则移，月事以时下，此其候也。”《景岳全书·妇女规》云：“瘀血留滞作癥，惟妇人有之，其证则或由经期，或由产后，凡内伤生冷，或外受风寒，或喜怒伤肝，气逆而血留，或忧思伤脾，气虚而血滞，或积劳积弱，气弱而不行，总由血动之时，余血未净，而一有所逆，则留滞日积，而渐以成癥矣。”

二、病因病机

中医学认为，本病的发生，与禀赋不足、饮食伤脾、情志内伤、冲任督带脉功能失调等因素有关。先天禀赋不足，邪毒外侵，易留而不去，阻滞气血津液的正常运行和输布，可导致瘀血、痰饮内生，积聚胞宫，发为本病。平素饮食不节，脾胃受损，运化失常，痰湿内停，积聚胞中，结为肿块。情志失调，肝气郁结，气滞血瘀，阻于胞中，癥瘕内生。冲任督脉和带脉功能失调，可导致气血运行失常。气滞血瘀，积聚成块，阻滞胞宫，或气血亏虚，气虚不能推动血液运行，瘀血停滞胞中，均可导致本病的发生。本病总属本虚标实，早期多实，中晚期多虚实夹杂或正虚邪微。基本病因病机主要可分以下几个方面

1.气滞血瘀

若气塞不通，血壅不流，气滞日久，必有血瘀，气滞血瘀，积久成块。

2.痰湿内阻

元·朱丹溪提出，肿瘤的发生与痰有关，“痰之为物，随气升降，无处不到……凡有块者，多为痰也。”

3.热毒内结

由于情志抑郁，郁而化火，或感受外来毒热之邪；毒热挟气、挟血，久之气、血、瘀、毒、热等蕴结冲任而产生癥疾。

4.脏腑失调，气血亏虚

明代张景岳认为：脾气不足，虚弱失调的人，多有积聚之病。即脏腑气血之瘀滞，为致发肿瘤之病源。

5.经络瘀阻

经络运行气血，若风寒、痰、食、毒、血瘀、气滞阻于经络，则引起内脏经络失调，致邪瘀毒结，日久成积，而为肿瘤。

三、谭凤森治疗经验

1.湿热郁毒型

主证：腹部肿块，腹胀痛，或伴有腹水，不规则阴道出血，大便干燥，尿黄灼热，口干苦不欲饮。舌质暗，苔厚腻，脉弦滑或滑数。

辨证：湿热郁毒。

治则：清热利湿，解毒散结。

处方：龙虎胶囊，每次5粒，每日3次；参芪益寿胶囊，每次5粒，每日3次。

汤药：半枝莲、龙葵、白花蛇舌草、白英各20g，土茯苓15g，败酱草30g，车前草30g，瞿麦15g，鳖甲30g，川楝子12g，大腹皮10g。

按语：半枝莲、龙葵、白花蛇舌草、白英、土茯苓、败酱草均能清热解毒，车前草、瞿麦利湿，鳖甲软坚散结，川楝子、大腹皮理气止痛消胀。

2.气血瘀滞型

主证：腹部包块坚硬不移，腹胀，面色晦暗，形体消瘦，肌肤甲错，神疲乏力，二便不畅，尿黄。舌有瘀斑或暗紫，脉细涩或细弦。

辨证：气滞血瘀，癥积结块。

治则：行气活血，软坚消积。

处方：龙虎胶囊，每次5粒，每日3次。

汤药：当归15g，川芎10g，三棱10g，莪术15g，鸡血藤30g，生牡蛎30g，土茯苓30g，干蟾10g，黄芪30g。

按语：当归、川芎、三棱、莪术、鸡血藤活血化瘀，生牡蛎软坚消结，土茯苓、干蟾解毒消癥，黄芪益气扶正。

3.痰湿凝聚型

主证：胃脘胀满，时有恶心，面部浮肿，身倦无力，腹部肿块及腹股沟及浅表皮下结节肿块。舌润，苔白腻，脉滑。

辨证：脾虚失运，痰湿凝聚。

治则：健脾利湿，化痰软坚。

处方：龙虎胶囊，每次5粒。每日4次。

汤药：黄芪30g，党参15g，白术10g，茯苓15g，山慈菇15g，夏枯草15g，半夏10g，海藻15g，赤芍10g，车前子15g，猪苓15g，厚朴10g。

按语：黄芪、党参、白术、茯苓健脾益气，山慈菇、夏枯草、半夏、海藻软坚化痰散结，赤芍活血，车前子、猪苓、厚朴行气利水。

四、病案举例

徐某，52岁，2015年4月3日初诊。患者于2014年10月因腹痛腹泻，在当地医院诊断为卵巢癌，并行卵巢切除术，术后化疗6疗程，因患者身体虚弱，不愿继续化疗，遂求治于谭教授，症见：腹部胀痛不适，神疲乏力，面容痛苦，手足麻木，不思饮食，睡眠差，大便干燥、舌淡苔厚，脉弱。证属气血不足，心脾两虚。治以益气养血，扶正抗癌。方用西黄丸，每日2次，一次3g；五谷虫胶囊，每日3次，每次5粒；汤药以黄芪20g，焦白术15g，全当归20g，太子参15g，玄参10g，鹿角胶12g，炒枣仁15g，赤芍10g，炮山甲9g，枳壳12g，半枝莲20g，鬼针草20g，甘草6g。60剂，每日1剂。

2014年6月7日二诊：患者自觉腹痛、腹胀减轻，眠可，继用前法，西黄丸，每日2次，一次3g；五谷虫胶囊，每日3次，每次5粒；汤药加减：去玄参、酸枣仁、赤芍，加熟地20g，山萸肉12g，山药15g，丹皮10g。60剂，每日1剂。

2014年8月5日三诊：患者腹部不适症状明显缓解，考虑其气血尚虚，嘱其继续扶正抗瘤治疗，以巩固疗效。随访半年，病情稳定。

血液及淋巴系统肿瘤

第一节　白血病

一、概述

白血病是造血系统的恶性肿瘤，即造血干细胞及祖细胞的恶性变。根据白血病细胞的成熟程度和自然病程，白血病分为急性与慢性两大类，各自有其特点。急性白血病的细胞多为原始细胞及幼稚细胞，起病急，病情发展迅速，自然病程仅几个月。慢性白血病的细胞多较成熟，病情发展缓慢，自然病程为数年。临床以高热、贫血、出血、浸润为特征。我国白血病发病率3/10万～4/10万。恶性肿瘤所致的死亡率中，白血病居第6位（男）和第8位（女）；儿童及35岁以下成人中居第1位。我国白血病的发病率与亚洲其他国家相近，低于欧美国家，尤其是慢性淋巴细胞白血病明显低于欧美国家。

白血病属于中医学的“温病”“急劳”“热劳”“血证”“虚劳”等范畴。《明医杂著》中记叙：“男子二十前后，色欲过度，损伤精血，必生阴虚火动之病。睡中盗汗，午后发热，咯痰咳嗽，倦怠无力，饮食少进，甚则痰涎带血，咯吐出血或咳血、吐血、衄血，身热，脉沉数，肌肉消瘦，此名劳瘵，最重难治。”其所谈的发热、乏力、盗汗、出血及不良预后与白血病甚为相似，因提及吐血、衄血，故有别于结核病及虚劳。《普济方》中亦有："热劳由心肺实热伤于气血，气血不和，脏腑壅滞，积热在内，不能宣通三焦所致。"《景岳全书》说："虚损之虚，有在阴分，有在阳分，然病在未深，多宜温补。若劳瘵之虚，深在阴中之阴分，多有不宜温补者。"此外，癥积之所成，亦由于"阴阳不和，脏腑虚弱，风邪搏之，是以为积"。说明祖国医学对白血病的认识是阴虚火动。病本是由于内在虚损，阴阳不和，脏腑虚弱的基础上，风邪热毒乘虚而入所致，而临床为虚实夹杂的综合表现。

二、病因病机

中医认为白血病的发病原因不外乎外邪入侵及内伤两方面。外感病邪的致病因素是毒邪与热邪，毒邪包括风毒、温毒、热毒、瘀毒等，热邪则包括温热、湿热、痰热、毒热等，内伤因素是由于劳倦、饥饱不节，房事过多，七情所伤，伤及肝、脾、心、肾等。在小儿患者中则以先天不足、遗传缺陷为内因。其病因病机主要分以下几种：

1.邪毒内蕴

邪毒侵入人体脏腑经络，蕴积于内，日久化热，热毒攻注骨髓、肝、脾及三焦，使阴阳失调，而致造血器官功能障碍，引起白血病细胞显著增生的病理现象。倘若邪毒内蕴导致气血郁结，痰气凝结则渐成癥瘕瘰疬，见肝脾和淋巴结肿大。

2.正气虚弱

《医学必读·积聚》篇也谓："积之成也，正气不足，而后邪气踞之。"认为白血病的病因是人体正气先虚，邪气客而不去，日久正气更虚，癥积遂成，说明正气虚弱是形成白血病的内在根据。

3.血行瘀滞

血随气行，血液的阻滞多由气行不畅引起，中医谓"瘀血不去，新血不生”，可引起生血障碍，发生贫血，同时血瘀凝滞久之则形成癥积。《医林改错》谓“肚腹结积皆有形之血”，说明腹部肿块、肝脾肿大乃血瘀形成，倘若血瘀位在内脏则可见咯血、吐血、便血、崩漏等出血症，在体表则可见瘀斑。

4.痰邪凝滞

脾主运化，如脾阳不足，运化失常，水湿停滞，日久则生痰，另肝郁气滞日久，化火生热，煎灼津液亦能为痰，当痰流凝于经络肌肉则成痰核、瘰疬等肿块（淋巴结肿大）。《丹溪心法》谓“痰之为物，随气升降，无处不到”“凡人身上、中、下有块者多是痰”，故白血病的发生和痰有着内在的联系。

白血病的形成是多因素的，但主要是内在正虚，邪毒乘虚内侵，以致血瘀痰凝相互交结，而形成临床一系列证候和多种并发症。病理过程上多有阴阳、脏腑、气血、经络多方面的失调，还有寒热虚实的变化，是一种全身性疾病。

三、谭凤森治疗经验

白血病在治疗上应注意邪正消长，辨病与辨证的结合。早期病人虚象不显，应以祛邪为主，佐以扶正；缓解期病人虚象明显，应以扶正为主，祛邪为辅；恶化期病人邪实正虚，宜祛邪与扶正并重。临床比较常见的证型如下：

1.毒热炽盛

证候：起病急暴，壮热口渴，渴喜冷饮，不为汗解，衄血、尿血、便血，皮下有瘀斑，胸骨叩痛，咽喉肿痛，口舌糜烂，便干溲赤，舌绛苔黄，脉洪大，弦滑而数。

治法：清热解毒，清营凉血。

处方：龙虎胶囊，每次5粒，每日3次。片仔癀，每次0.6g，每日3次。五谷虫胶囊，每次5粒，每日3次。

方药：水牛角30g，生地、玄参、麦门冬各10g，丹参15g，生石膏40g，丹皮、栀子、黄连各9g，银花、连翘、青黛、半枝莲、白花蛇舌草各30g。

2.肝火痰热

证候：肝、脾及淋巴结肿大，发热不为汗解，但出血不重，头昏头痛，胸骨叩痛，骨节疼痛，口苦咽痛，便结溲赤，舌红，苔黄厚或黄腻，脉弦滑数。

治法：清泻肝火、化痰散结。

处方：龙虎胶囊，每次5粒，每日3次。片仔癀，每次0.6g，每日3次。

方药：当归15g，夏枯草、昆布、海藻各20g，川贝母、黄连、黄芩、龙胆草、青黛、紫草各10g，芦荟9g，半枝莲、白花蛇舌草各30g，三七粉9g（冲服）。

发热重者，加水牛角、生石膏、生地、知母，其他症状加减同毒热炽盛型。

3.瘀血停滞

证候：周身骨痛，肝脾肿大，胸腹胀痛，皮下瘀斑，鼻齿衄血，尿血便血，舌质紫暗，或边尖有瘀斑，舌苔黄腻或白腻，脉弦数。

治法：活血通络、化瘀消斑。

处方：龙虎胶囊，每次5粒，每日3次。消癥散，每次2g，每日3次。五谷虫胶囊，每次5粒，每日3次。

方药：桃仁、红花各9g，没药、乳香、三棱、莪术、血竭各6g，当归、赤芍、生地、川芎、丹参、香附、鸡血藤各10g。

4.阴虚血热

证候：低热不退或午后潮热，五心烦热，面部潮红，遗精盗汗，心悸气短，耳鸣眩晕，腰膝酸软，消瘦无力，鼻齿衄血，肌肤发斑，舌红少苔或无苔，脉细数或虚大。

治法：养阴清热、凉血止血。

处方：龙虎胶囊，每次5粒，每日3次。消癥散，每次2g，每日3次。参芪益寿胶囊，每次5粒，每日3次。

方药：生石膏15g，知母、生地、地骨皮、银柴胡、胡黄连、丹皮、白芍、玄参、石斛、太子参各10g，青蒿、鳖甲各12g。

合并感染者，加银花、连翘、大青叶、板蓝根；出血者，加侧柏炭、阿胶、龟板胶、白及、三七：盗汗不止者，加浮小麦、煅龙牡；脾大者，加三棱、莪术、桃仁、红花、龟板、牡蛎；淋巴结肿大者，加夏枯草、海藻、昆布、蛤壳、半夏；便秘者，加瓜蒌仁或番泻叶适量代茶饮。

5.瘀血结聚

证候：肝脾肿大尤以脾大为著，伴有胸胁痞闷或痛不可耐，面色晦暗无泽，肌肤瘀斑，时有黑便，舌体色紫或有瘀斑，脉涩或弦数。

治法：活血破瘀，消积散结。

处方：龙虎胶囊，每次5粒，每日3次。消癥散，每次2g，每日3次。五谷虫胶囊，每次5粒，每日4次。

方药：当归、川芎、桃仁、红花、灵脂、三棱、莪术、赤芍、千金子、元胡各10g，牡蛎30g，鳖甲、丹参、青黛、鸡血藤各12g。

气血双虚者，加黄芪、党参、熟地、白术；饮食不佳者，加草果、砂仁、鸡内金。

6.气血双虚

证候：面色萎黄、气弱懒言、心悸气短，动则尤甚，常自汗出，四末不温，食少便溏，唇舌色淡，舌体胖大，周边有齿痕，舌苔薄白，脉沉弱或细数。

治法：补气养血、益气健脾。

处方：龙虎胶囊，每次5粒，每日3次。五谷虫胶囊，每次5粒，每日

3次。

方药：人参、黄芪、白术、熟地、当归、白芍、茯苓、菟丝子各10g，淫羊藿、首乌、枸杞子、补骨脂、黄精各12g。

腹泻不止者，加诃子、赤石脂、山药；自汗不止者，加浮小麦、五味子、煅龙牡。

7.肝肾阴虚

证候：耳鸣目眩，腰膝酸软，五心烦热，胁下隐痛，潮热盗汗，出血不甚，舌淡红无津少苔，脉细数。

治法：滋补肝肾。

处方：龙虎胶囊，每次5粒，每日3次。参芪益寿胶囊，每次5粒，每日3次。

方药：熟地、生地、沙参、麦门冬、当归、首乌、山萸肉、丹皮、丹参、玄参、白芍、五味子各10g，女贞子、旱莲草各15g。

8.脾肾阳虚

证候：面色苍白，畏寒肢冷，气弱懒言，少食纳呆，脘腹胀满，大便溏薄，舌淡苔白，脉沉弱无力。

治法：温肾健脾。

处方：龙虎胶囊，每次5粒，每日3次。参芪益寿胶囊，每次5粒，每日3次。

方药：人参、黄芪、熟地、山萸肉、白术、茯苓各10g，山药、枸杞子各15g，巴戟天、首乌、仙茅、丹参各12g。

白血病常发生感染、发热、出血、贫血，口腔溃疡、脑膜白血病以及化疗引起的骨髓抑制或消化道反应等，正确处理这些并发症对于治疗本病也很重要，下面分别讨论这些并发症的治疗。

（1）发热：白血病的发热有3种情况，即外感发热、邪毒内发和虚热

（血虚或气虚）。外感发热多为一时性的突然发热，起病多见恶寒而后高热、身痛、咽痛，治宜在扶正的同时疏表清肺，清热解毒，常用药物有银花、连翘、地丁、公英、黄芩、柴胡、桔梗、板蓝根、大青叶、栀子、黄连、生石膏等；对高热不退的可用安宫牛黄丸、紫雪丹。邪毒内发主要是指白血病本身所致的发热，其特点是在病情恶化时身热不退，临床上找不到感染灶，治宜清热解毒，活血化瘀，常用药物除了上述清热解毒药外还可用山豆根、山慈姑、黄药子、龙葵、白花蛇舌草、青黛、赤芍、鸡血藤、丹参、红花等。虚热体温一般在37.5～38℃，无合并感染灶，有阴虚发热和气虚发热之别。阴虚发热表现为五心烦热，头晕耳鸣，午后潮热，舌赤少苔，脉细数，治宜滋阴清热，方用青蒿鳖甲汤、清骨散化裁。气虚发热表现为不规则的低热，身倦懒言，精神不振，胸腹灼热，不思饮食，二便失调，舌质微红苔白厚。治宜甘温除热，方用补中益气汤加减。因本病为本虚标实之证，故在治疗外感发热时，只宜轻清宣解，不宜大发其汗，清热解毒药与益气养血、滋益肝肾药并用可以提高疗效。但滋阴清热方不宜过于寒凉，若苦寒泄热应中病即止。

（2）出血：治疗本病出血的原则是：上部出血宜引血下行，下部出血宜升提固涩，出血时当止，出血后当补。出血原因有四：即血热妄行、阴虚火旺、气虚不摄和瘀血出血。四者既可单独存在，又可同时存在。血热妄行乃属实热，突然出血，量多如涌，血色鲜红，治宜清热凉血止血，方用犀角地黄汤合十灰散化裁；阴虚火旺多见于病情缓解阶段，邪退正虚，多有低热，出血缓和，量少鲜红，治宜滋阴降火，方用滋阴降火汤、清骨散加止血药；气虚不摄者除明显气虚症状外，出血量常不多，连绵不断，血色淡红，多见于白血病缓解期，治宜补气摄血，方用补中益气汤、黄土汤加止血药；血瘀出血者出血渐起或骤起，血色紫暗或凝固成块，皮肤紫斑，骨痛或胸骨叩痛，肝脾肿大，舌质紫暗或有瘀斑，治宜活血止血，方用桃红四物汤合十灰散化裁，或活络效灵丹加止血药。

（3）贫血：本病任何阶段都可出现贫血，其病变涉及心、肝、脾、肾诸脏，然法有补益心脾、滋养肝肾、温肾健脾等，常用方剂有归脾汤、当归补血汤、左归丸、河车大造丸、人参养荣丸等等，并可根据贫血情况参考加用下列药物：刺激造血系统增加红细胞与血红蛋白药物有鹿茸、紫河车、阿胶、鸡血藤、人参、黄芪、党参、首乌、当归、地黄、枸杞子、白术、龙眼肉、补骨脂、锁阳、巴戟天、黄精、仙茅、山萸肉、牛骨髓等，增加网织红细胞药物有鹿茸、鸡血藤、白花蛇舌草等，提升白细胞药物有人参、西洋参、丹参、麝香、穿山甲、蟾酥、虎杖、石韦、乳香、没药、五灵脂、地骨皮、紫河车、黄芪、附子、肉桂、当归等，提升血小板药物有玉竹、黄精、龟板胶、地黄、升麻、大枣、花生衣、三七、当归、白芍、山萸肉、紫河车、龙眼肉、土大黄、白及、仙鹤草、水牛角等，兴奋网状内皮系统增加白细胞吞噬能力（免疫力）的药物有银花（少量兴奋、大量抑制）、黄柏、黄连、大青叶、板蓝根、白花蛇舌草、穿心莲、山豆根、鱼腥草、黄芪等，治疗放疗所致的白细胞减少、血小板减少的药物有黄芪、太子参、白术、当归、阿胶、蟾酥、穿山甲、山萸肉、补骨脂、女贞子、灵芝、玄参、石斛、益智仁、雄黄等。

（4）脑膜白血病：病由邪热内蕴肝胆，肝阳化风上扰清窍而起，症见眩晕、头痛，甚者可出现昏迷、抽搐。急则治标，宜采用平肝降逆，佐以活血之法，方用羚角钩藤汤、血府逐瘀汤加平肝药物，抽搐用止痉散，昏迷可用安宫牛黄丸。常用药物有羚羊角、石决明、天麻、牛黄、白僵蚕、钩藤、菊花、龙齿、白蒺藜、全蝎、地龙、川芎、赤芍、牛膝、益母草、泽兰、当归等。

（5）口腔溃疡：在白血病过程中常出现轻重不等的口腔溃疡，系由胃火上冲或心火上炎所致。前者宜清胃泻火，方用清胃散或玉女煎加减，后者宜清心泻火，方用泻心汤、导赤散加减。局部外敷锡类散，冰硼散或玉屑散，并用决明子、板蓝根、五倍子煎汤含漱。

四、病案举例

孙某，女，21岁，2010年5月5日初诊。患者于2009年1月25日在北京市某医院诊断为急性非淋巴细胞白血病，并住院化疗4个疗程，症状有所缓解，现症见：发热、头晕头昏、身体酸痛、大便燥结、舌暗苔厚、脉细涩。证属瘀毒内结，阴虚血热，治疗以清热养阴，化瘀解毒。方用：龙虎胶囊，每日3次，一次4粒；片仔癀，每日3次，每次0.6g；汤药：当归20g，黄芪15g，生地15g，赤芍15g，玄参12g，丹参15g，枸杞子15g，白花蛇舌草30g，半枝莲20g，紫草10g，夏枯头15g，甘草6g。每日1剂，分服。

2010年6月3日二诊：患者发热、身痛缓解，精神好转，大便正常，舌红苔薄，脉细。效果明显，继用前方，汤药加减：去赤芍、玄参，加生白术15g、焦三仙各15g。每日1剂，分服。

2010年7月9日三诊：患者连续服药后，发热身痛症状消失、精神饱满、饮食增加，以龙虎胶囊，每日3次，一次5粒；五谷虫胶囊每日3次，一次5粒，继续以扶正解毒，坚持治疗。随访患者家属告知身体健康，未见复发。

第二节　恶性淋巴瘤

一、概述

淋巴瘤是一组起源于淋巴结或其他淋巴组织的恶性肿瘤，可分为霍奇金病（简称HD）和非霍奇金淋巴瘤（简称NHL）两大类，组织学可见淋巴细胞和（或）组织细胞的肿瘤性增生，临床以无痛性淋巴结肿大最为典型，肝脾常增大，晚期有恶病质、发热及贫血。淋巴瘤的细胞形态极其复杂，2008年WHO淋巴瘤新分类中，有80个亚型。由于病变部位和范围不尽相同，临床表现很不一致，原发部位可在淋巴结，也可在结外的淋巴组织，如扁桃体、鼻咽部、胃肠道、脾、骨骼或皮肤等，结外组织受累多见于非霍奇金淋巴瘤。全世界在2002年约有30万NHL新发病例，占全部恶性肿瘤的2.8%。与欧美淋巴瘤发病特点相比，中国淋巴瘤的流行病学特点主要表现为发病率较低，原发结外NHL、结外NK/T细胞淋巴瘤、原发于韦氏环NHL和鼻腔NK/T细胞淋巴瘤发病率高，而皮肤淋巴瘤如蕈样霉菌病发病率低。流行病学研究证实肿瘤家族史、免疫缺陷、自身免疫性疾病、感染和环境等多种因素和恶性淋巴瘤的发生相关。

恶性淋巴瘤属于中医“石疽”“恶核”“失荣”“石疽”等范畴。如《证治准绳》中曰：“痈疽肿硬如石，久不作脓者是也。”《医宗金鉴》中记载：“失荣症生于耳之前后及肩项，其证初起，状如痰核，推之不动，坚硬如石，皮色如常，日渐长大。……日久难愈，形色渐衰，肌肉瘦削，愈溃愈硬，色现紫斑，腐烂浸淫，浸流血水，疮口开大，胬肉高突，形似翻花瘤症。”《疡科心得集》一书中强调：“失荣者，犹树木之子荣花，枝枯皮焦，故名也。生于耳前后及项间。起初形如栗子，顶突根收，如虚痰疠瘤之状，按之石硬无情，推之不肯移动，如钉着肌肉是也。不寒热，不疼痛，渐渐肿大。后遂隐隐疼痛，痛着肌骨，渐渐溃破，但流血水，无脓。渐渐口大，内腐，形似湖石，凹进凸出，斯时痛甚彻心。”《外科证治全生集·卷一》中记述：“阴疽之症，皮色皆同，然有肿与不肿，有痛与不痛，有坚硬难移，有柔软如绵，不可不为之辨。……不痛而坚，形大如拳者，恶核失荣也，……不痛而坚如金石，形如升斗，石疽也。此等症候，尽属阴虚，无论平塌大小，毒发五脏，皆曰阴疽……重按不痛而坚者，毒根深固，消之难速。”“恶核与石疽初期相同，然其寒凝甚结，毒根最深。”以上记载说明祖国医学对于淋巴结肿大的疾病很早就有认识，其中石疽、恶核、失荣之中均包括有与恶性淋巴瘤表现一致之处，指出毒发五脏，速长难消。这些肿块因皮色不变，无痛无痒，中医认为都属于阴疽范畴。

二、病因病机

中医认为，恶性淋巴瘤的发生，与外邪侵袭、饮食伤脾、情志失调、正气虚弱等因素有关。由于正气内虚，加之外感邪毒、饮食失调、情志内伤，导致水湿内停，聚湿生痰，痰浊留著于经络肌肤，发为本病。素体正虚，外邪乘虚而入，留而不去，客于经络或肌肉，与血气相搏，化为痰饮，结聚为块。饮食伤脾，脾失健运，湿聚成毒，日久凝结为痰，痰毒互结，遂成癌瘤。忧思忿怒，肝气不舒，痰气积聚，郁久化热，炼液为痰，与邪毒胶结，则生恶核。本病突出表现为“淋巴结肿大”，中医认为“无痰不成核”。痰由湿聚而成，湿因水停而生。肺为水之上源，脾主运化水湿，肝司疏泄，协助脾胃运化，肾主水而司开合，三焦主气化而司决渎。故其基本病机为脏腑功能失调，痰毒留着经络肌肤。病位在经络肌肤，与肺、脾、肝、肾、三焦等脏腑功能失调密切相关。

三、谭凤森治疗经验

本病以脏腑功能失调，气虚水湿失运，凝聚为痰，气滞血瘀为其根本；病久痰毒恶核聚积，日久而见痰核累累为征。在治疗上应以益气消积化癥为总则。

1.寒痰凝滞型

主证：此证初起，颈项耳上肿核，不痛不痒，皮色不变，坚硬如石，不伴发热，形寒怕冷，神倦乏力，面苍少华，苔白，脉沉细。

辨证：寒痰凝滞，毒结肿核。

治则：温化寒凝，化痰解毒。

处方：点舌丸，每次5粒，每日3次；五谷虫胶囊，每次5粒，每日3次；小金丸，每次3克，每日2次。

汤药：熟地20g，鹿角胶10g，麻黄10g，白芥子10g，肉桂4g，炮姜5g，皂角刺9g，天南星9g，夏枯草12g，甘草10g。

按语：麻黄温开腠理；肉桂、炮姜温化寒凝，熟地、鹿角胶温养精血，白芥子、皂角刺、天南星温化寒痰，夏枯草佐以散结消肿。

2.气郁痰结型

主证：胸闷不舒，两胁作胀，脘腹结瘤，颈腋及腹股沟等处结核累累，皮下硬结，神疲乏力。舌质淡红苔白，或舌有瘀点，脉沉弦或弦滑。

辨证：气郁痰结，石疽恶核。

治则：舒肝解郁，化痰散结。

处方：龙虎胶囊，每次4粒，每日3次；小金丸，每次3克，每日2次。

汤药：香附9g，石决明9g，当归、白芍、青皮、柴胡、川芎各6g，红花

3g，姜黄3g，僵蚕12g，穿山甲6g，夏枯草12g，猫爪草20g，黄药子15g，甘草3g。

按语：香附、青皮、柴胡、姜黄舒肝解郁，夏枯草、石决明平肝软坚，当归、白芍养血柔肝，川芎、红花活血化瘀，僵蚕、穿山甲软坚散结，猫爪草、黄药子抗癌消瘤，甘草调和诸药。

3.肝肾阴虚，气血双亏型

主证：午后潮热，五心烦热，腰酸腿软，神疲乏力，纳少胃呆，形体消瘦，多处淋巴结肿大。舌质红或淡红，薄白苔，脉细数而弱。

辨证：气血耗伤，肝肾阴虚。

治则：益气养血，滋补肝肾。

处方：龙虎胶囊，每次5粒，每日3次；参芪益寿胶囊，每次5粒，每日3次；小金丸，每次3克，每日2次。

汤药：熟地黄20g，西洋参6g，太子参15g，沙参15g，天冬30g，麦冬9g，黄精12g，枸杞子10g，白术10g，白花蛇舌草30g，茯苓12g，天花粉10g，知母12g，白茅根15g。

随证加减：发热：低热加白薇、青蒿、地骨皮、银柴胡；高热：用寒水石及紫雪散、牛黄清热散等。盗汗：煅龙骨、牡蛎、浮小麦、山茱萸、五倍子、六味地黄丸等。皮痒：秦艽、白鲜皮、地肤子、苦参、丹参、赤芍、乌梢蛇、干蟾皮、全蝎等。肝脾肿大：用鳖甲煎丸、大黄䗪虫丸、三棱、莪术等。贫血：加何首乌、黄芪、阿胶、鹿角胶、紫河车、枸杞子、大枣等。

四、病案举例

李某，男，23岁，学生，2013年8月7日初诊。患者于半年前，触及颈部淋巴结肿大，头晕乏力，身体消瘦，伴不明原因发热，在当地医院确诊为霍奇金淋巴瘤，病变及颈、腋、纵隔处，累及多个肿大淋巴结，先后化疗6个疗程。症见：颈、腋部自感不适，神疲乏力，纳差，口苦咽干，胸闷，小便黄、大便干燥，颈、腋部可扪及结节，舌红苔黄腻，脉弦细。证属：肝郁痰凝，气阴两虚，治当化痰开郁，益气养阴。方用：小金丸，每次3g，每日2次，五谷虫胶囊，每次3粒，每日3次。汤药：黄芪20g，生地20g，半夏10g，陈皮10g，茯苓10g，黄芩10g，玄参15g，生牡蛎30g，浙贝母15g，鳖甲15g，猫爪草15g，夏枯头15g，山慈菇12g，竹茹10g。水煎服，每日1剂，连服一个月。

2013年9月6日二诊：患者发热症状已消失，胸闷症状缓解，颈、腋部仍感不适，二便正常，舌淡苔白，脉弦细。仍以上方加减治疗，小金丸，每次3g，每日2次；五谷虫胶囊，每次3粒，每日3次；汤药去玄参、黄芩、半夏加党参15g，当归15g，熟地15g，山药15g，女贞子15g，茯苓12g。继服两个月。

2013年11月15日三诊：患者已无自觉症状，精神饱满，睡眠可，二便正常，嘱其定期服药已巩固疗效。随访患者身体状况正常，已参加工作。